# 그의 슬픔과 기쁨

# 그의 슬픔과 기쁨

1판1쇄. 2014년 4월 15일
1판3쇄. 2015년 11월 20일

지은이. 정혜윤

펴낸이. 정민용
편집장. 안중철
책임편집. 윤상훈
편집. 이진실, 최미정, 장윤미(영업 담당)
기획위원. 박상훈

펴낸 곳. 후마니타스(주)
등록. 2002년 2월 19일 제300-2003-108호
주소. 서울 마포구 양화로6길 19, 3층(서교동)

편집. 02-739-9929, 9930
영업. 02-722-9960
팩스. 0505-333-9960
홈페이지. www.humanitasbook.co.kr
이메일. humanitasbooks@gmail.com
블로그. humanitasbook.tistory.com
페이스북. facebook.com/Humanitasbook
트위터. @humanitasbook

인쇄. 천일 031-955-8083
제본. 일진 031-908-1407

값 15,000원

ISBN  978-89-6437-204-3 04300
       978-89-90106-16-2 (세트)

이 도서의 국립중앙도서관 출판시도서목록(CIP)은
e-CIP홈페이지(http://www.nl.go.kr/ecip)와
국가자료공동목록시스템(http://www.nl.go.kr/kolisnet)에서
이용하실 수 있습니다. (CIP제어번호: CIP2014011129)

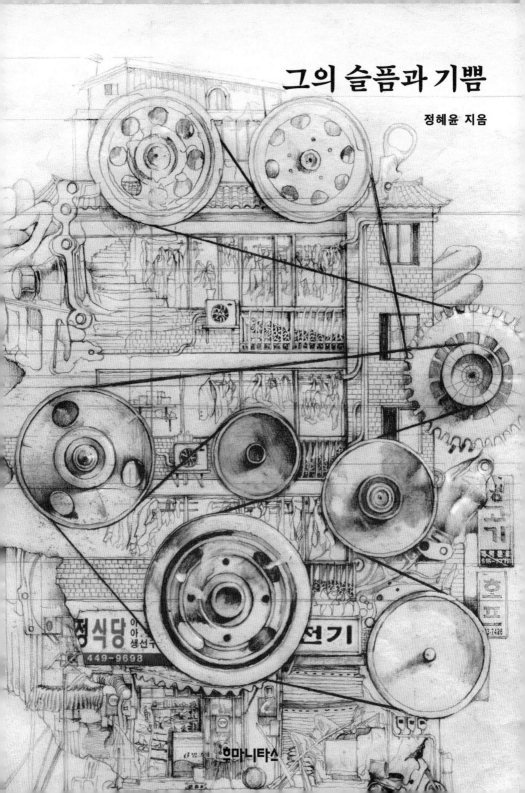

# 차례

쌍용차해고자 자동차를 만들다
H(heart)-20000 PROJECT

이 책은 쌍용자동차 선도투 중
스물여섯 명의 구술을 바탕으로
집필되었다.

| | | |
|---|---|---|
| 김대용 | 윤충렬 | 박호민 |
| 이현준 | 박정만 | 김정욱 |
| 최기민 | 김득중 | 한윤수 |
| 서맹섭 | 이갑호 | 정형구 |
| 고동민 | 이창근 | 김정운 |
| 김상구 | 문기주 | 복기성 |
| 한상균 | 김남오 | 유제선 |
| 박주헌 | 염진영 | 오석천 |
| 김성진 | 양형근 | |

## 프롤로그

지금부터 긴 이야기를 하려고 한다. 그해 여름, 여러 가지 이유로 나는 궁지에 몰려 있었다. 나 외에 다른 인간에 대해 생각해 보는 것이 쉽지만은 않았다. 인간의 일을 영원의 관점에서 생각하기는 더욱더 어려웠다. 하루 이틀, 아니 단 몇 시간이라도 마음의 안정을 주는 것이라면 뭐든지 받아들일 수 있을 지경이었다. 인간의 기본적인 행동의 동기를 희망과 공포라고 한다면, 그해 여름 나는 공포 쪽에서 행동의 동기를 취하고 있었던 것이다.

그러던 어느 날 나에게 특별한 사건이 일어났다. 그리고 인간 행동의 두 동기인 희망과 공포가 앞서거니 뒤서거니 으르렁대면서 펼쳐지는 이야기들 속으로 뛰어들게 되었다. 그 이야기들을 들으면서 나는 책임감, 죄책감, 모욕감, 동지애, 우정, 존경, 용기, 믿음, 불안, 체면, 염치, 슬픔과 기쁨, 그리고 무엇보다 말로는 표현할 수 없는 그 어떤 것에 대해서 다시 생각해 볼 기회를 갖게 되었다. 슬픔이 기쁨으로 바뀔 수 있을지, 공포가 희망으로 바뀔 수 있을지 여러모로 애매모호했다. 미래가 불안할수록 사람들은 자신의 인생 이야기가 단순하기를 바란다. 확실성 속에 있거나 아무 일이 일어나지 않기를 바란다. 그러나 그해 여름 내가 만난 사람들은 삶의 불확실성 앞에 거의 벌거벗은 채로 서있게 되었다. 그리고 긴 이야기들을 갖게 되었다. 그 시작은 이렇다.

　　2013년 6월 7일 저녁 7시, 나는 모터쇼에 참석했다. 그 모터쇼의 이름은 H-20000이었다. '20000'은 자동차에 들어가는 부품 개수를 가리키고 'H'는 HEART 혹은 HOPE 혹은 사다리를 뜻한다고 들었다. 그 모터쇼에 나온 차는 달랑 한 대였다. 그 차를 만든 사람들은 쌍용자동차 해고 노동자들이었다. 그 모터쇼의 작은 역사는 이렇다. 해고된 지 5년째에 접어들자 노동자들은 생각했다.

　'그런데 우리가 제일 하고 싶은 것은 뭐였지?'
　'왜 우리는 매일 투쟁만 하고 있는 거지?'
　'맞아. 우리 원래 자동차를 만들던 사람이었잖아.'
　'맞아. 우리 자동차를 만들고 싶어 하는 거잖아.'
　'그런데 어디서 만들지? 거리에서 만들 수는 없잖아.'
　'부품들은, 공구들은 어떻게 구하지?'

　　차를 만들고 싶어 하던 노동자들은 시민 후원금을 모았다. "시민 후원으로 쌍용차 해고 노동자들이 만든 세상에 단 한 대뿐인 자동차." 이것이 H-20000 프로젝트였다. 대략 8천만 원이 모였다. 그렇게 모은 돈으로 노동자들은 중고 자동차 가게에서 2004년산 코란도 밴을 한 대 구입했다.

그들은 5월 어느 화창한 봄날 아침 9시, 경기도 용인의 한 자동차 정비소로 모였다. 그날 아침 그들은 새로 산 스즈키 작업복(상하의가 붙은 일체형 작업복)을 입었다. 해고 노동자들의 등판에는 'SSANGYONG'이라고 써있었다. 또 'H-20000'이라고 써있었다. 그들은 서로 지퍼를 올려 주고 등을 토닥거리고 아직 내려앉지도 않은 먼지를 털어 주었다. 그들의 등 뒤에선 햇살이 작은 새처럼 춤을 추었다. 그들은 위풍당당하게, 그러나 멋쩍게 코란도를 향해서 걸어갔다.

"자, 나에게 맡겨."

걸을 때 그들의 얼굴에는 묘한 자부심과, 그리고 겸연쩍음이 함께 묻어 있었다.

그들 서른 명가량의 노동자들은 용인의 정비소에서 코란도 한 대를 24시간 해체했다. 그리고 해체한 것들을 다시 24시간에 걸쳐서 조립했다. 낡은 부품은 새것으로 교체했다. 나는 이 모든 것을 사진과 영상으로 보았다. 처음에는 서울 광장에 앉아서 7분가량 짧게 편집된 영상으로 보았다. 그 영상을 보는 동안 이상한 것을 발견했다. 영상 속에서 노동자들의 얼굴이 바뀌기 시작한 것이다. 그들이 웃기 시작한 것이다. 내가 그전에 몇 번이고 본 얼굴과는 달라 보였다. 그 순간 그들에겐 한 점 그늘도 없었다. 내가 본 것은 바로 그들이 잃어버린 얼굴이었다. 그들이 잃어버린 '평범함'이었다.

그날 저녁 나는 허름한 맥줏집에서 열린 모터쇼 뒤풀이에 참석했다. 김광석의 노래가 흘러나왔다. "머물러 있는 청춘일 줄 알았는데……" 노래 가사가 희뿌옇게 흘러나왔다. 내 앞에 한 노동자가 앉았다. 영상에서 본 얼굴이었다. 영상에서 본 스즈키 작업복을 입고 있었다. 쌍용자동차 해고 노동자였다. 말이 없는 사람이었다. 널찍한 얼굴에 비해 입이 작았다. 얼굴은 볕에 그을려 있었다. 미소를 짓고 있었지만 눈가는 촉촉했다. 눈동자엔 동경의 빛이 아른거렸다. 그에게 말을 걸기는 쉽지 않았다. 그는 몽롱한 행복감 속에 젖어 있는 것처럼 보였다. 그는 몇 번이고 같은 말을 되풀이했다. 그는 자꾸만 이렇게 말했다.

"또 하고 싶다."

나는 그 말에 통증을 느꼈다. 그를 좀 더 알고 싶어졌다.


나는 며칠 뒤 대한문 옆 던킨도너츠에 앉아서 그와 이야기를 나누었다. 그의 이름은 김대용이었다. 그의 아버지는 개인택시 기사였다. 아버지는 택시를 애지중지했다. 새벽 2시에 일을 마치고 들어온 날도 서두르는 기색 없이 꼼꼼히 세차하곤 했다. 어떤 날은 "대용아 일어나라!" 하며 어린 아들을 억지로 깨워서 같이 세차할 때도 있었다. 김대용은 중학교 때 처음으로 차에 시동을 걸어 봤다. 차는 조금 떠는가 싶더니 부르릉 소리를 냈다. 천과 쇠로만 된 것이 움직이다니, 신기했다. "마치 내가 생명을 불어넣는 것 같은 느낌을 받았어요."라고 그는 말했다. 그는 공고에 진학했다. 학교에선 기계에 대해서는 모르는 게 없는, 기계에 미친 놈으로 통했다. 군대를 마치고 그는 잠시 MBC의 조명 기사로 일했다.

어느 날 그는 까맣게 잊었던 것을 갑자기 기억해 내듯 이런 생각을 했다.

'아, 맞아. 나는 차를 좋아했지.'

그는 1995년에 쌍용자동차에 입사했다. 도장반에서 일했다. 그는 일을 좋아했다. 그는 맑은 날의 차와 흐린 날의 차, 여름날의 차와 겨울날의 차를 구분할 수 있게 되었다. 차를 칠하는 날의 기온·습도가 차의 색깔에 미치는 영향도 알게 되었다.

온도는 24도에 습도는 70퍼센트. 봄가을에는 그런 습도가 유지되니까 좋고, 안 좋은 계절은 여름하고 겨울. 여름은 온도가 너무 올라가 신나가 빨리 증발해요. 자동차 신차 나오면 보면 알아요, 언제 만들었는지. 어느 것은 색이 매끈하고, 어느 것은 안개 낀 것처럼 뿌옇고. 겨울은 반짝이고, 봄가을은 금방 칠한 것처럼 보이고, 여름에 은색은 얼룩이 있는 것 같고.

그는 해고되었을 때 믿지 않았다. "저놈이 있어야 완벽한 차가 나온다." 그를 자랑스럽게 하던 칭찬들을 그는 또렷이 기억하고 있었다. 그는 파업에 이틀 늦게 합류했다. '해고는 실수야! 뭔가 착오가 있었던 거야.'라고 생각했기 때문이다. 그는 여기저기에 전화를 걸었다. 그러나 해고는 착오가 아니었다. 그는 해고되었다.

'설마 내가 정리 해고를 당할라고? 모든 사람이 인정하는 내가? 저놈이 아니면 차가 완벽해질 수가 없다는 이야기까지 들었던 내가? 설마 아니겠지. 아니겠지.' 하고 계속 부서장에게 전화해 봤어요.

"나는 차를 좋아하니 차와 함께 죽어야겠다고 생각했어요."라고 그는 담담히 말했다. 그는 차를 몰고 전국 방방곡곡을 돌아다녔다. 무거운 짐을 떨어내려는 듯 엑셀을 밟았다. 속도를 높였다. 무거움은 떨어지지 않았다. 어느 날은 '조상님'들의 무덤 옆에서 며칠씩 자곤 했다. '왜 해고되었을까?' 그는 묻고 또 물었다.

풀리지 않는 의문들이 있었어요. 그렇지만 내가 대답을 구한다고 다 되는 게 아니더라고요. 돌아오는 답은 없더라고요. 단지 신이 날 선택 안 한 건지, 나에게 뭔가가 부족했었는지……. 질문이 나에게 와도 나는 대답할 수가 없었어요. 내가 대답할 수 없는 질문이 있다는 것을 알게 되었어요.

모든 것이 우연인가? 모든 것이 신의 장난인가? 그는 자신의 전 삶을 걸고서라도 대답을 찾아야 하는지, 체념해야 하는지 판단할 수 없었다.

그는 해고 후 택시 운전을 했다. 그렇지만 그 일을 오래 할 수는 없었다. 눈앞으로 하루에도 수백 대씩 쌍용 차가 지나갔기 때문이다. 택시 안의 룸미러로도 사이드미러로도 보였다. 그는 그 차들을 몇 년도에 만들었는지 다 기억하고 있었다.

그가 특별히 애착을 가진 차는 이스타나와 무쏘였다. 그는 "이스타나가 나를 입사시켰어요."라고 말했다. 그는 '향수'라는 단어를 자주 썼다.

유치원생을 태우고 다니는 노란색 이스타나를 한 번 보는 것만으로도, 신나 냄새를 한 번 맡는 것만으로도 '향수'가 밀려왔다.

입사해서 처음 만든 차는 이스타나였어요. 1995년 말에 본격적으로 생산해서 인원이 필요했어요. 워낙 각이 많다 보니 페인트가 많이 흘렀어요. 자동 도장기(塗裝機)에 내장된 컴퓨터에 페인트 데이터를 입력하는데, 그걸 잡는 데만 8개월 이상 걸렸어요. 그 사이에 불량이 많이 나왔죠. 그 일 하면서 자동 도장기 존에 열한 시간씩 있었어요. 7만5천 볼트가 흐르는 그 위험한 데에요. 무쏘는 제가 현장에 들어가니 라인에 흐르고 있었어요. 시험 기간이 끝나고 데이터가 잡혀 있었죠. 근데 이스타나는 그게 안 잡혀 있었어요. 처음부터 백지상태로 다시 하는 차였어요. 그래서 이스타나가 제일 애착이 많이 가요. 지금도 가끔씩 시내에서 이스타나가 지나다니면 '몇 년도에 생산된 차다.' 그걸 아직도 기억해요. 보면 알아요. 말로 설명 못 해요. 그거 만들 때 상황을 다 기억해요. 색만 봐도 원래 공장에서 칠해 나온 차인지, 다시 칠한 차인지 알아볼 수 있어요.

대한문 앞에 분향소가 생겼다. 그는 손님이 없는 날에도 하루에도 두세 번씩 택시를 몰고 분향소 앞에 갔다. 그는 1~2분씩 차를 세워 놓고 동료들을 지켜봤다. 대한문에 분향소를 설치하는 계기가 되었던 스물두 번째 죽음. 김포 임대 아파트에서 투신자살한 이윤형은 그와 기숙사에 함께 있던 친구였다. 그 뉴스를 듣고서 더는 택시를 몰 수 없을 것 같았다. "저는 외로웠던 것 같습니다."라고 그는 말했다. 그는 택시 운전을 그만두고 분향소의 동료들에게 갔다.

H-20000 때 코란도가 들어오는데 그걸 보는 순간 사람들이 자기 인생이 주마등처럼 지나간다고 하는 말을 이해했어요. 그게 눈앞에서 막 지나가더라고요. 영화의 한 장면처럼 내 인생이 스쳐 가고 모든 작업 공정을 다 알겠더라고요. 모든 작업 공정도 영화처럼 지나갔어요. 옆에서 보니까 그새 전면 재도장한 걸 알겠더라고요. 맑은 날 칠했더라고요. 칠한 지는 얼마 안 되었어요. 솔벤트 냄새 맡으니까 그 현장이 그렇게 좋더라고요. 향수를 느꼈어요. 모르겠어요. 흥분했어요. 오랜만에 집에 돌아온 느낌이었어요. 만감이 교차하고 다시 돌아가고 싶단 생각이 절박했어요. 공장 생각밖에 안 났어요.

그는 "아직도 공장 생각밖에 안 나요. 손이 기억하고 있어요."라고 말했다.

2008년 이후 체어맨W까지 손대고 그 이후 손 못 댄 차종들 손대 보고 싶어요. 그런 차들은 어떻게 페인트가 칠해질까 보고 싶고 또 다시 하고 싶어요. 회사 들어가기 전까지는 손에 느낀 감촉이랄까 그런 것을 잃기 싫어요. 이렇게 세월이 가다 보면 손의 촉감·감각을 잃지 않을까 생각한 적도 있었어요. 그런 것을 잊기 전에, 몸이 잊어버리기 전에 다시 돌아가고 싶은 생각뿐이에요. 언젠간 잊힐 텐데.

그가 열정을 불태우는 한 가지는 처음 시동을 걸어 본 중학교 때 이후 변함없이 차였다. 사람들은 그에게 말했다. 이제는 그만 잊으라고, 정신 차리고 다른 일을 해보라고. 하지만 그에게 열정 없는 이성이란 있을 수 없었다. 열정 없이 정신을 차리기는 힘들었다. 그는 "내 인생의 절반은 차였어요. 그런데 이제 그 절반을 무엇으로 채워야 할지 모르겠어요."라고 말했다.

그는 우리가 이전에 사랑했던 연인들에 대해 그러하듯 차에게 말을 걸었다. 그는 우리가 낳은 어린아이들에 대해 그러하듯 차에게 말을 걸었다.

"잘 있었어?"

"왜 그렇게 얼룩이 졌어?"

"누가 이렇게 엉망으로 칠해 줬어?"

그는 말을 할 때 항상 먼 곳을 바라보았다. 말하는 동안 그의 눈동자 속으로 시간이 무너져 내렸다. 나는 H-20000 때 자동차를 만든 사람들이 누구인지 궁금해졌다.

'선도투'라 불리는 사람들이었다. 그들은 해고되었지만 생계 활동을 하지 않고, 스물두 번째 사망자가 나온 이후 대한문 앞에 마련된 분향소를 지키고 있었다. 그즈음에는 서른 명 정도 노동자들이 선도투 활동을 하고 있었다. 나는 선도투 사람들을 한 명씩 한 명씩 만나기 시작했다. 무척 더운 여름이었다. 밤낮을 구분 못 하는 매미가 시도 때도 없이 울어댔다. 우리는 땀을 식히기엔 턱없이 부족한 2천 원짜리 아이스커피를 나눠 마시면서 이야기를 했다. 나는 그들에게 물었다.

"그전, 그러니까 이 모든 일이 일어나기 전에 당신들은 누구였지요?"

"왜 생계 활동을 하지 않지요?"

"무엇 때문에 5년간의 길거리 생활을 버티지요?"

그리고 마지막 질문은 다음이었다.

"대체 또 하고 싶은 것이 무엇이지요?"

나는 궁금했다. 그들은 과연, 이번 삶 속에서 무엇을 하고 싶은지 알고 있는 걸까?

2009년

다른 세상을 봤던 것 같습니다. 제가 본 다른 세상이란
것은 우리에게 잘못된 것을 바꿀 수 있는 힘이 있다는
것이었어요. 나는 기업가도 아니고 다른 무엇도 아니고
노동자라고 선언한 순간, 어쨌든 이제부터는 잘 배워서
사람들과 뭔가를 좀 만들어 가고 싶어졌습니다.

2005년 상하이자동차(이하 상하이차)는 쌍용자동차를 인수했다.

그리고 4년 뒤인 2009년 1월 7일 법정관리를 신청했다.

그러나 그해 1월 지구촌의 많은 사람들은 그런 뉴스에 관심이 없었을 것이다. 많은 사람들은 한 사내의 음성에 귀를 기울이고 있었다. 그해 1월 미합중국의 새로운 대통령이 탄생한 것이었다. 바로 버락 오바마 대통령이었다. 흑인 대통령의 연설은 감동적이었다. 이제 막 미합중국의 제44대 대통령이 된 한 사내가, 미국이 탄생하던 해의 눈 덮인 강과 모닥불을 상상하면서 바로 '자유와 희망'에 대해서 말하고 있었다. 그는 말했다.

"…… 희망과 미덕을 가지고, 얼음처럼 차가운 해류를 한 번 더 용감하게 헤쳐 나갑시다. 어떤 폭풍우가 올지라도 견디어 냅시다. 우리가 시련에 처했을 때, 우리는 이 여정을 끝내기를 거부했다는 것을, 되돌아가거나 흔들리지 않았다는 것을 우리 아이들의 아이들이 말하도록 합시다. 우리의 눈을 지평선에 고정한 채, 신의 은총으로 우리는 자유라는 그 위대한 선물을 미래 세대들에게 안전하게 전달했다는 것을 말하도록 합시다."

　그 연설의 끝에 많은 사람들은 휘파람을 불고 눈물을 흘리고 기립 박수를 쳤다. "우리 아이들의 아이들이 말하도록 합시다. …… 우리는 자유라는 그 위대한 선물을 ……" 그 말에서 사람들은 고통이 아름다움을 불러오는 순간을 상상했을 것이다. 그 순간 사람들은 인간의 숭고함·위대함 때문에 가슴이 뛰었을 것이다.

　대통령 취임 이틀 뒤인 1월 22일 평택에서는 '쌍용자동차 살리기 범시민 결의 대회'가 열렸다. 법정관리를 신청한 이후 보급 업체들이 공급을 끊어서 쌍용자동차 공장의 라인 가동이 중단된 상태였기 때문이다. 노동자들은 불안한 마음으로 삼삼오오 공장 앞을 왔다 갔다 했다. 날씨가 추웠기 때문에 목을 잔뜩 움츠리고 손을 몇 년이고 입어 온 작업복 바지 호주머니에 넣고 있는 사람들이 많았다.

　오바마 대통령이 취임하던 날, 그리고 대한민국의 많은 사람들은 설 연휴 준비로 바쁠 즈음, 2009년 1월 20일 용산에서 불길이 솟아올랐다. 불길이 솟아오른 곳은 남일당 옥상이었다. 그곳에는 망루가 세워졌었다. 망루를 세운 지 하루 만에 경찰 특공대의 진압이 있었다. 최초의 불길은 오전 7시경에 타올랐다. 진압 당시 망루에 있던 철거민으로 보이는 한 사내는 어둠과 추위 속에서 경찰 특공대에게 소리를 질렀다.

"올라오지 마. 다 죽어!"

이 말의 의미는 두고두고 논란거리가 되었다. 이 말은 두 가지로 해석될 수 있었다. 첫째, 올라오면 다 죽이겠다는 위협. 둘째, 올라오면 다 죽으니 올라오지 말라는 경고.

과연 이 말은 위협이었을까, 경고였을까? 법원은 이 말을 위협으로 해석했다. 그러나 훗날 당시 진압 현장에 있던 특공대 팀장은 법정에서 이렇게 진술했다.

"죽이라는 그런 말투는 아니었던 것 같습니다. 다 위험하다는 그런 말투였습니다. …… 지금은 그렇게('다 피하라'는 쪽으로) 느껴집니다."◆

이 불길로 경찰 한 명을 포함한 여섯 명이 목숨을 잃었다. 특공대와 쌍용자동차 노동자들의 운명은 곧 연결될 것이었다. 특공대원들은 쌍용자동차 파업 진압에도 동원될 것이기 때문이다. 그러나 쌍용자동차에 다니는 사람들을 포함해서 그 누구도 2009년 1월에는 그것을 알지 못했다. 용산과 쌍용자동차 두 사건 다 많은 사람들에겐 관심 밖이었다. 일상이 있기 때문이다. 각자 끌어안고 있는 인생의 시계는 쉬지 않고 똑딱거리고 있었다.

---

◆ "증인신문 '특공대 B 팀장'"(서울중앙지법 형사합의 27부 한양석 부장판사), 〈두 개의 문〉 (김일란·홍지유 감독, 2011)에서 재인용.

2009년 4월 8일 쌍용자동차는 2,646명의 정리 해고안을 발표했다. ◆
해고자 명단이 돌던 봄날 밤, 부산의 대표적인 축제인 기장의 멸치 축제
도 끝난 즈음, 쌍용자동차 부산 정비사업소에 있던 윤충렬은 후배들과
소주를 나눠 마시고 있었다. 분위기는 침울했다. 후배들은 윤충렬에게
항의했다. 윤충렬은 '산 자'(해고되지 않은 자)였다. 그는 해고되지 않았다.
항의는 직설적이었고 신랄했다. "왜 형이 안 잘리고 내가 잘리냐?"는 것
이었다.

직장(職長)들이 해고 대상자들에게 희망퇴직 하라고 설득하고 다녔
어요. 저는 해고 대상자가 아니었어요. 이른바 산 자였어요. 그 당시
우리는 입사 3~4년차 된 애들이 막내였어요. 왜냐하면 중국 상하이
차로 넘어간 뒤에 채용이 없었으니까요. 사실은 막내들이 일 거의
다 해요. 하루는 막내들이 나를 붙잡고 소주 한잔하자면서 우는 거
예요. 자기가 왜 해고 대상자인지 모르겠다고. 그래서 "니가 왜 대상
자인지 직장에게 물어봤냐?"고 했죠. 한 애는 결혼 날짜도 잡아 놓았
는데 총각이라고 대상자라는 거예요. 그래서 "아니, 어떻게 총각이
라고 대상자가 되냐?"고 했죠. 한 명은 일은 자기가 다 하는데 왜 대
상자인지 모르겠다고 그래요. 그러면서 "형은 조합 일 한다고 내내
쫓아다녔는데, 형은 왜 대상자가 안 되고 내가 왜 대상자냐?"고 직접

◆ 비정규직 노동자까지 포함하면 전체 해고자 수는 3천여 명에 이른다.

적으로 따져요. 한편으론 기분도 나쁘지만 들어보니까 그 애 말이 일리가 있어요. 회사 일은 그 애들이 나보다 더 많이 했거든요. 결론 은 기준이 합리적이지 않다는 거였어요. 정리 해고 자체도 나쁘지만 대상 선정도 나빴어요.

산 자였던 윤충렬은 짐을 꾸렸다. 그리고 '죽은 자'인 후배들과 같이 평택 공장으로 올라갔다. 이유는 간단했다. 후배들의 말이 상식적으로 일리가 있어서였다.

윤충렬이 부산에서 후배들과 이야기를 나눌 무렵, 박호민은 평택에 서 어머니와 통화하고 있었다. 어렸을 때 박호민의 꿈은 어머니가 일하 지 않는 것이었다. 쌍용자동차에 취업했을 때도 어머니에게 도움이 될 수 있다는 생각으로 크게 기뻤다.

저는 1974년 범띠고 2001년 8월에 입사했어요. 당시 체어맨을 만드 느라 사람이 많이 필요했던 것 같습니다. 제가 어렸을 때 부모님은 두 분이 같이 두부 장사를 했어요. 두부를 떼어 와 동네에서 파는 일 이었는데 형이랑 나랑 리어카도 밀어 드리고 수금 심부름도 하곤 했 었어요. 아버지는 나중엔 노가다를 했어요. 하지만 술을 많이 드셔 서 제가 고 2 때부터는 일을 하지 못했어요. 그 탓인지 텔레비전에 양복 입고 출근하는 아버지들 나오면 '우리 아버지도 저랬으면 좋겠 다.' 하며 부러워도 했고. 하지만 그런 꿈은 내겐 사치라고 생각했어요. 자연스럽게 어렸을 때 꿈은 우리 엄마가 일을 하지 않는 것이었어요. 집에 오면 엄마·아빠가 없는 경우가 허다했으니까 어서 빨리 돈을 벌어서 엄마를 쉬게 해주고 싶다는 생각으로 가득 차있었어요. 어려서는 장난꾸러기였다는데 초등학교 때부터는 내성적이었어요. 성적도 그저 그렇고 누구한테도 관심을 못 받는 아이, 그렇지만 학교만 잘 다니는 그런 아이였어요. 고등학교를 마치고 집안 생활이 빠듯하니 자의 반, 타의 반으로 해군 하사가 되었어요. 1993년 6월 경이었어요. 당시 월급은 60만 원 정도였는데 엄마에게 돈을 드리고 제가 용돈을 다시 타오는 식으로 생활했어요. 그때 제주·목포·여수 같은 여러 항구에 다녀 봤는데 항에 들어가 배에서 내려가 있던 짧은 서너 시간이 쏠쏠하게 재미있었어요. 세발 낙지도 먹어 보고 어시장도 가고 회도 먹고 걷기도 하고 돌아올 땐 양손 가득 해산물 들고……. 그랬던 것이 즐거운 추억으로 남아 있어요. 그래도 공부하고 싶은 생각이 있어서 군 복무 중에 전문대학에 들어갔어요. 뭔가를 좀 더 배우고 싶었던 것 같은데 그 뭔가가 딱히 확실하지는 않았어요. 군에서 나와서는 나중에 아는 형님이 시의원 선거 하는 것도 좀 도와 드리고 그렇게 살았어요.

　신문광고 보고 대우 직훈(직업훈련소)에 들어갔어요. 기술이라도 하나 배워 둬야겠다고 생각했는데, 직훈 원장이 학력 보더니 전문대 나왔다고 정비 말고 전산 쪽으로 가라고 했어요. 직훈을 마치고 쌍차에 입사하면서 2001년에 고향을 떠났어요. 스물일곱 살까지는 마산에 살았던 거죠. 엄마에게 도움이 될 것 같아서 크게 기뻤죠. 2006

년까지도 월급을 타면 어머니에게 드리고 생활비로 30만 원 정도씩 받아서 살았어요. 생활은 기숙사에서 했기 때문에 큰돈이 들지 않았어요. 저는 체어맨 라인에서 일했어요. 천장 만드는 일을 주로 했는데 힘들었어요. 안전벨트나 룸미러도 조립하고요. 차 안에 무거운 것을 가지고 들어가서 좁은 공간에서 이리저리 움직이려니 힘들었어요. 힘든 공정이라서 직장이 잘해 줬어요. 하루에 차를 40대쯤 만들었다고 치면 한 80번은 차 안에 들어갔던 것 같습니다. 공구도 다 다르고 특히 다리가 많이 아팠어요. 그렇지만 다리나 허리가 아파도 보람도 많이 느꼈어요. 부모에게 전화해서 뭐 드시고 싶은 것 없냐고 물어볼 수도 있고, 한 번씩 용돈 하시라고 돈도 슬쩍 쥐어 드릴 수 있고⋯⋯. 이제 슬슬 돈을 모아서 내 힘으로 결혼해야겠다는 결심도 했어요.

데이트는 그때까지 서너 번 정도 했어요. 제가 눈이 높았던지 잘 안 됐어요. 결혼하면 여자에게 절대 일을 시키지 말아야겠다고 속으로 생각하곤 했던 것 같아요. 지금도 그 생각은 있어요. 여건만 되면 그렇게 하고 싶고. 2006년인가, 기숙사에 같이 있던 후배가 여자 친구랑 같이 아파트에 입주했어요. 먼저 동광 아파트에 들어가면서 저한테도 권했어요. 기숙사에 있으면 아무래도 술을 많이 마시게 되니까. 대신에 여자 나오는 술집엔 일절 가지 않았으니까 저렴하게 마실 수 있었어요. 그때까지는 '공장, 기숙사, 공장, 기숙사' 이렇게 살면서 아파트는 꿈도 못 꾸다가 후배 말 듣고 옮겼어요. 엄마는 제가 드린 돈을 어디 딴 데 쓰지 않고 통장에 꼬박꼬박 모아 놓았기 때문에, 저도 계산기를 두드려 보니까 입주할 수 있을 것 같았어요. 2006년에 아파트를 한 채 마련할 수 있었어요. 그 뒤로 몇 년 동안 한 해에 1천만 원 정도씩 아파트 값으로 들어갔어요. 그전부터 회사는 사정이 좋지 않았어요. 로디우스 판매가 잘되지 않았던 거죠. 주야간 하다가 주간 하다가 도장반으로 자리를 옮기게 되었어요. 도장반은 조립라인보다는 편했어요. 또 야간은 단순 조립만 해도 미칠 만큼 피곤했는데 주간 하니까 좋았어요. 옮길 즈음 어깨와 무릎이 많이 아팠는데, 쌍차를 평생직장으로 알고 있었기 때문에 딴생각 안 했죠. 육체적 피로는 먹고살려면 어쩔 수 없는 거라고 생각했어요. 그렇게 지내다가 2009년이 되었어요.

뉴스에서 쌍용자동차 정리 해고 소식을 접한 어머니는 아들을 걱정했다. 박호민은 해고되지 않았다. 박호민도 윤충렬처럼 산 자였다. 그렇지만 그도 윤충렬처럼 파업에 참여했다.

저는 해고자 명단에 없었어요. 한마디로 산 자였죠. 그런데도 파업에 참여한 이유는 단순했어요. 저는 사람이 중요하다고 생각했어요. 저는 한상균 위원장을 믿었어요. 그때 저처럼 해고되지 않았는데 파업에 참여한 사람은 2백 명 정도 되었던 것 같습니다. 갈등하지 않았다면 거짓말이겠죠. 갈등했죠. 저는 사실 '노동'이 뭔지 몰랐습니다. 그냥 죽어라 일만 했습니다. 그러다가 우연찮게 상균이 형을 만나서 집회 현장을 몇 번 다녔어요. 파업에 참여하면서 이러다가 괜히 나까지 잘리지 않을까 두려웠죠. 혼자서 가만히 생각해 봤지요. '내가 지금 느끼는 이 두려움을 뛰어넘어야 하는 건가? 아니면 두려움을 두 눈 딱 감고 피해야 하는 건가?' 그런데 아무리 생각해 봐도 '형, 동생' 하면서 같이 다녔는데, 95퍼센트 정도가 같은 동네에 사는데, 게다가 진짜 형제들도 다니는데 죽은 자들만 싸우고 산 자들은 가만히 있다는 것, 그리고 그것이 차가워도 분명한 현실이라는 것, 나도 거기 일조하는 사람 중 하나라는 것, 이런 것들을 우선 저부터도 받아들이기 어려웠던 것 같습니다.

파업이 며칠 지나자 공장 안에서 그는 다시 고민했다. '이만하면 나는 할 만큼 한 것 아닐까? 나는 이제 공장을 나가도 되지 않을까?'

나중엔 사람들이 많이 나가고 3분의 1 정도만 남았을 때 다시 생각해 봤어요. '이제 할 만큼 한 것 아닌가?' 그런데 그때도 결론은 같았어요. '한번 믿었으면 끝까지 믿자. 확실히 믿자.' 내 평생 살면서 그렇게 마음 편하게 결심한 경우도 없었어요. 결정하고 나니까 갈등은 줄었는데 오히려 결정하고 나서 다른 고민이 많았죠. 결정은 확실한데 그 뒤에 닥칠 일들만은 두려웠죠.

어머니에게는 거짓말을 했다. 공장 안에 있지 않다고 했다. 잠을 잘자지 못했다.

박호민이 잠을 이루지 못할 때, 구로 정비사업소에서 일했던 정비사 이현준도 잠을 잘 자지 못했다. 그런 밤에 구로 정비사업소에서 같이 일했던 형님인 김정우의 넓은 등판과 흰머리가 어둠 속에서도 하얗게 빛나는 것이 얼핏 보이곤 했었다. 그는 정우 형을 좋아했다. 정우 형은 '소심한' 자신을 '자기 테두리 안에만 갇혀 살지 말라고' 축구장에도 탁구장에도 데리고 가곤 했었다. 그는 경기에는 참여하지 않았지만 '아이쇼핑' 하듯이 형들이나 동료들이 운동하는 것을 지켜보았다.

이현준의 아버지는 농부였다. 지금도 그의 고향 집 창밖으로는 널따란 간척지가 펼쳐져 있다. 아버지의 기일이 있는 여름이면 무릎까지 일렁이는 초록색이 눈을 가득 채운다.

저는 1969년생이고 전남 고흥이 고향이에요. 부모님은 농사를 지었죠. 어려서 부모님을 돕다가 낫으로 손을 많이 베였고 지금도 그 상처가 남아 있어요. 그때는 콤바인이 없어서 일일이 낫으로 벼를 벳거든요. 해 떨어지면 소 몰고 집에 돌아오곤 했어요. 부모님이 너무 힘들게 일하는 것을 보고 자라서 내가 빨리 부모님을 도와야겠다고 생각했어요. 세무 공무원이 되고 싶었는데, 그 일이 가장 안정적으로 보였고 친척 중에도 세무 공무원이 있어서 주위에서 권하기도 했어요. 공무원 시험을 준비하다가 우연히 서점에서 쌍차 직훈 모집 광고를 봤어요. 기아자동차에 다니는 친구가 있었는데 대기업 자동차 회사에 다니면 연봉도 좋고 근로조건도 좋다고 하더라고요. 제가 마침 성격이 꼼꼼해서 정비 일과도 잘 맞을 것 같았고요.

그는 1995년 쌍용자동차에 취업했다. 첫 직장이었다.

입사해서 굉장히 떨렸는데, 정식 직원 발령 전 인턴 기간에 파업이 있었어요. 벌벌 떨었어요. 정식 직원들은 파업 현장에 가고 저 혼자 현장에 남아서 안절부절못했던 기억이 나요.

이현준에게 쌍용자동차는 여러모로 행운의 직장이었다. 우선 인생을 정비 과정에서 배웠다.

정비사는 '손끝이 눈'이라는 말이 있어요. 손끝이 굉장히 발달해요. 부품 가짓수도 많고 고장 원인도 많은데 손끝에 조여지는 감각으로 조립해요. 그리고 청각도 발달해요. 귀로 듣고 손으로 느끼고. 정비 하면서 인생에 대해서 많은 것을 배웠어요. 예전에는 장비가 많지 않고 차량은 너무 무거우니까 혼자 하기가 힘들어요. 옆에 있는 동료에게 꼭 도움을 청하게 되어 있어요. 그때는 주로 정우 형이 옆에 있었는데, "형님, 이것 좀 내려 주쇼." 하면, 정우 형이 "알았어, 인마." 하면서 내려 주죠. 정비는 절대 혼자 못 해요. 굉장한 협업입니다. 게다가 아무리 A급 정비사라고 해도 신중해야 합니다. 고장의 원인은 너무나 많아요. 엔진에 대해 잘 알아도 반드시 또 모르는 것이 나타납니다. 그러다 보니 애매모호한 것은 늘 옆 사람 의견을 구하게 되어 있어요. 저는 그렇게 일하는 것을 좋아했어요. 정비 일은 의사 같아요. 자동차도 사람 몸처럼 다 유기적으로 연결되어 있어요. 까딱 잘못하면 큰일입니다. 저희는 무쏘나 렉스턴만 고친 게 아니라 대형차도 같이 했어요. 오일·부동액 뒤집어쓰는 것은 다반사고, 얼굴은 시커메지고, 작업복도 금세 지저분해지고. 그래도 내가 고친 차에 시동 걸어 봤을 때 소리가 듣기 좋으면 나도 모르게 씽긋 웃게 되죠. 가슴에서 뭐가 쓱 올라옵니다. 그때 희열을 느껴요. 가슴이 벅차죠.

그리고 작은 집도 마련했다.

물론 해고 당시 저는 일에 치였어요. 부끄러운 말이지만 애들하고 손잡고 외출한 기억이 없을 정도예요. 토요일·일요일도 없었어요. 잔업·특근도 많았고. 가장 힘든 때는 금요일 밤 늦게 차가 들어올 때, 고객들은 빨리 출고해 달라고 하니 어쩔 수 없이 토요일·일요일 특근해야 하고 그런 삶이 한 주, 한 달, 몇 달, 몇 년 계속되었어요. 정말 남부럽지 않게 열심히 일했고 마침내 작은 보금자리도 마련하게 되었어요. 저는 진짜로 시골에서 몸뚱이 하나, 빈 몸으로 올라왔기 때문에 집 없는 서러움이란 것을 잘 알고 있었어요. 친구들 집에도 얹혀살아 봤고 여동생한테도 얹혀 있어 봤고. 그래서 취직하고 나서는 생활비로 20만 원만 남겨 놓고 다 적금에 들어 버렸어요. 입사 동기들은 정식 직원이 되고 나서는 단란 주점에도 가고 술도 마셨는데, 저는 오로지 잔업·특근 하면서 1년 반 만에 적금을 타서 전셋집을 얻었습니다. 1천8백만 원짜리 집이었는데 그렇게 기쁠 수가 없었어요. 그리고 나중에 32평짜리 집을 마련한 게 제 인생의 가장 큰 자랑거리입니다. 내가 열심히 땀 흘려 일해서, 그리고 약간 재테크를 해서 서울 목동에 집을 마련한 것입니다. 정말 피땀으로 만든 집 같았죠.

해고되기 전날 그는 생각했다. '철인도 아닌데 내가 어떻게 당황하지 않을 수 있겠어? 그러나 당황하지 말자.'

정리 해고 명단을 공개하기 전날 밤 경우의 수를 생각해 봤어요. '설마, 설마, 설마 내가 해고될까? 그런데 해고되면 어떻게 하지?' 정비는 인원이 부족했어요. 들어오는 차량에 비해 정비사는 부족했어요. 해고되지 않을 거라고 믿었지만 한편으로 또 다른 경우의 수를 생각하지 않을 수 없었어요. '어차피 누군가는 해고된다. 그것이 나일 수도 있다.' 그러자 어차피 누가 해고되든 같이 싸우자고 결의했었던 게 기억났어요. '만약 내가 해고되면 당황하지 말자. 억울해 하지 말자. 사람들이 나와 함께할 것이다. 그런데 만약 내가 해고되지 않는다면? 그렇다 해도 누군가 해고되면 나는 같이할 것이다.' 그렇게 생각하고 나서야 마음을 잡을 수 있었어요. 저는 해고되었어요. 저는 공장에 들어갔어요. 그런데 막상 77일 투쟁에 들어갔는데, 중간에 공장에서 나오면 해고자 명단에서 빼줄 것이라는 회사 측의 감언이설이 돌았어요. 그리고 이탈자들이 나왔어요. 그때 사람들이 굉장히 흔들렸어요. 새벽에 몰래 나가는 거죠. 같이 잠들었는데 아침에 자고 일어나면 옆자리가 비어 있어요. 누군가 없어져요. 그리고 누구누구가 나갔다는 이야기들이 들려오죠. 머리가 허연, 곧 정년을 앞둔 선배들도 버티고 있는데 저는 밖으로 나간다는 생각은 감히 못 해봤습니다. 쌍차에서 해고된 이후 다시는, 살면서 두 번 다시 그런 고통을 받지 않기를 바랄 정도로 무시무시한 것은 바로 배신감이었어요. 신뢰가 깨지는 것이 제일 마음 아팠어요. 파업에 들어오기 전까지 '형님, 동생' 해가면서 같이 커피 마시고, 그 더운 날 수천 도 뜨거운 배기가스 지나가는 본네트(보닛)에 얼굴 처박고 수리하고 차를 밀어 주고 옆에서 땀을 흘리며 그렇게 같이 일했던 동료가 "형님, 미안해요!" 하면서 가방 들고 나가 버리는 것을 봤을 때, 차마 그 뒷모습에 대고 말은 못 했지만 진짜로 고통스러웠어요. 가장 무서운 것은 사람 마음의 밑바닥을 보는 것이었어요. 왜 우리가 그런 상황에 처하게 되었는지 정말로 고통스러웠어요. 저는 희망퇴직 생각 안 했어요. 형님들이 저렇게 남아 있으니까. 그리고 우리가 왜 해고되었는지 누군가는 남아서 알려야 한다고 생각했어요.

그렇지만 안타깝게도 우리는 살면서 배신하지 않는 법을 배우지 못했다. 왜냐하면 우리는 매일매일 어떤 타협인가를 하고 있기 때문이다. 매일매일 타협하면서 사는 우리는 어떤 선택이 배신인지 배신이 아닌지, 어떤 선택을 배신이라고 불러야 하는지 그렇지 않은지를 알기가 결코 쉽지 않다.

이현준은 자신은 나약하다는 말을 곧잘 하곤 했다. 그는 협심증을 앓

왔다. 그는 "정신력이 약해서 협심증을 앓나 보다." 하고 말했다. 그는 마치 정신이 가슴에 있는 것처럼 심장 부위를 쓸어 보았다. 그는 자신이 나약한 인간인 것을 알기 때문에 나약해지고 싶지 않다고 생각했다. 선택을 해야 하는 순간이 되자 그는 정비 과정에서 배운 대로 했다.

'돌아보면 어깨 너머에 누군가 있다.'

'무거운 것을 들어 올리려면 누군가 도와야 한다.'

1962년 제1차 경제개발 5개년 계획에 따라 추진된 소양강 댐 건설에 최초로 32톤 덤프트럭 30여 대, 굴착기 등 중장비가 등장했다. 대통령의 발표에 따르면 중장비 사업은 미래가 밝았다.

그 뉴스에 영향을 받은 사람 중에는, 먼 훗날 이현준이 잠 못 이루고 깨어난 아침에 먹을 음식을 만들 박정만도 포함되어 있었다. 박정만은 파업 초반 식사 담당이었다.

1965년 전북 전주 태생인 박정만. 그는 "금암동이라고, 정동영이 지역구여! 내가 그 옆집에 살았어."라고 자신이 살던 동네를 소개했다.

부모님은 장사를 했고 나는 지는 것을 싫어하는 성격이었어. 하지만 공부는 싫어했지. 학교는 전주공고에서 중장비를 공부했어. 왜그냐면 박정희 대통령이 그랬거든. 동남아고 어디고 중장비가 전도양양하다고.

그는 제대 후 전주에서 실린더를 만드는 작은 회사에 다녔다. 그렇지만 그는 그 직장을 '때려치웠다'. 회사가 '가족 잔치'였기 때문이었다. 그러나 그때나 지금이나 그는 자신이 손재주가 좋은 것에 자부심을 느끼곤 했다. 그는 자신의 두툼하고 투박한 손을 내려다보면서 "나는 손이 좋아!"라고 말하곤 했다. 1994년 쌍용차에 입사했다. 자동차과를 나온 선배의 권유였다. 그는 한마디로 "네, 알겠습니다." 하고 전주를 떠나 평택으로 올라왔다. 처음 만든 것은 버스의 '도아'였다. 해고 직전에는 조립라인에서 체어맨을 만들었다.

버스 도아(문) 만들다가 체어맨 차체로 갔다가, 선배가 있는데 그 양반이 리무진 조립라인으로 갔는데 나를 불러서 리무진으로 갔지. 리무진은 3센티 더 긴 체어맨이야. 그걸 하다가 판매가 잘 안 되는 거야. 현대자동차 에쿠스 나온 뒤로 판매 떨어져서 우리 형님이, "야 정만아, 니가 딴 데 가라." 그래서 도장반 갔다가 체어맨 조립라인 갔고. 일은 편했지. 오래 하다 보니 내가 제일 나이 많고, 라디에이터 같은 거 만들었고.

회사 생활은 마음에 들었다. 기숙사에 살면서 노모에게 전주에 아파트 한 채 마련해 드린 것도 좋았다. 자신을 위해서도 쌍용자동차 근처에 아파트를 마련했는데, 처분하고 나서야 주위에 역이 생겨 아파트 값이 올랐다. 그것이 두고두고 아쉬웠다. 그는 "난 돈복은 없어."라고 말했다.

나는 전북 향우회는 들어갔다 나와 버렸고 노조 활동도 안 했어. 일 끝나고 그냥 맘 맞는 사람끼리 술 한잔하는 게 얼마나 좋았다고.

파업 전날 그는 부산으로 여행을 갔다. "우리는 잘못한 게 없으니 바다나 보러 가자. 마음 풀자! 물놀이 가자." 쌍용자동차에 다니던 남자 셋이서 떠났다. 그렇지만 그 여행은 기억에 남는 것이 없다. 전화 한 통을 받고는 바로 평택으로 올라와서 파업에 합류했기 때문이다.

파업 초반에 그는 공장에서 밥을 지었었다. 이렇게 한 가지만 계속 먹으면 '면역 결핍증'에 걸릴지도 모른다고 생각하면서 지었다. 그가 식사 당번이 된 데는 이유가 있다.

그가 육군 복무 중이던 1983년 12월 3일 다대포 앞바다에 간첩이 출몰했다. 이른바 '다대포 간첩 사건'이다. 다대포 간첩 사건은 20년이 흐른 2003년 다시 논란이 되었다. 간첩을 체포한 것은 육군이 아니라 북파 공작원이었다는 주장이 국회에서 제기된 것이다.

육군이었던 박정만은 출동 명령을 받고 현장으로 갔다. 박정만은 저 아래서 얼핏 움직이는 검은 그림자를 보았다. 그리고 다음 순간 총알이 아래에서 위로 날아왔다. 눈 깜짝할 순간에 그는 머리에 총을 맞았다. 그러나 머리는 아니었다.

병원에 4개월 있었어. 오래 살라는 뜻이었는지, 밑에서 쐈는데 이마를 스쳐 갔어. 팔다리 안 다치면 상이군인 4급인데, 난 4급이야. 그뒤로 나는 연금이 조금씩 나와. 총알 맞아 가지고 진짜 생각이 안

나. 깜빡 잊어 버려. 파업 때는 우리 동지들이 보호해 줬어. "형님은 머리에 뭐라도 맞아 버리면 큰일 낭게 저희 밥만 해주쇼." 그래서 밥 했어. 뭐 맞으면 뻥 돌아 버리니까. 의사들도 내 뇌 사진 보고 놀라 버려. 근데 말하다가 진짜 깜빡깜빡해. 근데 내가 깜빡거린다는 것, 이거 비밀인데······.

파업 초반에 박정만과 함께 근무했던 한 사람이 죽었다. 5월 27일의 일이었다. 엄인섭이었다. 그의 사인은 스트레스로 인한 뇌출혈이었다.

지 집 아파트 나오면서 심장마비로 죽었다는 애. 걔는 뭔고 하니 지가 해고자 명단에 올라가지 않았나, 해고되지 않을까 하는 마음을 크게 가지고 있던 애예요. 걱정을 많이 한 거지. 회사서 그런 명단 있으면 빨리 발표하든지 하지. 늦장가 간 앤데 나랑 라인에서 같이 일했지. 걔 사촌형도 쌍차 같이 다녔고 직장이었고. 그 소식 듣는데 그냥 눈물이 먼저 쭉 떨어져. 다 억울한 사람들이야.

'쌍용에서 만든 자동차를 사면 혹시 해고자 명단에서 벗어날 수 있을까?' 그런 기대 때문이었을까. 정리 해고 발표를 앞두고 쌍용차의 많은 노동자들이 자사 차를 구입했었다. 엄인섭도 2008년 하얀색 무쏘를 구입했다. 엄인섭은 바로 그 차로 걸어가다가 쓰러졌었다. 엄인섭은 추위를 많이 탔다. 5월에도 내복을 입었었다. 그 때문인지 훗날 누군가는 이런 생각을 했었다. '나는 살아서 춥다고 내복을 입는구나!'

추위를 많이 타던 엄인섭이 화장된 곳은 수원 연화장이었다. 같은 시각, 또 하나의 차가운 유해가 8백 도 열기 아래서 화장되고 있었다. 수원 연화장에서 그날 엄인섭과 함께 화장되었던 사람은 바로 5월 23일 서거한 노무현 전 대통령이었다.

쌍용차의 해외 매각이 이루어진 것은 노무현 대통령 시절이었기 때문에 노동자들 마음속에는 많은 생각이 오갔다. 누군가는 '이런 기구한 아이러니가 있나?'라고, 누군가는 '노동자나 대통령이나 같이 죽는구나!'라고 생각했고, 누군가는 "한 손엔 국화를 들고 한 손엔 쌍차 소식을 알리는 선전물을 들고 영결식장으로 가자."고 했다. 대부분의 쌍차 노동자들은 '노란 풍선아! 이쪽도 봐줘.'라고 마음속으로 빌었다.


6월 2일 1차 정리 해고 명단자 1,056명에게 우편물이 발송되었다. 정리 해고 개별 통보가 시작된 것이었다. 박정만도 기숙사에 잠깐 가보았다. 우편집배원이 그를 불렀다. "이봐요. 아저씨, 박정만 씨죠?"

그는 노란 봉투를 내밀었다. 해고 통지서였다. 박정만은 "까짓것 안 받겠다."고 우겼다. 그는 '받아야 한다고' 노란 봉투를 휙 하니 던져 주고 가버렸다. 박정만은 노란 봉투를 들고 다시 파업 현장으로 돌아왔다. 그렇게 돌아온 박정만에게는 한 번 더 죽을 뻔한 사건이 기다리고 있었다.


우리는 잘못한 거 없으니 스스로 밝혀 볼라고 있었지. 근데 공권력이 용산에서 쓴 컨테이너, 그걸 가지고 와서 최루가스를 부어 버렸어. 도장반도 불내고 현장에다가 기름 뿌리고 완전 아수라장이었어.

약도 없어 가지고 용역 한 명 잡아서 약이랑 바꾸고 그랬어.

그러나 아직은 아니었다.

6월 2일 해고자 명단이 발송되었을 때, 또 한 사람이 고요히 수심(愁心)에 잠겨 있었다. 1993년 7월에 입사한 전남 곡성 출신 김정욱. 그 역시 명단이 발송될 때 다른 사람들처럼 걱정했었다. 그러나 해고될까 봐서가 아니었다.

아버님이 공무원이었는데 저도 경찰을 직업으로 가져 보려고 했었어요. 고 3 때 담임이 윤리 선생님이었고 전교조 해직 교사였는데, 그때 그 선생님 덕에 사회를 바라보는 다른 시각을 갖는 계기들이 있었어요. 〈상록수〉나 〈솔아 솔아 푸르른 솔아〉, 〈광야에서〉 같은 노래들을 자율 학습 시간에 배워서 불렀는데 부를 때마다 뭔가가 가슴에 와 닿았고, 나도 이 사회에서 뭔가 건강하게 자기 역할을 하는 사람이고 싶었어요. 저는 어려서부터 '바른 생활 인간'으로 통했어요. 태권도 같은 운동을 무척 좋아했고 잘했는데, 경찰이 잘 맞을 것 같아서 시험 준비를 했었어요. 쌍차에 계시는 이모부가 있었는데 사람 뽑으니 한번 와보라고 해서 입사하게 되었어요. 제대하고 바로 입사했는데 그때 나이 스물셋이었고 처음에 간 부서는 자재과였죠. 차를 만들 때 필요한 자동차 자재를 공급하는 일이었는데 일을 좋아했어요. 이런저런 장비나 기계를 다루는 것 자체를 좋아했어요. 차가 한 대씩 만들어져 나오는 걸 보면 신기하고 뿌듯하고 내가 중요한 일을 하고 있다고 느꼈고. 시간이 지나면서 노조 일을 배우게 되었는데 계기가 빨랐던 것 같습니다. 고등학교 다닐 때 학생회 활동하면서 세상을 다르게 보는 과정이 그전에 있었지만, 1993년 7월에 면접 보러 가던 날 그해 새로운 노조 집행부가 탄생한다는 플래카드를 보면서, 입사하면 노조 일을 해야겠다고 어렴풋이 마음먹었습니다. 수습 3개월 마치고 조합원 자격이 부여되었는데 그때부터 활동했다고 봐도 좋을 것 같습니다. 일은 좋아했는데, 한편으로 싫었던 것은 '노동자'란 말을 쓰지 않고 '근로자'나 '공돌이', '공순이'란 말을 쓰는 것이었어요.

가장 기억에 남는 것은 1995년도 대의원 선거예요. 장비 타고 올라가 10미터 높이에서 하는 일이 있었는데 다른 해결책이 없다 보니 위험수당을 요구했었어요. 회사 쪽에선 타당성이 있다고 했는데 오히려 담당 부서장이 적절치 않다고 해서 태업을 했는데 우리의 요구가 수용되었어요. 함께 힘을 모아서 싸우면 바꿀 수 있다는 것을, 우리에게 그런 힘이 있다는 것을 깨닫는 계기가 되었어요.

결혼하고 집을 장만하고 아이 잘 키우는 것은 보통 사람이면 누구나 가지는 기본적인 욕망이겠죠. 저도 그랬어요. 다만 저는 노조활동을 하면서 다른 세상을 봤던 것 같습니다. 제가 본 다른 세상이란 것은 우리에게 잘못된 것을 바꿀 수 있는 힘이 있다는 것이었어요. 나는 기업가도 아니고 다른 무엇도 아니고 노동자라고 선언한 순간, 어쨌든 이제부터는 잘 배워서 사람들과 뭔가를 좀 만들어 가고 싶어졌습니다. 그 욕구가 다른 욕구들보다도 더 컸던 것 같습니다. 회사나 관리자들하고 잘못된 것에 대해 맞서 싸우는 일은 쉽지 않죠. 두려움도 있고 얼마든지 위축될 수가 있었는데, 부당한 것들에 맞서 하나하나 올바르게 바로잡고 만들어 가면서 성취감을 느끼고 자신감을 얻게 되었습니다. 그런 것에 보람을 느끼고 바로 이런 모습으로 사람들 사이에서 사는 것이야말로 의미 있는 삶이라고 느꼈죠. 그런 식으로 제 삶의 의미를 찾아갔던 것 같습니다.

중국 상하이차가 기술을 빼가는 과정을 거치면서 회사가 실은 힘들어졌지요. 정상적으로 생산 라인이 유지가 안 되고 다들 걱정했어요. '아, 이렇게 가면 구조 조정이 들어오겠구나.' 그러다 보니 자포자기하는 분위기가 많았어요. 저도 마찬가지였어요. 노동자들이 나이를 먹어 가고 자기 삶이 조금씩 나아지면 안주할 수밖에 없는 것 같습니다. 그냥 아무 일이 없길 바라는 거죠. 2009년에 새로운 집행부가 만들어졌지만 '잘할 수 있을까?' 하는 의구심이 컸어요. '뭘 할 수 있을까?' 하는 걱정이 많았어요. 그런데도 2009년 파업을 앞두고 서로의 심정들을 확인하면서 내가 책임지고 해야 될 역할이 확연하게 보였어요. 직장 생활 하다 보면 직장 안에서 회사가 만들어 낸 규율만 좇으며 살게 되어 있습니다. 자발적인 게 아니라 관성적이 되고, 나쁘게 표현하면 생존을 지키기 위해 좇아가는 방식으로만 살게 됩니다. 그런데 2009년 파업 준비하면서 나타난 모습은 나 혼자의 생존을 위해서가 아니라 함께 살기 위해서 힘을 모으는 것이었어요. 그러기 위해서 규율들을 스스로 만들어 냈어요. 스스로 참여하고 배려했습니다. 우리의 문제는 우리가 책임져야 한다는 생각들을 하고 있었어요. 파업 때 우리 스스로를 군대로 표현하기도 했습니다. 우리 스스로 군대를 조직하자고 했고 그런 행동들을 했어요. 심지어 걸어 다닐 때 그냥 맘대로 걸어 다닌 게 아니라 줄 맞춰 다니기도 했습니다. 식사하러 갈 때나 움직일 때 줄을 맞춰 갔어요. 규찰 서는 것도 청소하는 것도 식사하는 것도, 이런 일상적인 것들에서 우리 스스로 우리를 훈련했습니다. 그렇게 해서 스스로를 컨트롤할 힘들을 갖게 되었어요. 자기 자신에 대한 통제력을 갖는 겁니다. 그 당시 그곳에 있지 않던 사람들은 상상도 못 할 거예요. 사람들이 보였던 의지나 결기의 힘에 대해서요.

노조 간부로 사람들을 많이 만났어요. 가장 눈물 났던 것은 지도부가 파업 결의하면서 조합원들 앞에서 머리를 깎았는데 조합원들도 스스로 머리를 깎았을 때였어요. 엄청나게 많이, 1백 명도 넘게 부서별로 결의해서 "우리도 하자." 막 이래서 깎았어요. 그때 사진 보면 한 부서에서 스무 명에서 서른 명 정도가 집단적으로 머리 깎은 모습을 볼 수 있어요. 그 머리카락들을 모아서 집행부에 전달도 하고 그러는 걸 보면서 '우리가 이길 수 있겠구나.' 하고 그때부터 느꼈습니다. 우리가 싸울 수 있는 힘의 원천은 이 공장을 지켜야 한다는 생각 속에 있었어요. '우리가 돌아갈 공장이다.' 이런 결의들이 높았고, 지금도 생각하지만 기적 같은 것은 정리 해고 발표되면 분노가 앞서잖아요. 사무실을 박살내고 어떻게든 하고 싶은 심정이 생길 법한데 사람들이 그렇게 하지 않았어요. 오히려 일터를 소중하게 생각하고 지켜 내려고 몸부림을 쳤어요. 파업 도중에 불도 났는데 파업 후 일주일 만에 차가 나왔어요. 그만큼 생산 시설에 대해서 소중하게 생각했는데 그것이 우리를 버티게 했습니다. 파업 도중에 단전·단수가 있어서 전기가 끊어졌는데 우리 동료들이 자가 발전기를 고쳐 가지고 도장 공장을 지켰습니다. 도장 공장은 페인트를 빨리 굳게 하기 위해서 엄청나게 온도가 높은데, (평상시 도료가 굳지 않게 가동하는) 에어컨이 들어가지 않으면 시설이 망가집니다. 그걸 굳지 않게 하려고 전기를 그쪽에 쓸 수 있도록 고쳐 놓았습니다. 자가 발전기 돌려서 우리 몸을 시원하게 한 게 아니라요. 왜 우리가 그렇게까지 해야 했을까요? 이 공장에서 차가 한 대 한 대 나가고 그러면서 우리가 한솥밥 먹었던 기억들의 소중함 때문이었습니다. 이게 우리를 버티게 했던 힘이었습니다.

그때 파업 기간에 부서마다 찾아다니면서 이야기를 많이 들었어요. 부인이 애를 가졌어도 들어와 있는 사람도 있었어요. 우리가 살아왔던 것들에 대해 자랑스러워도 하고, 우리가 살아온 삶이 하찮지 않다는 것도 서로서로 확인했습니다. 우리의 삶, 우리의 피로, 우리의 몸이 이 쌍차를 지키고 버티게 했다는 이야기도 나눴고 포부도 밝혔습니다. 가장 인상에 남았던 것은 정비지회 형님 부인하고 어머니가 우리 문화제 때 공장 안에 들어왔던 건데요, 들어오셔서 "아들이 건강하게 공장에서 일할 수 있으면 좋겠습니다. 다들 너무나 고맙습니다." 이런 이야기를 하는데 울컥했죠. 가족들도 우리를 지켜보고 함께하고 있다고 느꼈어요. 하루를 버티는 것이 쉽지 않았는데도 저녁에 촛불 문화제 할 때 모이라고 하면 쫙 모이고 그럴 때 힘이 쭉 나고……. 정말 군대 같았어요. 그렇게 버텼어요. 실은 매일 잠 못 자고 지치기도 했는데 밥 한 끼 먹고 나면 또 힘이 불끈 나서 이어가고 그랬어요.

해고자 명단이 통보되기 전에 걱정 많이 했어요. 내가 만약 해고자 명단에 포함 안 되면 어쩌지? 당연히 나도 그 명단에 포함되어야 한다고 생각했죠. 그래야만 할 것 같았어요. 다행히 명단에 포함되었더라고요. 안심했어요.

6월 26일 용역들이 공장에 들어왔다.

저는 그때 사복 경찰들에게 잡혔어요. 차량에서 선무 방송 하고 있었는데 뒤로 쫙 밀리면서 차량이 경찰에게 포위된 거죠. 안 잡히려고 차 밑에 들어가서 몸부림을 쳤는데 끌려 나올 때 바지가 벗겨질 지경이 되었어요. 내가 잡히면서 보니까 옥상에서 나를 지켜보는 사람들이 보였어요. 할 일이 많은데 먼저 잡혀가서 정말 미안했어요. '내가 잘못했구나. 좀 더 조심할걸.' 생각했어요. 그 당시 노조 간부들 가운데 실질적으로 노조 간부 경험 있는 사람이 없어서 내 역할이 큰데……. 미안했어요.

그러나 6월 26일 이후 상황은 점점 어려워져만 갔다. 6월 27일부터 부상자가 속출하기 시작했던 것이다. 그런데 김정욱이 잡혀갈 때 옥상에서 지켜본 사람 중에 혹시 최기민이 있었을까?

1993년 12월 3일 입사한, 1971년생 전북 임실 출신 최기민. 그의 부모는 그가 어렸을 때 자식들의 교육을 위해 고향을 떠나 서울행을 택했다. 그는 제대하자마자 바로 사촌형의 소개로 쌍용자동차에 취업했다. 쌍용자동차는 적어도 파업 전까지는 그가 겪고 아는 세상의 전부였다.

고등학교 마치고 군대 마치고 서류 넣고 면접 보고 처음 출근했는데 깜짝 놀랐어요. 많은 사람들이 식판 들고 줄 서있는데, 대공장의 풍경이란 것을 처음 본 거죠. 당시만 해도 '공돌이', '공순이'란 말이 있어서, 들어갈 때 '내가 이 일을 오래 할 수 있을까?' 하는 생각도 있었는데, 저도 이렇게 장시간 다닐 줄 몰랐어요. 그냥 시간 허비하지 말고 방황하지 말고 기회 있을 때 들어가자고만 생각했던 것 같고. 차량 실내를 차체에다 붙이는 일을 했어요. 바닥 카펫 까는 일 같은 것이었어요. 카펫을 바닥 안쪽에 집어넣고……. 뭐 하여간 몸을 많이 쓰는 일이어서 처음에 적용하는 데 고생을 좀 했어요. 나중엔 적응해서 쉬는 시간에 담배라도 한 대 피울 수 있게 되었고. 컨베이어 작업이란 게, 내 맡은바 작업 공간에서 똑같은 일을 반복하는 거예요. 한 시간에 60대씩 여덟 시간이면 대략 5백 대를 만들어요. 현대자동차의 경우는 라인 회전이 더 빨라요. 그러다 보면 생각들이 많이 없어지고 신체가 라인처럼 자동으로 움직이게 돼요. 그러면 기대하게 되는 것은 퇴근 후의 일정들입니다. 대공장은 부서별 회식이 많아요. 회식 때 "오늘은 우리 일 이야기 말고 사는 이야기 좀 하자." 해서 영화 이야기나 지난주에 어디를 놀러 갔단 이야기 들을 하는데, 그러나 어느 사이엔가 다시 오늘 작업 관리자는 어떻고, 작업 시간은 어떻게 하면 단축될 텐데 하는 회사 이야기를 해요. 그런 패턴이 반복되는 생활이었죠. 경찰이나 공무원이나 다른 직종에 있는 친구들이 좀 있는데 부러워도 했어요. 세상에 대해서 저보단 다양하게 알고 있으니까.

20대 젊은 날의 깨끗한 열정. 아직 어디에도 쏟아부어 보지 못한 열정. 그런 열정이란 것이 정말로 있다면, 그는 그것을 노조 대의원 활동에 쏟았던 것도 같다. 어쩌면 아버지의 영향일 수도 있다.

아버지가 해병대 출신인데 1935년생입니다. 1935년생 해병대면 굉장하죠. 해병대 초창기 일원인데 가족 분위기는 보수적이었고 어렸을 적부터 정의·의리·우애 같은 것을 굉장히 엄격하게 강조했어요. 1996년도에 대의원에 처음 출마했어요. 제가 있던 조립 1팀 의장과가 기피 부서였어요. 그러다 보니 대의원 임기 1년 마치고 나면 그 대의원들이 원래 있던 부서로 돌아오지 않고 다른 부서로 가버리곤 하는 거죠. "1년 동안 적당히 지내면 다른 편한 부서로 보내 줄게." 이렇게 관리자들이 통제했을 거라고 생각되는데, 저는 그런 모습들이 싫어서 출마했어요. 언론 보도 보면 대기업 노조가 귀족 노조이고 임금을 많이 받는다고 하지만, 노동 강도나 건강에 영향을 미치는 심야 노동 등을 생각하면 그렇지 않아요. 저도 일하면서 힘들다고 생각했고, 실제로 허리 디스크로 6개월 입원했고……. 저뿐만 아니라 대부분 노동자가 근육을 많이 쓰니까 근골격계 질환을 앓았어요. 힘든 과정을 좀 완화시키면서 일하는 방법, 건강권, 노동환경 개선 등에 대해서 평소에 관심이 많았어요.

최기민은 정책실장이었고 노조 대표로 회사와 실질적인 협상을 담당했었다. 파업 초기에 그는 맨 앞줄에 서있었다.

1월 9일 법정관리에 들어가니까 막막했어요. 노조 경험이 많은 것도 아니었고 정리 해고를 피하기 위한 노력을 많이 했어요. 대우나 그런 사례 보며 공부하면서 어떻게 해야 하나 준비해 갔습니다. 신차 개발 자금 확보를 위해 노동자의 퇴직금을 담보로 1천억 원을 출자하겠다고도 했고, 임금과 복지 삭감을 받아들이겠다고도 했고, 순환 무급 휴직도 먼저 제시했어요. 회사 상황이 정말 어려우면 돈을 받지 않고 대기해도 좋으니 고용을 보장해 달라고 했죠. 그런데 결국 파업에 돌입하게 되었어요. 공장 점거하고 나서도 했던 말은 해고만은 하지 말라는 것이었어요. "해고는 살인이다. 함께 살자."고 했죠. 임금도 복지도 양보할 의지가 있는데 왜 해고만 고집하냐고……. 회사는 해고를 강행했고 산 자들을 움직였어요. 산 자들을 우리와 대치하게 한 거죠. 제 경우 머리띠 매고 맨 앞에 서있는데 산 자들의 맨 앞에 우리 부서 사람이 있는 거예요. 저는 그 사람에게 가서 "이

것은 우리만 살자는 게 아니다. 죽은 자들이 자기 문제로 싸우는 것처럼 보이지만 결국 같이 싸우지 않으면 살아 있는 당신들도 미래를 보장 못 받는다. 이 일은 반복될 것이다."라고 말했어요. 저보다 손위 형님이었는데 "네 맘은 알겠지만 내 처지도 이해해 달라."고 했고, 저는 알겠다고 했죠. 그러면서 밀고 당기고 싸우는데, 우리는 "들어오지 마라. 들어오지 마라. 싸우기 싫다. 제발 들어오지 마라."라고 계속 말했어요. 어제까지 나랑 같이 일했던 사람인데, 산 자와 죽은 자로 갈려서 한쪽은 "같이 살자." 하고, 한쪽은 "내 상황이 그러니 어쩔 수 없다." 하는 것이 고통스러웠고 그래도 한편으로는 이해도 됐어요. 사람은 결정적일 때 자기중심적이 될 수밖에 없는 거잖아요. 우리도 우리 살길을 찾고 있는 거고, 산 자들도 산 자들 살길을 찾는 거니까. 그래서 초기에는 서로 그렇게 격렬하게 싸우지 않았어요. 산 자들도 오긴 왔는데, 오고 싶어서 온 게 아니고 미안한 거죠. 하지만 나중엔 서로 새총을 겨누게 되었어요. 이렇게 된 데는 회사의 이데올로기 공세도 있었어요. 회사가 "죽은 자 때문에 산 자들까지 다 죽을 것"이라는 소문을 낸 거죠. "다수를 위해서 소수가 희생해야 하는데, 자기들 살려고 물귀신처럼 나머지 대다수 사람들까지 다 죽이려 든다. 며칠 안에 파업 안 풀면 파산이다." 이런 공세가 먹힌 거죠. 그래서 산 자들이 "너희들 너무 하는 것 아니냐? 다 죽자는 이야기냐?"라고 저희에게 묻게 된 거고요. 산 자 쪽으로 오발탄이 날아가기도 했고, 그러면서 "왜 우리에게 이러느냐?" "너네도 다 너네 살라고 하는 것 아니냐?" 하며 서로 감정이 상하고…… 이렇게 우리는 갈라지게 되었던 것 같아요.

그는 "함께 살자."라는 말에 매달렸다. 그러나 현실에선 다른 말이 떠돌아다니기 시작했다. "같이 죽자는 말이냐?" "다 죽일 셈이냐?" "다 죽자는 말이냐?" "너 살자고 날 죽이냐?" 그리고 "차라리 함께 죽자."까지.

경찰은 파업 현장에 가스를 살포할 계획을 가지고 있었다. 그러나 가스보다 더 독한 말들이 이미 공기 속을 날아다니고 있었다. 그중엔 속으로 생각만 하고 차마 입 밖으로 내뱉지 못한 말도 있었을 것이다.

'니가 죽어야 내가 산다.' '니가 사라져야 내가 산다.'

최기민에게는 인정할 수 있는 것과 없는 것이 있었다. 개인에게는 저마다의 이해관계가 있다. 그리고 자신도 자신의 이해관계에 얽매여 있다. 그는 그것에 대해서는 인정했다.

그러나 이해관계에서 출발한 것이 다른 무엇, 불쾌한 무엇, 즉 의심과 오해와 냉담함과 적개심으로 변해 가는 것, 그것이 인간사의 슬픈 흐름이라는 것. 그것에 대해서는 인정할 수 없었다.

평택 공장 옥상 상공 1백 미터 위를 경찰·소방·방송 헬기 등 세 가지 종류의 헬기가 날아다녔다. 징그러울 정도로 덥고, 징그러울 정도로 비도 내리지 않았던 것으로 기억되는 그 여름. 경찰 헬기에서는 봉투에 넣은 최루액이 살포되었었다. 그해 뿌려진 최루액의 95퍼센트가량이 쌍용자동차 공장 옥상에 쏟아져 내렸다. 최루액을 맞은 스티로폼은 녹아내렸다.

파업 때 헬기가 뜨기 시작한 후 헬기에서 옥상에 있는 사람들에게 요만한 비닐 봉투에 최루액을 넣어서 던지기 시작했어요. 바닥에서 터지면 주변이 최루액 냄새로 맵습니다. 처음엔 도망 다니고 처마 밑으로 숨기도 했는데, 나중엔 가만히 보니까 경찰들이 이 상황을 게임처럼 즐기고 있다는 느낌을 받았어요. 빈 공간에 최루액을 쏘는 게 아니라 사람을 조준해서 맞췄거든요. 쟤네들 즐기는구나 싶으니까 모멸감도 들고 분노도 생겼어요. 그래서 어떤 동지는 아예 우산 쓰고 다니면서 뿌리려면 뿌리라고 대응하기도 했고. 한번은 헬기가 쭉 저공비행 하면서 최루액을 뿌리는데도 한 동지가 도망가지 않는 겁니다. 그러니까 헬기가 날다가 그 조합원의 머리 위에 멈춰 서더라고요. 날아가면서 쭉 뿌리는 게 아니라 아예 정지해서 최루액을 목욕물 쏟듯이 그 조합원 위에 쏟아부어 버렸어요. 저는 멀리서 그것을 지켜보고 있었어요. 근데 얼굴도 모르는 조합원이었는데 이렇게 십자가 모양으로 팔을 벌리고 가슴을 펴고 그걸 그냥 다 맞더라고요. 혹시 영화 〈플래툰〉 보셨어요? 저는 그 마지막 장면이 떠올랐어요. 테이저 건 탐침이 얼굴에 박혀 있는 동지도 있었고. 변기는 넘쳐흐르고, 에어컨 가동한 물로 세수하고, 그 물 섞어서 주먹밥 만들어 먹었어도 굽힐 수 없는 인간의 의지 같은 것을 그때 저는 봤어요.

시작은 이해관계였다. 시작은 물질이었다. 그렇지만 그 나중은 이해관계가 아니라 감정이나 영혼으로 가는 것일까? 그렇다면 어떤 감정, 어떤 영혼일까? 아니면 다시, 결국은 먹고사는 문제로 돌아가는 것일까?

그러나 답을 하기에 최기민의 세상 경험은 아직 끝나지 않았다.

파업 당시 조직실장이었던, 그리고 '총사'(총사령관)라고 불렸던 김득중은 옥상에 있었다. 그는 잘 웃고 어떤 경우에도 낙관적인 사람으로 통했다. 그의 이런 성격은 어려운 상황에서 더욱 빛을 발했다.

1969년 평택에서 태어났고 그 뒤로 쭉 평택에서 살고 있어요. 울 어머니 왈, 어려서는 예쁘고 착한 애였대요. 9남매 중 막내인데 떼쓰지 않는 막내였어요. 아버지는 어려서 돌아가셔서 기억이 없고 스물세 살 터울인 큰형이 우리 아버지 역할을 했어요. 아버지가 돌아가신 다음에 서울에서 내려와 농사를 지었는데, 저는 어머니랑 형수랑 나랑 네 살 터울인 조카랑 같이 살았어요. 형이 헌신적으로 동네일을 잘했던 거 같아요. 동네 궂은일을 다 맡아서 하고 일부러 일도 만들어 내고 새벽에도 전화 오면 자다 말고 나가고 그랬어요. 제 눈에는 우리 형이 멋져 보였어요. 형이 최고라는 말을 어려서부터 너무 많이 듣고 자라서 우리 형처럼 되고 싶었던 것 같아요.

원래 꿈은 해병대에 가는 거였어요. 바로 위에는 누님들만 있고 형과는 나이 터울이 많아서 남자로 이루어진, 규율이 강한 조직 세계에 대한 동경이 있었던 것 같아요. 해병대에 지원했는데 주위에서 친구들이 걱정을 많이 했어요. 해병대 가면 위험하고 죽는다고요. 그래서 면접 전날 다 같이 평택에서 출발해서, 죽을 때 죽더라도 술이라도 한잔하고 죽자고 해병대 면접장이 있던 대방동에서 술을 진탕 마셨어요. 결국 면접에서 떨어졌죠. 군에선 특공대였는데 말뚝 박으라는 말을 진짜 많이 들었어요. 그때나 지금이나 무슨 일을 하면 뒤로 빼는 건 없어요. 어떤 일이든 내가 할 수 있겠다고 생각하는 편이에요. 제대하고 나서 친구들도 만나러 다니고 인생 경험 한답시고 7~8개월 정도 막일도 했는데, 우연찮게 쌍차의 신규 채용 공고를 본 누나와 매형이 제가 사는 게 한심했는지 한번 가보라고 해서 입사하게 되었어요. 난 평택에 살았어도 쌍차가 있는 줄도 몰랐어요. 그 무렵 쌍차는 무쏘 신화로 상승세였고, 상당히 많은 신입 사원을 뽑아서 1993년 입사 사번이 많습니다. 저는 라인을 타지 않고 QC (품질관리) 업무를 봤습니다. 라인보다는 상대적으로 편했어요. 거기서 1년 정도 있다가 이스타나 신설 라인이 생기면서 1995년 봄 무렵 그쪽으로 이동했습니다. 취직하고서는 좋았죠. 임금이 나왔는데 그전까지 내가 받아 보지 못한 많은 액수였어요. 작은 집이라도 마련할 수 있게 적금도 붓고 어머니 용돈도 드리고 친구들에게 술도 살 수 있게 돼서 좋았고. 게다가 내가 오케이 스티커 붙인 차가 나가는 것을 보면 좋고, 시내 다니다가 쌍용 차가 지나가면 '저건 좀 문제가 있네', '저 차 좋네.' 속으로 이러면서 한두 해는 그렇게 보냈던 것 같아요. 그렇지만 1995년도부터는 일하는 현장에서 불합리한 것들이 좀 눈에 보였어요. 그래서 그해 대의원을 시작해 10년 넘게 대의원 활동을 계속했던 거 같아요.

돌이켜 보면 저는 입사하면서 계속 누군가를 찾고 있었던 것 같아요. 뭔가를 하고 싶었어요. 그런데 내가 가진 힘과 지식이 부족했기 때문에 내가 따라 할 누군가를 찾았던 것 같아요. 저는 강해지고 싶었어요. 그러다가 드디어 1995년에 뭔가를 발견했습니다. 당시 우연찮게 동네 향우회 모임에 나갔어요. 시골 동네 선후배 모임이었는데 그때 한 사람이 들어왔어요. 사람들이 '민주 투사'가 왔다고 반기는 거예요. 처음 보는 사람인데 궁금증이 생겨서 알음알음 물어봤죠. 10년 선배이고, 내 초등학교 여자 동창의 오빠였어요. 마침 저는 직장에서 어떤 사람에게 관심이 있었어요. 유만종(5대·7대 쌍용자동차 노조 위원장)이란 사람이었는데 그 사람은 해고되었다가 복직했고, 깨끗하고 타협할 줄 모르는 사람이라는 소문이 있었어요. 그런데 모임 자리에서 이야기를 듣다 보니 향우회 민주 투사 선배가 유만종이라는 사람을 알고 있다는 거예요. 저는 민주 투사에게 다음에 시간 좀 내달라고 간곡하게 부탁했어요. 만나서는 꼭 유만종과 관계를 터야 하니 제발 좀 그분에게 나를 추천해 달라고 부탁했죠. 그 민주 투사를 꼬시려고 밤늦게까지 술을 대접했어요. 내가 그냥 유만종을 찾아가면 되었을 텐데 말이죠. 다음다음 날인가, 마침내 유만종을 만나게 되었어요. 만나고 보니 이미지가 좋았고 수수한 형 같았어요. 순수한 열정 같은 것이 느껴졌어요. 어쩐지 초심을 간직하고 사는 사람 같아 보였어요. 그 뒤로 유만종 동지랑 같이 물불 안 가리고 일했던 것 같습니다.

그렇지만 몇 년 후 저는 위기에 빠지게 돼요. 간이랑 폐가 나빠져서 몸도 망가지고 입원해서 수술하느라 휴직계도 냈어요. 게다가 롤모델로 생각할 만큼 믿었던 유만종은 2006년 뇌물 수수 혐의로 구속됩니다. 지금은 용역 회사 사장을 하고 있어요. 2000년대 초반이 어찌 보면 저에게는 시련기였다고 할 수 있어요. 감내하기 힘든 시기였어요. 현장 활동에 대한 회의감도 있었어요. 어차피 정규직 배부른 분들의 그 배부른 투정에 쏟을 힘이면 지역에 나가야겠다고 생각했어요. 그게 오히려 더 내게 좋겠다고 생각했어요. 대공장 정규직 노동자는 어용이 되든 진보가 되든 큰 차이가 없다고 생각했어요. 파업으로 이득을 나눠 갖느냐, 협상으로 이득을 나눠 갖느냐 정도의 차이만 있지 큰 차이가 없다고 생각했어요. 2003년부터는 노조 선거에 개입하지 않고, 대신에 부서 대의원만은 했죠. 그런데 2008년도 무렵, 상하이차에 매각된 후 투자 문제가 삐걱대면서 '지금까지와는 다른 상당히 큰 위기가 우리에게 올 수 있겠구나.' 하는 느낌이 들었어요. 파업 때 집사람에게 말했어요. "내가 노조의 조직실장 해야 할 것 같다. 그런데 하게 되면 우리가 2년 동안 헤어질 수 있을 것 같다." 그런데 정말로 2년 정도 헤어지게 됩니다. 파업 준비하느라 한 1년 떨어져 있었고, 파업 끝난 뒤 1년 구속되었으니까요.

파업 때 그는 늘 두 친구를 스쳐 지나가곤 했다.

한 친구는 황대원이고 한 친구는 이윤형인데 파업 들어가기 전부터 알았던 친구들이에요. 둘 다 굉장히 성실하고 내성적이었어요. 표정도 좋고 같은 부서가 아니어도 만나면 수줍게 인사를 건네곤 했어요. 평소에 보면 음료수라도 건네곤 했었어요. 파업 당시 저는 옥상에 있었는데 옥상에 가려면 항상 이 친구들 있는 곳을 지나쳐 갑니다. 파업 당시에도 두 친구는 일상생활에서 그랬던 것처럼 나한테 짜증 한 번 안 내고 묵묵히 견뎠어요. 지나갈 때마다 "형, 고생 많아요." 그렇게 말하곤 했죠. 그런데 황대원이란 친구는 무릎 밑에 의족을 낀 중증 장애인입니다. 파업하고 70일쯤 지나, 여름이고 잘 씻지 못하니까 진물이 났어요. 저는 그걸 보고 "나가라. 나가야 한다."라고 했습니다. "여기는 걱정하지 말고 나가라. 너는 할 만큼 다 했다."고 했습니다. 그때는 몰랐는데 황대원은 희망퇴직 쓰고 나갔어요. 끝까지 같이 있고 싶은데 만류하니까 자존심이 상했던 것 같습니다. 이윤형은, 저는 그 친구를 알았어도 알았던 게 아니라는 생각이 듭니다.

두 친구들이야말로 몇 년이 흘러도 옥쇄 파업을 생각하면 제일 먼저 떠오르리라는 것을 그는 그때는 꿈에도 생각 못 했다.

후배들과 함께 부산에서 올라온 윤충렬, 그는 공장 안에 오래 있지는 않았다. 그는 7월에 공장을 나왔다.

7월이 되자 여론이 너무 안 좋았어요. "회사가 살아야지 노동자가 산다. 너그만 살라고 하냐?" 여론이 안 좋았어요. 그래서 공장 밖 외부에서 여론 선전전 해야 한다고 열세 명 정도를 뽑았어요. 정비에서 두 명, 창원에서 두 명, 평택에서 일곱 명……. 열한 명인가 열세 명을 빼내서 서울에 상주시키고 1인 시위도 하게 했어요. 7월 초 공장에서 나와서, 그 당시에는 금속노조 사무실이 영등포에 있어서 거기서 자면서 파업 끝날 때까지 여론전을 했어요. 그때 사람들 만나 보니까 정말로 열에 일곱은 "너네들이 똑바로 하지 못해서 회사가 망한 것이다. 정부가 잘하는 것이다. 회사가 살아야 너희가 산다."고 했어요. '파업을 원하는 세력은 파업으로 밥 먹고 사는 세력'이라고 하더라고요. 우리는 "그게 아니다. 상하이차로 넘어가면 우리 기술만 빼내어 도망갈 거다." 이렇게 누누이 이야기했죠. 우리는 일밖에 안 했고 일만 하면 되는 줄 알았는데 회사가 해마다 3천억 원씩 투자한다는 협약서를 쓰고는 안 지킨다고, 노동자는 협약서 받고 나면 당장 안심되니까 그냥 일한다고, 우리는 약속 다 지켰는데 회사가 약속 안 지킨다고 말했어요. 당시 언론에는 우리가 진짜 폭도 비슷하게 나왔어요. 화염병을 들었다든가, 불을 냈다든가, 과격하다든가, 전쟁터 비슷하다든가……. 언론이 그러니 여론은 점점 더 나빠졌어요. 아무리 이야기해도 잘 안 되었어요. 지하철 타면 노인들에게 혼났어요. "그동안 이만큼 너그들 먹고살게 해줬는데 회사에 무슨 짓이냐? 한 번 당해 봐야 한다."고요. 물론 일부 시민들은 김밥이며 음료수도 사주었어요. 그런 분들은 뭔가 비슷한 경험을 했던 분들인 것 같았어요. 그래도 우리는 밖에 있지만, 공장 안에는 물도 없고 최루가스는 매일 살포되고……. 뉴스 보면 가슴이 아팠어요.

테이저 건. 총알 대신 전기선으로 이어진 탐침을 발사해 순간적으로 약 5만 볼트의 고압전류를 사람의 몸에 흘려보내는 무기.

맞게 되면 근육이 일시적으로 마비되고 현기증을 느끼며 쓰러지기 때문에 먼 거리에서도 상대방을 제압할 수 있는 무기.

그러나 맞은 사람이 심장마비나 발작 등으로 사망할 가능성도 커 국제사면위원회 등 인권 단체들이 사용 금지를 요구하고 있는 이 무기가 쌍용자동차 진압 과정에 등장했다.

윤충렬은 일상적인 선전전을 마친 뒤에는 당시 쌍용자동차 파업 상황을 생중계하던 아프리카 TV로 밤새 진압 과정을 지켜보았다. 7월 23일 아침 그는 보통 때보다 일찍 일어났다. 아침 8시, 그는 독립문 옆 15미터 높이의 고가 차도를 점거했다. 혼자서 올라갔다. 그가 고가 차도 위에 "해고는 살인이다."라는 현수막을 내걸 때, 저 밑으로 아침 출근길 차량이 길게 늘어서 있는 것이 보였다.

"공장 안에 있는 노동자들에게 당장 식수를 공급하라", "전기 총(테이저 건) 사용을 중지하라!" 하고 구호도 외치고 유인물도 뿌렸지만 세 시간 만에 진압당해 끌려 내려왔어요. 점거하자마자 잡혀간 셈인데 덤덤했어요. 우려되는 것은 있었어요. 집사람은 내 결정에 대해서 전혀 모르니까. 연행되고 집으로 연락이 갔어요. 제가 현행범으로 연행되었다고요. 집사람이 울고불고 난리 났어요. 서대문 경찰서에 48시간 잡혀 있다 나왔어요. 저도 남 앞에서 얘기를 잘하지 못하는 편이었는데 그때는 그래야 한다고 생각했어요. 사실 남 앞에서 말을 잘 못 해요. 제가 조합에서 일할 때도 그런 생각 했어요. '내가 잘못 하면 다 피해를 본다.' 왜냐하면 내 말 믿고 행동하잖아요.

하지만 당장 식수 공급을 재개하고 테이저 건의 사용을 중단하라는 그의 구호는, 어쩌면 그해 6월 급작스럽게 생을 마감한 마이클 잭슨의 음악에 묻혔을 것이다. 7월 7일 로스앤젤레스에서 열린 마이클 잭슨 추모 공연에서는 〈위 아 더 월드〉(We are the world)와 〈힐 더 월드〉(Heal the world)가 울려 퍼졌다. 그 노래가 불리는 동안 추모식장 밖에서는 모르는 사람끼리도 굳세고 뜨겁게 손을 잡고 눈물 젖은 미소를 나누었다. 7월 23일 방송은 여전히 '아이들'과 '아이들의 아이들'을 위해서 지구가 더 나은 곳이 되길 원했던 마이클 잭슨의 애절한 음악을 틀고 있었다.

1968년생 쌍용자동차 비정규직 한윤수. 그에게는 이런 일이 있었다. 화염병을 들고 팔을 뻗어서 던지려는 그 순간, 그 짧은 순간 그는 멈칫했다. 그 순간 그의 머릿속에는 돈 1백만 원을 들고 진안 마이산 가는 길목에 있는 고향을 떠나서 구로동에 50만 원짜리 월세방을 구한 1991년 이후의 생활들이 떠올랐다. 부모에게 독립해서 한 남자로서 책임감 있게 살기는 너무나 어려웠다. 삶은 그에게 넘치도록 많은 경험을 줬다.

4남 2녀 중 넷째로 완주에서 태어났어요. 진안 마이산 가는 길목에 있는 동네가 제 고향입니다. 제 인생은 아주 복잡합니다. 곡절이 많아요. 학교 졸업하고 군대 제대하고 서울 생활 몇 년 하고, 다시 내려가 시골 생활 몇 년 하다가, 결혼해서 평택 생활 3년 하고, 다시 또 장사한다고 정읍 내려가 6년 있었습니다. 그러다가 다시 평택에 올라왔고요.

전주에서 전주공전을 나왔고, 1991년 서울에 처음 올라와서 맨 처음에 흥국생명에서 보험 일을 했고, 그다음 여행사에서 잠깐 일했는데 이벤트 담당이었어요. 그때는 아직 주 5일제가 시행되지 않고 토요일은 반공일(半空日)이었는데, 저희가 파는 80만~90만 원짜리 회원권을 사면 호텔 2박 3일 숙식권을 받고 철에 따라 래프팅·패러글라이딩·골프·스키를 즐길 수 있었어요. 가을엔 밤 줍기, 고구마 캐기 같은 것을 할 수 있었고요. 시대를 너무 앞서갔는지 영업은 잘되지 않았어요. 그 시절엔 스키를 탄 게 가장 즐거웠던 기억으로 남아요. 인솔자로 갔지만 시간 나면 가끔 스키를 탈 수 있었거든요. 물론 그 뒤로 한 20년간 타보지 못했죠. 하지만 그때 산 스키복은 지금도 옷장 안에 가지고 있어요. 화려한 게 아직도 맘에 듭니다. 그 뒤에 피라미드 회사에서 근무한 적도 있고 노점상을 한 적도 있고, 정말 많은 일을 해봤습니다. 그때가 스물너덧 되었는데 굶기를 밥 먹듯 했어요. 그런데도 부모에게 손 벌리기가 그렇게 싫을 수가 없었어요. 큰소리치고 서울에 올라왔는데 그냥 내려갈 수는 없었어요. 그래도 1995년인가 96년 무렵엔 고향에 내려갔어요. 매형이 현대중공업 다니고 있어서 저도 들어갈까 했지만, 6개월간 직훈 가야 한다는데 애엄마가 막 임신해서 못 갔어요. 그때 현대중공업 들어간 고향 친구 놈은 지금도 잘 다녀요.

고향을 다시 떠나서 나중에 비정규직으로 한국번디라는 회사에 들어갔어요. 냉장고나 자동차에 들어가는 부품 만드는 회사였는데 월급도 세고 성과급도 당시 몇 백만 원씩 나오고 좋았어요. 그런데 싸우고 나와 버렸어요. 애엄마가 혼자서 애기 낳을 때여서 하루 쉬었는데 뭐라고 하더라고요. 나중에 놀다가 동양잉크라는 회사에서 3년 일했는데 너무 힘들었어요. 잉크를 몇 박스씩 어깨와 등에 지고 옮기는 건데 군대에서 고생해서인지 무릎이 안 좋아졌어요. 그때 겨우 스물예닐곱인데 무릎이 너무 아파서 탱탱 부었어요. 다리가 그러니까 누나가 정읍에 편의점을 하나 알아봐 줬어요. 약간 변형된 편의점인데 북어나 노가리나 술도 팔았어요. 술장사 하는 걸 애엄마가 싫어해서 마트 형식으로 변형했는데 하필 그때 IMF 외환 위기를 만났어요. 몇 년 버티긴 했는데 주인이 좋지 않은 사람이었어요. 주인이 위층에 피시방을 차려 맥주랑 라면이랑 담배 파니까 장사가 잘 안 돼서 결국 5년 반 하고 접었어요. 애는 둘이나 있고 그때 큰애는 막 초등학교 들어갔는데 살길은 없고 막막했어요.

그동안 참 많이 여기저기 돌아다녔어요. 여행을 한 게 아니라 내 삶을 찾아서 돌아다닌 거죠. 좋은 점도 있지만 세월에 대한 회한이랄까, 시간 낭비했다는 생각도 많이 해요. 그래도 살아가는 방식을 배운 것은 많아요. 어지간한 것은 남과 다 대화할 수 있고, 삶의 경험치로도 여러 가지 겪어보니 좋은데, 바깥으로만 새다 보니 돈 모은 것은 없고 그러네요.

긴 시간 인생을 낭비했다는 느낌, 그 회한에 젖은 사람은 자기도 모르게 자신을 낮게 평가하게 된다. 그러나 그때 한윤수의 마음을 사로잡았던 것은 자존감이나 진실이 아니었다. 그는 이제는 삶을 찾아 돌아다니기보다는 뿌리를 내리고 싶었다.

2002년 월드컵, 그도 남들처럼 목이 터져라 '대한민국'을 외쳤고 평택 쌍용자동차에 비정규직으로 들어갔다.

장사 정리하고 나니까 한 1천3백만 원 남아서 평택에 방을 얻었어요. 처형이 거기 살았어요. 쌍차에 들어가 나보고 영업하라고 했는데 인맥도 없는 데서 영업하기가 겁나 비정규직으로 들어갔어요. 동산기업이란 회사에서 파견된 거죠. 비정규직으로 들어가서 일하는 것은 쉽지가 않았어요. 멋모르고 들어간 사람이고, 사업하다가 가서 생각도 안 맞았고, 육체노동이라 힘들기도 했어요. 무쏘 뒷문짝 만드는 일을 하면서 코란도 본네트(보닛)도 같이 만들었고, 한 3년 하다가 렉스턴 만드는 공정으로 옮겼고……. 생활은 굉장히 쪼들렸어요. 초반에는 보너스 합해서 월급이 120만 원 남짓 되었던 것 같네요. 그러다가 렉스턴이 대박 나면서 임금을 좀 더 받았던 것 같아요. 애들 둘 키우기가 벅찼어요. 그래도 그냥 다녔습니다. 그때 큰애가 열 살이었는데 가장으로서의 책임감 때문에 어떤 일이든 해야 했어요. 그 막중함 때문에 직장을 옮길 엄두가 나지 않았고, 사실 다른 직장을 찾기도 어려웠어요.

생활은 서서히 타성에 물들어 갔던 것 같아요. 나 혼자 있을 때는 집에서 컴퓨터 게임 하고 그렇지 않으면 가끔 술 한잔하고 그렇게 시간을 보내면서, 스스로를 계발한다거나 하는 생각은 전혀 못 해본 것 같네요. 그러다가 2006년에 잘릴 뻔한 일이 생겼어요. 그때 5백 명 정도 그만둔 것 같습니다. 비정규직들에게 희망퇴직서 쓰라고 하는데 저는 차마 쓸 수가 없었어요. 겁이 났죠. 30대 후반인데 그 나이에 어디 가서 뭘 또 새롭게 배워서 적응하기도 어려울 것 같고, 새로 또 누구에게 굽실거려야 한다는 생각만으로 부담스러웠어요. 그냥 안주하고 싶었어요. 희망퇴직서 쓰지 않고 두 달 놀면 휴직 급여를 주는데 그것 받고 살았어요. 그러다가 다른 용역 업체로 가서 재배치되었어요. 놀 때는 노가다도 하고. 사실 일하면서도 주말에 노가다 많이 뛰었어요. 단순 노가다부터 험한 일까지 다 해봤어요. 거의 쉬지 않고 일했던 것 같습니다. 시골집에서 한 서너 달 잠깐 쉰 것 말고는 성년이 되어서는 쉬어 본 적도 없이 살았어요. 그런데도 아직까지 수중에 돈이 여유 있었던 적은 한 번도 없네요. 늘 근근이 먹고살았어요. 그런데 2008년에 같은 일이 또 반복되었던 거죠. 넉 달 치 평균임금 6백만 원 정도 받고 비정규직이 나가야 할 일이 또 생겼던 거예요. 그때는 이건 아니라는 생각이 들었어요. 나가라고 하면 그냥 나가야 하고, 자르려고 하면 그냥 잘려야 한다면 열 받지 않겠어요?

쌍차 안에 비정규직지회가 생긴 것은 2008년 10월 22일이었다.

몇몇 노동자들이 모여서 노조를 만들었고, 몇 백만 원 받고 희망퇴직서 쓰지 말라고 말했는데 결국은 많이 썼어요. "관리자들 꼴 보기 싫어서 못 버티겠다", "형, 미안하다."고 하면서. 회사에서 "너 이거 안 쓰면 다시 들어오고 싶어도 못 들어오고, 다른 데 취직도 안 되고, 그만두지 않으면 앞으로 월급 못 받을 수 있다."고 협박했다가 달랬다가 하루에도 너덧 번씩 한 서너 달 동안 매일 그렇게 하니까. 한 마흔 명이 희망퇴직서 안 쓰고 그중 스무 명이 끝까지 싸우겠다고 했고, 이게 비정규직 노조의 시작이었어요. 게다가 쌍용차 사태 첫 번째 자살자는 비정규직이었어요. 2009년 4월 8일이었는데 강원도 횡성의 산에서 목 매달아 죽었어요. 상갓집에 갔었는데 고인의 누나가 동생의 수첩을 주더라고요. 한번 찾아봐 달라고. 얘가 왜 이런 건지……. 그리고 파업할 때 그동안 비정규직이 또 잘리기도 했었어요. 왜냐면 옥쇄 파업 할 때 야간 조가 없어졌잖아요. 그러니 비정규직이 또 잘리는 거예요.

하지만 화염병을 들었을 때 고향 집 생각이 났었다.

옥쇄 파업 때 한참 치열하게 싸울 때 선발대를 뽑은 적이 있어요. 그 동지들 손에는 쇠파이프·새총·화염병이 들려 있었는데 진짜 겁났어요. 저도 화염병은 손에 들고 있었는데 던질 수가 없었어요. 시골 출신이라서 돌도 잘 던지는데, 정말 얼마든지 잘 던질 수도 있었는데 저는 화염병을 던질 수도 파이프를 휘두를 수도 없었어요. 여러 가지 감정이 들었어요. 두려움 반, 미움 반. '그리고 내가 고작 비정규직으로 다시 복귀하기 위해 이렇게까지 해야 하나?' 하는 의문이 든 거죠. 업체에 다시 들어가 그동안 하던 걸 하면서, 그때만 해도 월급이 120만~130만 원 아니면 150만 원 정도였는데, '그것 받으려고 내가 계속 여기 있어야 하나?' 이런 일, 이렇게 두려운 일, 이렇게 하고 싶지 않은 일, 이렇게 치고 패고 하는 것을 감수하면서 다시 업체 들어가기 위해 이래야만 하는 건지, 차라리 다른 직장에 가도 그 정도는 받을 수 있을 텐데……. 그때는 비정규직 노조 만든 열아홉 명이 같이 있었는데, 거기서 아무 생각 없이 화염병을 던지기엔 머릿속에 고민이 너무 많았던 거죠. 차라리 시골 가서 농사지으면 맘이 더 편할 텐데, 어찌 보면 더 사람답게 살 수도 있을 텐데……. 저희 집이 그래도 시골서 어느 정도 기반 잡고 있었고, 부모님도 나이가 들어 이제 내려와서 도와주길 차라리 바라고 있었으니까요. 그래서 저도 나중에 나이 먹으면 내려가야겠다는 생각은 늘 있었어요. 고향에 대한 그리움이 있는 거죠. 하지만 그런 생각들을 억누르고 그냥 거기 있었어요. 그때만 해도 옆에 있는 동료들한테 너무 미안한 거죠. 파업 중에 딱 한 번 나가 봤어요. 실업 급여를 받아야 하는데 5월, 6월 것은 받았는데 7월, 8월 것은 받지 않아서 소멸될 위기였거든요. 80만 원 정도뿐이지만, 그래도 그 돈마저 없으면 최소한의 삶도 영위가 안 되니까, 어쩔 수 없이 실업 급여 만료 기한을 4일 정도 남겨 놓고 오후 4시 정도에 나가서 택시 타고 고용 보험 공단 가서 실업 급여 신청하고 돌아와서 굴뚝을 쳐다보니, 우리 서맹섭

동지가 변함없이 굴뚝에 있는 것이 멀리서도 보였어요. 저는 미안했
어요.

굴뚝에 있었다는, 당시 쌍용자동차 비정규직지회 부지회장 서맹섭.
70미터 높이의 굴뚝에서 보면 인간은 어느 편이든 개미처럼 작고 까
맣게 보였다. 그 개미같이 작은 인간들이 서로 치고 패고 싸우고 있었
다. 가슴이 터질 정도로 처참한 모습이었다.
그의 이모는 텔레비전 뉴스 화면에서 굴뚝에 올라가 있는 서맹섭을
보았다. 이모는 깜짝 놀랐다. 그 즉시 구례에 사는 언니, 서맹섭의 엄마
에게 전화를 걸었다.
"언니, 막둥이가 왜 저기 올라가 있어?"

저는 1976년생이고 구례 섬진강변에서 태어나서 거기서 열여덟 살
까지 살았어요. 구례농고 기계과를 나왔고 고 2, 2학기 때 취업을 나
갔어요. 구례는 조용했지요. 도시같이 시끄럽지 않고 아주 시골이라
차도 많지 않고. 저희 동네 바로 앞에 섬진강 둑이 있었어요. 중학교
때까지는 학교 갔다 와서 소나 염소를 풀어놓았다가 저녁에 다시 집
으로 데려가고 그랬어요. 형이 둘, 누나가 넷, 3남 4녀 중 막내인데
'막둥이'라고 불렀어요. 부모님은 벼농사도 짓고 밭농사도 하고 가축
도 키웠어요. 원래는 농고 가려고 한 게 아니에요. 목포상고에 가려
고 했어요. 중학교 때 수영을 좀 했어요. 고등학교 진학 관련해서는
선생님이 추천해 주면 목포상고에 수영부가 있어서 저도 가려고 하

다가 집에서 잡혀서 끝내 못 갔어요. 형·누나 모두 객지 나가고 저 혼자 남아 있으니까 집에서 부모님과 같이 있어야 한다는 압박감 때문에 동네를 못 벗어났어요. 그래서 더 빨리 취업 나가고 싶었어요.

수영은 우리 섬진강에서 왔다 갔다 하면서, 폭이 한 1백 미터 안 되는 것 같은데, 거기다가 수영부 줄 쳐놓고 훈련했어요. 자유형 좀 했었고, 운동은 다 좋아했어요. 시골이라 학교 끝나면 뭐 할 일이 없어서 많이 놀았어요. 여름에는 은어 잡고, 또 다슬기, 우리는 고동이라고 하는데 그것도 잡고. 풍경도 좋았어요. 매화가 먼저 피고, 그게 마무리될 무렵 벚꽃 피고, 벚꽃 마무리 좀 될 때 산수유 피고, 산수유 마무리될 무렵 지리산 쪽에 철쭉 피고…… 그렇게 변화하는 동안 여름에는 씨름 선수들이 강변에 훈련 오고, 꽃구경도 많이 왔어요. 특히 저녁 5~6시쯤 섬진강에 해 떨어지는 그 광경이 좋았어요. 어려서는 그게 좋은 건지 몰라서 그냥 풍경 속에서 뛰어놀기만 했는데 '아, 그게 낭만이었구나.' 하고 나이 드니 알겠더라고요. '내가 저런 아름다운 풍경 속에서 뛰어 놀았구나.' 싶은 생각이 들었어요.

놀기도 했지만 일도 많이 했어요. 학교 끝나면 중학교 때까지는 경운기·트랙터 몰았고 10월, 11월 추수 때 우리는 벼를 도로에 다 널었어요. 지금이야 기계로 말리지만. 고추 따면 다 널고 해 저물 때 다시 또 가마니에 담고…… 농사일이 손이 많이 가잖아요. 우리 아버지는 제가 봤을 때는 정말 농사일밖에 몰랐던 것 같아요. 어디 놀러도 가고 그랬어야 하는데 그러지 못하고 돌아가셨어요. 그전까지 구례 읍내 나간 거랑 서울 몇 번 올라온 것 외에는 어디 안 간 듯해요. 읍내는 구례 장터에 지게 발대, 왜 있잖아요, 지게에 짐 올려놓는 바구니 같은 거요. 그거 팔러 가셨어요. 나무 살대 벗겨 가지고 지게에 짐 얹을 수 있는 발대를 직접 만드셨는데, 저는 보기만 했지 발대 만드는 것은 배우려다가 못 배웠어요. 부모님은 평생 농사만 지으셨어요. 제가 군대 가기 전, 1997년도에 아버지가 돌아가셔서 어머니가 혼자 시골에서 사셨어요. 어머니와 제가 나이 차이가 40년 차이니까 인자 78세 되셨네요. 원래는 카센터로 취업했어요. 그런데 또래 애들은 농사일 많이 안 하고 놀잖아요. 저는 그런 시간들이 없었어요. 그래서 그냥 카센터에 있다가 구미로 내뺐어요. 거기 가서 웨이터 좀 했어요. 삐끼도 하고. "여기 괜찮다. 잘해 주겠다. 들어와라. 서비스 주겠다." 그런 말 하면서 손님 부르는 애들 있잖아요. 그때 나이 열여덟인데, 그냥 뭐 그 나이에는 놀고 싶고 그렇잖아요. 그리고 삐끼 하면 팁이 많이 나와요. 최대 10만 원까지 받은 적도 있고. 나는 별로 돈 안 쓰고 월급은 70만 원씩 받았는데 돈 벌어서 저금하고 시골집에 보태 주고 그랬어요. 제가 구례 벗어나면서 큰형이 시골로 내려와 농사지으면서 소·개·염소 같은 가축 키웠는데 거기도 돈 보태 주고. 어쨌든 구미 간 지 한 달 있다가 연탄집(연탄 파는 집)에 세 얻었어요. 보증금 50만 원에 월세 10만 원. 나중에 알고 보니 박정희 대통령 동네였어요. 생가가 거기 있더라고요. 사곡인가? 거기서 2년 살았어요. 나중엔 노래 홀 맡았어요. 구미역 건너편에 2번가라고 번화가예요. 돈도 꽤 벌었는데 아버지가 편찮으셔서 올라오라고 연락 왔어요. 과감하게 정리하고 올라갔는데 바로 아버지가 돌아가셔서 저는 강원도 화천으로 군대 갔어요.

이기자 부대라고 전방 교육 사단(예비사단)인데, 집에 한번 가려면 화천에서 서울 상봉으로, 상봉에서 다시 서울역으로, 거기서 다시 시골로……. 코스가 아주 복잡했어요. 멀고 춥고 면회 오기도 만만 치 않아서 집에서 한 번도 안 왔어요. 제가 오지 말라고 했죠. 거기 서는 거의 훈련만 했어요. 대부분 산에서 땅 파고 살았고. 근데 거기 서 철들었어요. 제 살아온 것을 한번 돌아봤어요. 면회도 안 오고 외 박도 안 나가고 안에만 있으니 돌아보게 되더라고요. 편지도 안 써 봤는데 군대 가서 편지란 것을 처음 써봤어요. 형제들과도 편지 써 보고 하다 보니 생각이 많이 바뀌더라고요. 게다가 아버지가 없으니 쓸쓸한 생각이 들었어요. 아버지가 그리웠죠. 술 드시고 싶다며 술 사오라고 심부름시킬 때 드시지 말라고 안 사다 드린 것도 생각나 고, 돌아가 버리시니까 그때 그런 심부름이 효도이지 않았나 싶고, '아무것도 아니었는데 안 해드렸구나.' 생각 들고……. 또 기억 남는 것은 아버지가 소를 끌고 섬진강변 갈 때 나를 소 등에 태우고 다닌 적도 있고, 아버지가 태워 줘서 구루마(수레) 타본 적이 있어요. 그런 게 기억났죠. 아버지가 그리웠죠. 그러면서 나가면 뭐할까 하는 생 각이 든 거예요. 군대 둘레가 정말로 다 산이었어요. 산 너머가 보이 지 않았어요.

그는 그때 자신의 인생도 그 산과 같다고 생각했다. 산 너머가 보이 지 않았다.

특히 상병 달고 나선 고민 많았어요. 그래서 경찰 시험 준비 좀 했어요. 병장 달고 나서는 부대 안에서 헌법 책 보고 그랬어요. 경찰 시험에 세 번이나 떨어진 뒤로 '안 되나 보다.' 하고 과감하게 접고 나서 친구들에게 연락했어요. 평택에 고향 친구, 시골 동네 애들 일곱 명이 올라가 있었어요. "야, 나 돈 벌어야겠다. 자리 하나 알아봐라." 그래서 알아본 게 쌍차예요. 그게 2000년이고요. 나는 부모님 품에서 빨리 벗어나 자립했잖아요. 그래서 어린 나이에 돈도 써볼 만큼 써봤고. 뒤돌아보니까 평범하게 열심히 살고 싶더라고요. 저축도 하고, 차도 한 대 사고, 효도도 하고, 어머니 용돈도 보내드리고. 그래서 들어가서 무쏘 용접을 했어요. 열 달쯤 다닌 것 같아요. 처음이라 그냥 뭐 '일만 열심히 하면 되겠지.' 했거든요. 주야간 뛰었는데 한 주는 주간, 한 주는 야간 식으로요. 그런데 야간만 4주 시키는 거예요. 이건 아니라는 생각이 들어 상사한테 얘기했는데 안 바꿔 주는 거예요. 그래서 싸웠죠. 원래 주야간 교대로 해야 하는 건데, 사람이 없으면 대타로 들어가야 하는 상황이 있어요. 빵꾸 나면 거기 내가 또 들어가는 거죠. 안 한다고 하면 집에 가라고 하고. 비정규직이 일하는 상황이 안 좋았어요. 힘든 일은 다 하는데 불만 같은 거 이야기하면, "너 아니고도 다른 사람 있다."는 식으로 나오니까. 나는 친구 집에 얹혀살고 객지에 있으니 참고 해보려 했던 건데 참는 데도 한계가 있더라고요.

싸우고 나와서 다른 직장을 구했죠. 시장 유통 배달 일도 좀 하고. 평택 시장이었는데 지금도 제가 일한 가게가 있더라고요. 다시 쌍차에 들어간 건, 싸웠던 사람이 다른 부서로 가서예요. 나는 일 잘 했어요. 그래도 관리자 중에 한번 찍으면 계속 시비 거는 사람 있잖 아요. 다른 관리자는 그만두지 말라고 했기 때문에 다시 금세 들어 갔어요. 들어가서도 용접 일 했어요. 지금 얼굴 점들이 다 불똥이에 요. 2003년 들어갔을 때는 무쏘 문짝 만드는 부서에서 5개월 일하다 가, 2004년 로디우스 신차 나와서 거기로 갔어요. 제가 갔을 때는 첫 라인 깔 때라서 용접만 배운 게 아니라 문짝·핸들 다 배웠어요. 하 루에 한두 대 만들어 볼 때니까요. 그때 '품질 향상 분임조 대회'라는 데 나갔어요. 사내 대회 나갔다가 거기서 우수상 받고 경기도 대회 나갔어요. 거기서 상 타야 전국 대회 나갈 수 있었어요. 그런데 경기 도서 또 최우수상 받았어요. 그래서 전국 대회 나간 거죠. 회사, 경 기도 다 거쳐서 다 나갔어요. 노무현 대통령 때인데 광주 김대중 컨 벤션 센터에서 전국 대회가 열렸어요. 저하고 직장하고 생산 관리직 관리자하고 같이 셋이서 나갔어요. 저하고 직장이 발표하고 관리자 가 컴퓨터 화면에 발표 내용을 띄워 줘서 20분인가 30분인가 발표 했어요. 그거 보러 사람들도 많이 왔었죠.

서맹섭 팀이 참여했던 대회는 2005년 산업자원부가 주관한 제31회 국가 품질경영대회였다. 서맹섭이 속한 차체 2팀은 경기도 최우수상, 전 국 대회에서 은상을 수상했다. 당시 쌍용자동차는 이 사실을 대대적으 로 홍보했다. 지금도 서맹섭의 집 거실에는 노무현 대통령의 이름이 새 겨진 은메달이 걸려 있다.

그때는 형들이 "너는 인자 좀 있으면 정규직 되겠다." 하는 이야기를 많이 했고, 정완용 부사장 면담도 했었는데 그런 언질을 줬어요. 그때는 '나는 일만 하면 되겠다.' 싶어서 좋았죠. 정규직들은 2호봉씩 올라가고 나한테는 아무것도 없었어요. 대신에 정규직 관련해서 뽑을 때 고과 점수 올라가 있으니까 시기 맞춰서 원서 내면 되는 거죠. '조금만 하면 정규직 되겠다.'고 생각했어요. 나는 일만 열심히 하면 되는 상황이었어요.

막둥이에게는 그때까지만 해도 굴뚝에 올라갈 이유가 전혀 없어 보였다.

중국(상하이차)으로 넘어갈 때 5백 명 감축했거든요. 정규직 감축 전에 비정규직 축소하고 그 자리에 정규직 들어오는데 그때도 나는 일했어요. 나는 '내가 잘리겠냐.' 싶었어요. 상도 받고 잘나갔는데. 그런데 2006년도에 5백 명 나간다는 이야기 듣고 슬슬 걱정되기 시작했어요. 2005년도에는 상 타고 걱정 안 했지요. '내가 회사 대표인데! 비정규직으로는 처음으로 회사 대표인데! 지금까지 비정규직이 쌍용차 대표로 나가서 상 받은 건 처음인데!' 직장도 나를 잘 챙겨 줬고. 그런데 2006년에 부서 이동이 있었어요. 비정규직들을 빼네 마네 이야기가 들리는 거예요. 그때 나는 로디우스 용접 중이었어요. 그러다가 2008년에 내 차례가 온 거예요. 640명 정도 있던 비정규직을 다 뺀다는 거예요. 그런데 그전에 정규직 노동조합을 좀 부러

위하긴 했어요. 정규직들은 노조 지침에 따라 움직이는데 우리는 하는 게 없고 가만히 있는 거죠. 비정규직이란 게 웃기더라고요. 비정규직은 정규직보다 더 열악한데 대변할 수 있는 사람이 없는 거예요. "우리 문제는 우리가 해결해야 하는 거 아니냐?"고 하면서 그때 몇몇이랑 이야기했는데 그게 회사 귀에 들어간 거예요. 그때부터 '자랑스러운 회사 대표'에서 '블랙리스트 1순위'로 지위가 바뀌었어요. 2008년에는 비정규직 다 나가야 한다고 그냥 나가라는 거예요. 못 나겠다면서 2008년에 노동조합 만든 거예요. 마을 회관에서도 모이고 여기저기서 모였었어요.

2009년 4월 3월 오전 11시 30분경, 일산 킨텍스 모터쇼 개막식이 열렸다. 주제는 "아름다운 기술, 놀라운 디자인"이었다. 9개국 158개 업체(국내 124개 업체, 해외 34개 업체)가 참가한 이 모터쇼에는 신차 23대, 콘셉트카 14대, 친환경자동차 31대, 쿠페/스포츠카 13대 등 총 149대의 자동차가 전시됐다. 이날 개막식에는 당시 한승수 국무총리를 비롯해 이윤호 지식경제부 장관, 이만의 환경부 장관, 정종환 국토해양부 장관, 캐슬린 스티븐스 주한 미국 대사, 윤여철 한국자동차공업협회 회장 등 주요 인사들이 참석했다.

그런데 이날 행사장에 전혀 어울리지 않는 옷차림을 한 사람들이 몰려들었다. GM대우·동희오토·쌍용자동차·기륭전자 소속 비정규직들이었다. 그들은 모터쇼 전시회장에서 기자회견을 했다.

"(우리는) 모터쇼의 그늘에서 강제 휴업, 임금 삭감, 대량 해고로 죽어

가며 생계를 위협받고 있다. 한국의 자동차가 비정규직 노동자들의 '피'로 만들어진 점을 상징적으로 보여 주겠다."◆

그들은 미리 준비해 온 모닝 한 대에 선지를 뿌렸다. 이른바 '선지 퍼포먼스'였다. 그들은 곧 연행되었다. 연행되는 그들과 멀지 않은 곳에 기아차의 준대형 스포츠 유틸리티 차량(SUV) 쏘렌토R과 GM대우의 차세대 마티즈가 반짝반짝 닦인 채 휘황찬란한 빛을 발하고 있었다. 이 차들은 경찰에 연행된 노동자들이 생산하거나 생산할 차들이었다.

이렇게 해도 안 되고 저렇게 해도 안 되니까 굴뚝에 올라가자고 3월에 논의해 디데이를 잡았는데, 그게 4월 일산 킨텍스에서 자동차 박람회 모터쇼가 있던 날이에요. 그래서 그날 기자회견 끝내고 평택에 내려가서 굴뚝에 올라가자고 했어요. 그런데 연행되는 바람에 그날 못 올라간 거예요.

5월 13일 새벽 4시, 당시 비정규직지회 부지부장이었던 서맹섭은 김을래 부지부장, 정비지회 김봉민 부지부장과 함께 굴뚝에 올라갔다. 굴뚝에 올라갈 때 서맹섭은 문을 안쪽에서 용접해 버렸다. 야무진 용접공 서맹섭의 손을 탄 문은 뜯어내 버리지 않는 한 아무도 열고 들어올 수

◆ "화려한 모터쇼? … 비정규직 '선지 퍼포먼스'는 '구속'", 『프레시안』(2009/04/05). http://www.pressian.com/news/article.html?no=94084

없게 되어 버렸다.

출입문을 1층부터 싹 용접하고 올라왔거든요. 죽어도 못 들어오거
든요. 문을 잘라 버리지 않으면.

굴뚝에 있을 때 어떤 날은 번개가 쳤다. 온통 쇠판으로 둘러싸인 굴
뚝에선 번개가 가장 두려웠다. 어떤 날은 최루액이 쏟아졌다. 어떤 날은
먹을 것이 올라오지 못했다. 그러나 그것들은 다 괜찮았다. 가장 처참한
것은 다른 것이었다.

처음에는 바이킹 타는 느낌이었어요. 아찔했어요. 그래도 2~3일 지
나니까 자연스럽게 사람이 보였어요. 처음에는 올라가서 사람들도
안 보이고 겁나더라고요. 눈비 오는 날이 제일 위험하고 번개 치면
가는 거예요. 굴뚝 둘레가 철판으로 깔려 있고 피뢰침 있고. 그게(번
개가) 제일 위험했지. 공권력 들어오기 전까지는 밑에서 밧줄 연결
해서 하루 세끼 밥 올려 줬어요. 경찰 들어오고 나서는 위에 비상식
량이 있었어요. 전투식량에 찬물 부어 놓고 한 20분 있으면 밥 돼요.
우리한테 쌍안경이 있어서 밑에서 벌어지는 일을 다 볼 수 있었어
요. 제일 좋았던 것은 5월 22일인가요, 우리는 13일에 올라갔으니까
9일 먼저 올라간 건데, 그날 금속노조 집회 때 전국에서 버스들이
상당히 많이 왔어요. 거의 30~40대가 줄지어 오고 노동조합 동지들
이 버스에서 쫙 내리면서 무대 앞에 앉는데, 그때는 '이렇게 사람이

많구나. 우리는 이길 수 있겠구나.' 하고 가슴이 벅찼어요. 반대로 제일 마음 아팠을 때는 법원 삼거리에서 민주노총 집회가 있고 그 집회 끝나고 대오가 정문으로 들어오려고 밀고 오는데 경찰이 물대포 쏘니까 흩어져 버리더라고요. 나는 굴뚝에서 다 보고 있었죠. '저거 들어와야 하는데, 들어와야 하는데.' 하면서 후문을 보니까 후문에서도 경찰에 밀려 흩어져 버리고……. 참 안타깝더라고요. '들어와 줘야 하는데, 우리는 오기만 바라고 있는데, 밖에서 밀고 들어와 줘야 하는데.' 그때 대오도 3천 명 정도 모인 것 같았는데 물대포 쏘니까 뒤로 확 밀리더라고요. 7월 29일인 것 같아요. 그렇게 안타깝더라고요. 6월 8일인가는 밥 올려 주는 밧줄을 잘라 버리기도 했어요. 단식하겠다고요. 그런데 밑에서 제발 그러지 말라고 하더라고요. 제일 괴로운 것은 산 자랑 죽은 자랑 새총 쏘고 쇠파이프 들고 싸우는 것을 위에서 보는 거였어요. 처참했지요. 기본적으로 그분들은 15년 이상 맘 모았던 동료들이잖아요. 한순간 악연이 되어 버린 거잖아요. 우리끼리 싸우는 거잖아요.

어떤 날은 아내와 두 아이가 찾아와 손을 흔들기도 했다. 서맹섭은 망원경으로 그 모습을 지켜봤다. 그때 서맹섭은 저 산 너머 무엇이 있는지 보이지 않던 군대로 돌아간 듯한 느낌을 받았던 것일까? 굴뚝에서 서맹섭은 군대에서 편지를 썼던 것처럼 다시 편지를 쓰기 시작했다. 일명 '굴뚝 편지'였다. 그러나 이번에는 가족들에게 쓴 것이 아니었다. 그는 정규직들에게, 구사대에게, 노동부 장관에게, 대통령에게 편지를 썼다.

6월 27일, 최초로 자동차 부품들이 부서졌다. 부품들이 부서지는 것을 보자 눈에서 시뻘건 불꽃이 일었다. 편지에 그는 이렇게 썼다.

"밤 10시, 저들(용역들)은 '더 이상 우리 스스로의 힘으로는 일터를 지켜 낼 수 없다.'며 '공권력 투입'을 요청하고 공장을 떠났습니다. 저들이 떠난 공장은 폭격을 맞은 듯 처참했습니다. 저들은 공장을 다시 가동하기 위해 (파업 노동자들이) 보호하고 있었던 부품과 생산 시설까지 부수고 나갔습니다. 부서진 부품과 기계 들을 보자 눈물이 쏟아졌습니다. 우리가 다시 들어가 일해야 할 공장이고, 우리가 조립해야 할 소중한 부품들을 부수고 짓밟을 수는 없었습니다."◆

굴뚝에 있을 때 큰 딸아이가 생일을 맞았다. 그는 큰 선물, 아주아주 큰 선물을 주고 싶었다. '아무리 대통령 품질상을 받아 봤자, 7년 동안 단 이틀 월차를 내고 일해 봤자 하루아침에 해고되는' '비정규직 굴레'를 우리 아이들에게는 물려주지 않는 것이 그가 생각한 선물이었다. 그러나 편지는 아직은 어디에도 가닿지 못했을 수도 있다. 싸움은 격렬해져만 갔다.

해고자·비해고자끼리 싸우는 것도 격렬해졌는데 나중에는 굴뚝에도 쐈어요. 총알이 올라오지도 않는데 우리한테도 쏘았어요. 바로

◆ "[쌍용차 굴뚝 편지 ②] 대통령상 받은 노동자가 정치인들에게", 『미디어충청』(2009/06/30). http://www.cmedia.or.kr/news/view.php?board=news&nid=3397

코앞에서 싸우는 것 보니까 너무 끔찍해서 "같은 동료끼리 왜 새총 쏘냐? 참여하지 마라." 하며 위에서 미친놈처럼 고래고래 소리 지르고 그랬어요. 같이 올라갔던 동지 중 한 명은 몸이 안 좋아져서 39일 되었을 땐가 먼저 내려가고, 나랑 같이 끝까지 있던 김봉민 씨는 그때 상처 많이 받았어요. "나 내려가도 다시 여기서 일 못 하겠다." 그랬던 것 같아요.

내가 만약 하늘을 날 수 있다면? 내게 만약 날개가 생긴다면? 한윤수는 저 하늘을 날아서 헬기를 잡아 떨어뜨리고 싶다고 생각했다. 내게 만약 소원을 이루는 능력이 있다면? 서맹섭은 단비를 내리게 하고 싶다고 생각했다. 그러나 단비 대신 최루탄 폭우만이 하늘에서 쏟아지길 며칠. 8월 5일 새벽 4시 30분, 하늘에서 컨테이너를 타고 경찰 특공대가 내려왔다.

서맹섭은 굴뚝 위에서 경찰차들이 다가오는 것을 보고 있었다. 그는 동료들에게 문자로, 무전기로 이 사실을 알렸다. 특공대는 조립 3, 4팀 옥상에 착륙했고 도장 공장 쪽으로 갔다. 쌍안경 렌즈 속에 들어온 진압 장면은 끔찍했다. 눈에 튄 용접의 불꽃보다 뜨겁고 고통스러웠다. 그는 눈물을 쏟으면서 이렇게 소리 질렀다.

"죽으면 안 돼. 제발 죽으면 안 돼."

사람이 맞아서 떨어지는데 방패로 막 찍고 그러더라고요. 그때 심정이 어땠겠어요? 굴뚝에서 생각했어요. '우리는 살아서 내려갈 수 없

을 것 같다. 우리는 살아서는 못 내려간다.' 그랬어요. 거의 80일째
된 거 같아요. 먹지도 못하고 있는 상황인데 그전에 맥주 올려 준 게
있어서 그때 먹었어요.

창원 공장에서 엔진을 만들다 올라온 이갑호도 옥상에서 그 모습을
지켜보고 있었다. 그는 재빨리 뛰었다. 그날 이후 파업은 '가급적 기억
안 하려 애쓰는 일', '밝게 살려면 잊어야 하는 일'이 되었다.

겁나서 도망갔거든요. 그게 기억 안 하려고 해도 기억나요. 겁이 나
서 그랬어요. 컨테이너 두 대에서 경찰들이 내려와 패요. 저 같은 경
우도 맨 앞에 있었어요. 맨 앞은 창원이 지켰죠. 거의 창원 사람들이
많이 앞에 있었고, 마지막 밀릴 때도 우리가 선봉대였고. 누구는 막
싸우는데 저는 그걸 보면서도 도망갔어요. 도장 공장 옥상으로 뛰어
들자마자 뻗었어요. 그다음 날 깨어났어요. 기진맥진해 있다가 48시
간 만에 깨어난 거죠. 겁이 나서 내 동료들 버리고 도망간 거죠. 그
때 옥상에서 경찰에게 맞아 반신불수 된 사람도 있어요. 제가 도망
갈 때 뒤돌아보니까 그 친구는 경찰들에게 덤비더라고요. 보디체크
라고 하나요? 허리 끌어안는 거요. 저는 뛰었으니까 지금 멀쩡하죠.
경찰이 무서워서 도망갔죠. 가급적 기억 안 하려고 합니다. 밝게 살
려고 합니다.

해고 소문이 돌 때 그는 '조금 염려'는 되었지만 자신이 해고될 것이란 생각은 하지 않았다. 노조 활동도 하지 않았고 무엇보다 입사 초기에 상위 5퍼센트 안에 들 만큼 인사고과 점수가 좋았기 때문이다.

제대할 때 고민이 많았죠. 기술도 없고. 제일 처음 생각한 것은 도배였어요. 손 움직이는 것 하나는 잘하니까. 학원 다니면서 배워 1년 가까이 양산이든 어디든 아파트 신축 현장 공사장에 따라 다녔어요. 그런데 부모님이 "장가갈 때까지만 회사 다녀라."라고 해요. 아들 하나는 장가보내야겠다는 생각이셨던 거죠. 나도 마침 그 일이 힘들었어요. 일반 주택은 괜찮은데 그때만 해도 직접 풀을 개서 바른 도배지를 들고 올라가는 건데, 아파트는 엘리베이터 없으면 두세 층 올라가는 게 장난 아니에요. 그래서 그만뒀어요. 그러고 나서 쌍차 창원 공장 앞에 한화베어링이라고, 거기 다니다가 쌍차 다니는 사람 소개로 신청서 내고 면접 봤어요. 한두 달 연락 없더니 어느 날 갑자기 출근하래서 다음 날 부리나케 출근한 게 1993년 9월 1일이에요.

들어가서는 엔진 조립했어요. 창원은 주 공정이 엔진 조립이에요. 입사하고 7년 정도 다니다가 결혼했어요. 그전에 부모님이랑 돈 합쳐서 24평형 아파트 사둔 게 있어서 거기서 여동생들이랑 살다가 여동생들 시집가고 그 아파트서 신혼 생활 시작했어요. 일은 뭐 그렇게 힘든 것은 없었어요. 산재 한 번 당했고요. IMF 외환 위기가 오기 전까지가 좋았어요. 그 이후에는 좀 달라졌던 것 같아요. 판매가 안 되다 보니까 돌아가면서 순환 휴직하고, 주야간 하다가 주간만 하고. 분위기도 그때부터 자기만 생각하는 쪽으로 흐른 것 같아요. 특히 옥쇄 파업 이후로는 특별히 서로 어울리지 않는다고 들었어요. 내 일만 하고 가는 거죠. 저 같은 경우는 놀고, 어울려 다니는 것 좋아하고, 부모님이 시골서 하우스 농사 지으니까 겨울에서 초여름까지는 주말엔 가서 일하고 그랬어요. 그때만 해도 효자 소리 들었어요. 가끔 친구들이랑 산에 가고, 술 한잔 먹고. 창원엔 산이 많아서 갈 만합니다. 이렇게 살면서 점점 연수 올라가고 그냥 그런 생활에 젖었죠. 입 밖에 내지는 않았지만, 비정규직을 방패막이로 생각하기도 하고 그러니까 안전하기도 하고. 갑갑해도 그냥 그 생활에 젖어서 왔다 갔다 했어요. 잔업 있으면 잔업하고, 바람 쐬러 가기도 하고. 가끔 내가 왜 이리 멍하나, 사는 게 뭐 이리 단조롭나 싶다가도 계속 그렇게 흘러갔어요. 젖어 있다 보니까요. 지금 제일 원하는 게 바로 그건데, 그땐 몰랐죠.

노조 활동은 안 했고, 물론 나도 해고될 거란 염려가 있었는데 '내가 설마 그 절반에도 못 들겠냐?' 하는 생각도 있었어요. 창원은 인원도 적정 인원인데다가 저는 직장도 했거든요. 입사 7년 만에 직장을 했으니까 직장들 가운데 입사 연도가 제일 낮았고, 맨 처음 인사고과도 상위 5퍼센트 안에 들었고……. 우리는 5월 18일, 19일쯤 해고자 명단이 돌았어요. 희망퇴직서는 안 썼어요. 적으려고 했는데 더러봐서 안 다닌다고 안 적었어요. 억울하면서도 분노가 있으니까요. 해고된 다음, 바람 쐬러 친구에게 놀러 갔어요. 그런데 대의원 하는 동생한테 전화 와서, 이런 일이 일어나면 전체가 다 같이 옥쇄 파업 하러 평택으로 올라가기로 했는데 형님 왜 안 오냐고, 왜 약속 안 지키냐고 그래요. 그래서 뱉은 말은 지켜야 한다는 주의이기 때문에 옥쇄 파업 하겠다는 동생의 그 말 듣고 올라갔어요. 그렇게 시작했고, 안 하면 몰라도 시작했으니 끝을 보려고 했죠. 부모님이 공부하라 할 때 시작해서 끝을 봤어야 하는데 왜 지금 이러나 모르겠어요.

최초의 경찰 진입이 있던 7월 20일. 이갑호는 평택 공장에 없었다. '애들 얼굴이 보고 싶고' 그리고 '통장 정리'도 할 겸 1박 2일로 고향에 내려갔었다.

저는 파업 때 고향에 한 번 갔어요. 고향에 1박 2일로 갔는데 그때 하필 공권력이 들어간다는 뉴스가 나왔어요. 집에선 가지 말라고 하죠. 부모님들은 쓰러지기 일보 직전이었는데 부모님 전화는 아예 안 받고, 아침에 애들 학교 가는 것 보고 다시 얼른 올라와 버렸어요. 밤 9시 넘어서 공장 뒷문으로 어떻게 어떻게 해서 들어갔어요. 공장으로 다시 들어가고 싶었고 이기고 싶었으니까요. 공권력에 이기고 싶었어요. 힘들지만 정리 해고가 철회될 거라고 생각했어요. 그리고 해고되니 할 수 있는 일이 그것밖에 없었어요. 철회가 중요한 이유는 취업하기 힘든 것도 있고, 다시 이만한 직장 구하기도 힘들다는 것도 있고, 나름은 안정되어 있던 곳에서 벗어나기 싫었던 것도 있어요. 하지만 그걸 떠나서 무엇보다 가족이 있었기 때문이죠. 어떻게든 가족은 보호하고 싶었어요. 그리고 해고자라는 이야기가 나오면 "회사 생활을 어떻게 했기에 해고되느냐? 대체 사회생활을 어떻게 했냐?" 하는 주위 시선도 있었고, 다 내가 잘못해서 해고된 걸로 생각하니까요. 파업 기간 공장에 있을 때 나가는 동료들도 봤었고 따라 나가고 싶은 생각도 조금은 들었지만, 그때마다 '조금만 더 버티자. 같이 나가자. 이기든 지든 같이 나가자.' 하고 생각했어요. 회사가 저도 회유하긴 했어요. 나가서 무급 휴직 신청하면 살아남을 수 있다는 회사 측의 연락을 받았어요. 큰 동요는 없었어요. 그냥 "나는 끝을 볼란다." 그랬어요.

특공대가 들어온 8월 5일 저녁 한상균 지부장은 사측에 교섭을 요청했다. 다음 날인 8월 6일 "쌍용자동차의 회생을 위한 노사합의서", 즉 8·6 합의안이 나왔다. 합의안은 이렇게 시작된다.

" 1: 회사는 현 상하이차의 지분에 대하여 감자 등을 통해 대폭적으로 지분을 축소하여 대주주를 변경할 것을 약속한다.
  2: 금번 6·8자◆ 정리 해고자 중 현 농성 조합원을 대상으로 자발적인 선택에 따라 무급 휴직자, 영업직 전직, 분사, 희망퇴직자 등 비상 인력 운영을 실시한다. 단 인력 규모 조절이 불가피한 경우 회

◆ 6월 8일은 정리 해고의 법적 효력이 시작된 날이다.

사는 당사자와 충분한 협의를 거쳐 결정하고 그 비율은 무급 휴직
/영업 전직(48퍼센트), 희망퇴직/분사(52퍼센트)를 기준으로 한다.
가: 무급 휴직자에 대해서는 1년 경과 후 생산 물량에 따라 순환
　　근무가 이루어질 수 있도록 하며, 실질적 방안으로 주간 연속
　　2교대를 실시한다. ⋯⋯"

　서명자는 전국금속노동조합 쌍용차지부 지부장 한상균과 쌍용자동
차 주식회사 공동관리인 이유일, 박영태였다.
　8월 6일로 77일간의 파업은 끝났다. 가방을 둘러메고 마지막 인사들
을 나누었다. 서로 끌어안고 악수를 했다. 밤 9시에 공장 정문을 나섰다.
공장 정문을 나서자 96명이 연행되었다. 그 뒤로 다시 얼굴을 보지 못한
사람이 태반이다. 가끔 만나는 사람들은 이렇게 안부 인사를 나눴다.
　"일은 구했나?"

　서맹섭은 86일간의 굴뚝 농성을 마치고 내려왔다. 내려오기 사흘 전
부터 음식을 먹지 못했던 서맹섭은 내려오자 바닥에서 굴렀다. 8월 7일
내시경검사를 받았다. 역류성 식도염과 식도 궤양이라는 진단 결과가
나왔다.

　내려가겠다고 헬기 불러 달라고 했죠. 그랬더니 2백만 원 달라고 해
　요. 죽겠다고 옥신각신했는데, 그래도 나중에 헬기 부르더라고요.
　내려오니까 담배가 생각나더라고요. 굴뚝에 있을 때 전경들은 피자

며 통닭이며 시켜 먹고 약 올렸거든요. "먹고 싶으면 내려와라." 그러면서요. 담배나 좀 올리라고 했었죠. 마지막에 경찰들이 도장반까지 왔을 때도 담배 좀 올리라고 했어요. 그랬더니 담배 피우고 싶으면 내려오래요. 그래서 "담배 주면 내려갈게." 그랬죠. 네 대 올려 주더라고요. 둘이서 두 대씩 나눠 피웠어요. 내려와서는 한 갑쯤 얻어 피웠나 봐요. "이 양반들 몸도 안 좋은데 뭔 담배를 피우냐?" 하고 경찰들이 그래요. 그래서 "당신 같으면 안 피우겠냐?" 하면서 담배 좀 내놓으라고 했죠. 뭐 물어보면 "내가 지금 말할 기분 아니다. 담배 한 대 피우고 고민 좀 해보자." 그랬죠. 나중에 우리가 조사받을 때 검찰이 올라가 채증하겠다기에 한번 올라가 보라고 했어요. 올라가기가 만만치 않거든요. 사다리가 흔들려요. 엄청 휘청거려서 어지간한 사람은 못 올라가요.

여하튼 내려오자마자 경찰차에 태워 연행했어요. 우리 쌍차 형들이 애 죽일라고 하냐고 경찰서장에게 항의해서 나랑 비정규직 활동 같이한 복기성이랑 둘이 병원에 갔어요. 복기성은 손가락 수술을 받고 나는 내시경검사를 했어요. 의사가 내 속을 보더니 속이 짠했나 봐요. 형사가 의사 바로 옆에 있는데 형사한테 그래요. 이 양반 죽일라고 인자 델고 오냐고. 형사는 체포되었으니까 일단 경찰서에 데리고 들어가야 한다는데, 의사는 데리고 들어가면 안 된다고 이야기한 거죠. 내시경 보니까 위가 완전 시커메요. 위가 안 보이는 거예요. 쓸개 이런 것이 다 아작 났어요. 아마 마지막에 담배 몽땅 피워서 그런가 봐요. 물을 먹으면 물이 안 넘어갔어요. 따끔거리고 쏠리고. 이틀 동안 내시경 두 번 하고 의사가 진단서 끊어 줬어요. 조사는 강력계에서 받고 영장 청구는 빠지기 쉽지 않다고들 그랬는데 진단서 덕인지 풀려났어요. 풀려나서 결국 병원에 3개월 있게 되었어요. 처음한 달은 경찰이 상주했어요.

경찰공무원의 아들. 고등학교 때부터 20대 초반까지 권투 선수였던 정형구. 유명우·장정구 선수의 스파링 모습을 보면서 '저건 예술이야.'라고 생각했던 그도 쌍용차 구로 정비소 노동자가 되었다가 해고되었고 파업에 참여했었다.

1992년 3월 5일 서울 구로 정비사업소로 입사했어요. 호적은 1968년생인데 실제로는 1967년생이에요. 아버지는 경찰공무원인데 주로 대공 업무를 담당했어요. 구로 경찰서에서 근무하다가 정년퇴직했는데, 선거 때마다 아버지랑 꼭 트러블이 생겨요. 답답하죠. 오리지널 여당이에요. 직업상 어쩔 수 없다고 봐요. 어릴 때는 아버지 좋아했죠. 아버지라면 왕이었죠. 편안하게 컸어요. 4형제이고, 제일 큰형이 사고로 죽었는데 그 형님이 살아 있으면 59세 넘을 거예요. 제가 초등학교 3, 4학년경이었는데 우리 형이 시골 어디 갔다가 행방불명돼서 죽었어요. 나중에 알고 보니 한겨울에 몰매 맞아서 죽었다고 들었어요. 그래서 지금은 삼형제예요. 지금 장남이 50세예요. 아들만 셋인 집이라 아기자기한 맛은 없어요. 며느리들이 처음 시집오면 분위기에 적응 못 해요. 우리는 그냥 하는 소리인데 화내면서 이야기하는 것 같대요. 구로 병원 뒤쪽에 살았는데 어려서는 사고 많이 치고 싸움도 많이 하고 그랬어요. 싸우면 부모님이 불려 갔는데 그때만 해도 경찰이라고 하면 빽이 좋아서 해결되곤 했어요.

중학교 졸업하고 권투 했어요. 형제들이 권유했어요. 20대 초반까지 선수 생활 하면서 라이트플라이급에서 페더급까지 다 해봤고요. 고3 때 서울시 선수권 대회에서 전 체급 우승을 해서 최우수 선수상을 받았어요. 당시는 지금보다 선수층이 두터웠어요. 세계 챔피언 유명우·박종팔·장정구·백인철 등 쟁쟁했죠. 새벽에 일어나 매일 조깅 10킬로 뛰고, 복싱 운동은 두 시간 정도 하고. 마포고등학교 나왔는데 학교생활은 그렇게 했어요. 권투 하면 쾌감이 있었어요. 싸움이 아니고 스포츠잖아요. 할 만큼은 했어요. 5년에서 6년 사이 했으니까요. 체육 특기생으로 경희대학교 가려고 했는데, 막판에 "위선수는 특기자에서 제외된다."라는 통보를 받았어요. 잘되지 않았죠. 그렇게 2년 정도 지내니까 체육관에서는 프로로 전향하라고 하는데, 제가 볼 때는 이 길이 아닌데 싶었어요. 권투를 직업으로 갖고 싶지는 않았어요. 그러다가 흐지부지되었어요. 개인적으로 유명우선수를 좋아했어요. 우리 체육관에서 스파링 하는 거 보면 감탄이절로 나오고, 시합하는 모습은 진짜 입이 쩍 벌어지죠. 날아다니는것 같고, 수비하는 것도 예술이더라고요. 장정구도 봤는데 장정구는좀 오버액션이 있고, 유명우는 얌전했어요. 그런데도 펀치가 매섭고요. 서울시 선수권 대회 마지막 결선에서 나한테 진 애가 이성우라고, 걔는 세계 타이틀 도전까지 했었어요. 한마디로 저는 배가 덜 고팠어요. 권투는 좀 배고파야 하는데 편하게만 커서 프로로 못 간 것 같아요. 군대는 면제되었어요. 어릴 적 목젖에 구멍이 생겨서 네 살 때 수술했는데 수술 기억은 없고 병원에 입원한 기억만 있어요.

권투 그만두고 아는 누나가 합정동에서 중고생 입시 학원 해서 그 일 도와줬는데, 명색이 과장이랍시고 애들 실어 나르다가 아버지 아는 분이 쌍차 이사라서 자격증도 없이 구로 정비사업소로 들어갔어요. 그래서 저 처음 들어갔을 때, '프락치·짭새' 그런 것 있죠? 다들 '저 새끼 뭐야?' 그렇게 생각했대요. 한번은 회식할 때 사회 보던 정우 형이 나보고 노래를 부르래요. 노래 부르는데 옆에서 뭐라고 하더라고요. 그래서 나이도 한참 많은 사람 엉덩이를 툭 치면서 "왜 그라냐?" 이렇게 옥신각신하다가 말문 트게 된 건데, 결국 정우 형 선거 도와주면서 노조 일에 합류했어요. 그 당시 정우 형 사고방식이 괜찮더라고요.

파업 때는 오히려 마음이 편했었다.

해고 소식 들을 때가 마흔두 살, 마흔세 살쯤인데 '이 나이에 해고되면 뭘 해서 먹고살지?' 하는 생각부터 들었어요. 그러다가 5월 22일 평택 들어가서 맘이 오히려 편해졌어요. 어떤 친구들은 잠을 못 자거나 화장실에 5~6일 못 가고 주먹밥도 못 먹는데, 저는 주먹밥을 한 번에 두 개씩 먹었어요. 주먹밥을 따로 쌓아 놓으면 두어 시간 있다가 또 가서 집어 먹. 그 안에 있을 때가 제일 맘이 편했어요. '여기서 해고 철회될 것이다.' 하는, 이길 수 있다는 생각이 있었어요. 공권력이 들어올 때도 견뎠어요. 8월 5일에 발목을 쇳덩어리로 맞았어요. 뭔가 빡 하는 소리가 나는데 비명도 안 지르고 내색도 안 하고 가만히 있었어요. 약 바르고 붕대 칭칭 감고 이틀 동안 지혈되지 않아서 바지랑 신발에 피가 흥건히 고였어요.

파업이 끝난 다음 날인 8월 7일 새벽, 그는 자신이 일했던 구로 정비 사업소에 찾아갔다.

그런데 8월 6일에 나오니까 분노가 끓어올라요. 울화가 치민다고 하나요. 8월 7일 새벽에 구로 사업소에 가서 정문을 닫아 버렸어요. 차 못 들어오게요. 들어오는 차마다 다 제지하고 "실례합니다. 어떻게 오셨습니까?" 하고 물었죠. 경비들이 난리 났어요. "형구 씨, 왜 그래?" 하기에 "지금 외부 세력 체크 중이다. 쌍용 공장 안에 외부 세력이 들어온다는 첩보를 들었다. 나도 외부 세력 체크 중이다. 내가 외부 세력 못 들어오게 지키고 있다." 그렇게 한 30분 정도 틀어막으며 거기서 한바탕 싸우고, 노무과에서 내려와 실랑이 벌이는데, 우리 부서 직장이 내려와서 "형구 씨, 그러지 말고 회사에 들어가 커피 한 잔하자."고 해요. "너무 한 것 아니냐?"면서, 저 마시라고 사온 캔 맥주를 직장 가슴에 던져 버렸어요. 빡 하고 터져 버렸어요. 거품이 막 일고요. 그다음에 회사 의무실 가서 발목에 감았던 붕대를 풀었더니 그때까지 피가 계속 나고 있었어요. 그렇게 하고 나서 집으로 갔어요. 그냥 '외부 세력'이라는 말이 생각났어요. 우리보고 외부 세력이라고 하던 게 계속 생각났어요. 파업 나오니까 허탈했어요. 다 죽이고 싶은 마음이었어요. 지금 생각하면 아무것도 아닌데 그때는 울분이 끓어올랐어요. '너 그리고 너 그리고 너, 그리고 너희들이 다 합류해서 파업했으면 이렇게 끝나지 않았을 것이다. 우리를 외부 세력으로 몰지 않았으면, 우리를 내부 세력으로 생각했으면 이렇게 끝나지 않았을 것이다. 내가 외부 세력이면 도대체 누가 내부 세력이냐?'

그날, 8월 7일 새벽의 그는 누구였을까? 정형구 자신이었을까? 누가 그렇게 했을까? 그는 묘한 슬픔을 느꼈다. 그는 마치 모든 것이 낯설다는 듯이 느릿느릿 이렇게 말했다.

정리 해고 안 되었으면 내가 그렇게 공장 점거할 생각이나 해보았겠어요? 죽은 사람들도 정리 해고 되지 않았으면 죽었겠어요? 정리 해고 되지 않았다면 우린 지금하고 다르게 살았겠죠.

이갑호는 파업이 끝난 후 성남 구치소에 48시간 구속되었다가 풀려났다. 풀려난 후 제일 먼저 한 일은 담배를 사서 한 대 피운 것이었다. 담배를 비벼 끄고 고향으로 내려갔다. 그리고 은행에 갔다.

마지막에 공장에서 주먹밥만 먹었는데, 계속 같은 것 먹다 보니 안 넘어가요. 그래서 소금 뿌려 먹고 라면 스프 뿌려 먹고 했죠. 그런 거라도 뿌려야 그나마 넘어가요. 그렇게 못 먹던 게 생각나서, 창원 내려갔다가 통장에 있는 돈, 얼마 남아 있지도 않지만 찾아서 구속된 애들에게 뭐라도 사주고 싶더라고요. 닭 다리 하나씩은 꼭 샀어요. 기름기 있는 것 좀 먹이려고요. 오징어 사준 애도 있고, 대의원 한 동생한테는 책도 한 권 사 넣어 주고…… 창원 애들 다 찾아다니면서 먹을 것, 과자라도 하나씩 먹이는 것, 마지막으로 이런 것 해주고 싶더라고요. 그때 같이 고생한 걔네들에게 그렇게 다 해주고 나오는 순간, 평택 정특위(정리해고 특별위원회)에 들렀어요. 바이 바이 하려고요. 그때 저한테 하나만 해달라고 부탁을 해요. "가족 면회 하는 것만 도와 달라. 가족들이 창원 그 먼 데서 올라와 제대로 면회도 못 하고 가면 어쩌느냐." 하면서요. 그럼 안 되잖아요. 거절하지 못했죠. 이젠 정말 그만두려고 했는데, 그러다가 계속 하게 된 거예요.

파업 때 문화부장이었던 고동민은 경찰서에서 특별한 식사를 대접받았다.

8월 6일에 체포 영장 떨어진 사람 스물 몇 명은 따로 연행되었고 나머지는 조사받기 위해 경찰차에 실려 갈 사람이랑 집에 갈 사람이랑 나뉘었어요. 저는 경찰들이 집사람을 만나게 해주었어요. 그리고 막 날 꼬드기는 거예요. "불온서적 있었지?" 그래서 "우리는 좌익 용공이 아니다. 우리는 이명박 정권에 맞서 싸운 게 아니다. 우린 그냥 아저씨들이다, 그냥 아저씨. 해고 안 되려고 그런 거다."라고 했죠.

면회시켜 준 것으로는 부족했는지 이번엔 먹고 싶은 거 시키라고 해서 짜장면이랑 탕수육 시켰어요. 파업하면서 라면이랑 주먹밥밖에 못 먹어서 진짜 먹고 싶었어요. 그런데도 못 먹었어요. 못 먹겠더라고요. 구치소도 처음 가봤어요. 저는 처음에는 수원 구치소로 갔는데 독방이었어요. 밤 10시 넘어 들어갔는데 논산 훈련소 첫날 밤처럼 이상했어요. 서로 벽을 두드리면서 막 고함을 질렀어요. "잘 있냐?" "민식이 형, 밥 먹었어?" 그냥 그렇게 확인하고 싶었던 것 같아요. 서로 힘내려고. 벽을 두드리면서.

고동민이 "형들 잘 있어?" 하면서 벽을 두드리고 있을 때 최기민은 강간·살인 등 강력 누범들의 방에 들어갔다. 그 뒤로 그는 밤 9시면 누워서 도대체 뭐가 잘못되었는지, 무엇이 잘못되어 자신이 전과자가 되었는지 묻고 또 물었다.

저녁에 누우면 처음에는 너무 억울했어요. 저는 파업 과정에서 협상을 담당해 양보도 많이 했고……. 그 과정을 쭉 생각해 본 거예요. 결국 징역까지 살고 이것밖에 안 되나 싶고, 조금 안정되니까 죄책감 들고 자책하게 되고. 가장 후회되는 것 하나가 '끌려 나가는 한이 있어도 8월 6일에 그렇게 나오지 말고 끝까지 갈걸.' 하는 생각도 들고. 하지만 좀 지나니까 감옥 생활 자체는 적응되었어요. 조폭이 방장인데 저를 정치범으로 여겨 잘해 주었어요. 감방에서 보니까 이 양반들 못 하는 게 없더라고요. 실로 수박을 잘라 먹고 고무장갑이랑 런닝구(러닝셔츠)로 공을 만들어서 놀고 김치찌개도 만들어 먹어요. 큰 비닐을 깨끗하게 씻어서 거기에 김치 넣고 햄 썰어 넣고 물 넣고 고춧가루 넣어요. 뜨거운 식수를 주면 세숫대야에 부어 넣고 거기 비닐봉지를 넣어서 덥히는 건데 생각보다 맛있습니다.

아내는 녹즙 배달을 시작했다. 관공서에 배달했다. 아내가 면회 오면 이렇게 말하곤 했다.

1년만 기다려라. 내가 나가서 가장 역할 하겠다. 책임지겠다.

최기민이 강력 누범들의 방에 들어갔을 때 정책부장 이창근은 이른 바 '파렴치범'들의 방에 들어갔다.

저는 1973년 경북 풍기 태생이고 고등학교까지 거기서 살았고, 20대는 부산에서 살았어요. 위에 누나가 많아서 아버지가 절 낳고 좋아하셨어요. 그때 촌에서 택시 안 탔는데 아버지가 미역 사러 시내에 택시 타고 나가는 것 보고 사람들이 '아, 아들이구나.' 했대요. 5녀 2남이죠. 나는 몰랐는데 나중에 누나들이 극심한 차별을 증언하더라고요. 나는 보리밥 먹은 기억이 없어요. 물이 셀프라는 것도 열다섯 살 넘어서 알았어요. 자랄 때는 그냥 평범한 애였는데 부모의 기대는 높았어요. 부모는 과수원을 했고 덕분에 썩은 사과 많이 먹었어요. 고등학교 때 교지 편집 위원 일을 했어요. 고 2 때 너무 말썽을 많이 부려서 국어 선생님이 남자 셋, 여자 셋 이렇게 여섯 명 뽑아서 시켰어요. 그때 전교조 영주 지부 사무실을 취재 겸 방문했고 처음으로 전교조 배지·스카프를 봤어요. 대학은 부산으로 갔어요. 누나 다섯 중 넷이 부산에 있었어요. 막내 누나까지 동양고무에서 여공으로 일했어요. 나는 상대를 가려고 했고 결국 회계학을 전공했는데 너무 어려웠어요.

그러다가 인천제철에 비정규직으로 들어가 일하다가, 2000년 9월 쌍차 직훈 들어갔어요. 그리고 2001년 입사했어요. 동민이는 내보다 2년 늦게 들어오고요. 입사하고 1년 뒤에 현장 조직 만들었어요. 일은 차량 검사하는 일을 했어요. 입사 성적이 좋아서 1년 있다가 라인으로 갈라고 했는데 안 보내 주더라고요. 동기들이랑 기숙사 옥상에서 수박 먹고 이야기도 하고, 그런 생활을 8개월 정도 했는데 너무 재미있어서 결혼을 미루고 싶을 정도였어요. 현장 활동도 재미있었어요. 사람 만나는 걸 좋아하니까. 결혼하고 나서도 사람들 데려와 음식 해먹이고 정종 덥혀서 오뎅이랑 먹고. 3~4년까지는 그게 아내와의 다툼의 가장 큰 부분이었어요. 근데 그게 내가 꿈꿨던 현장의 상이었어요. 일과 끝나고 사람들이랑 어울리고, 현장 따로 집 따로가 아니라 공동체적인 삶을 만드는 거요. 게다가 비정규직 때는 110만 원 받았는데 쌍차에 들어와서는 보너스 달에 2백만 원 넘게 받으니 횡재한 느낌이 들었어요.

그렇지만 운동 쪽하고는 입사 3년 정도 있다가 다 끊었어요. 저는 실망을 많이 했어요. 저한테도 실망하고 동료들한테도 많이 실망

했어요. 20대 때 듣고 제일 좋아했던 말은 "아름다운 그 이름, 노동자"였어요. 아예 그런 티셔츠가 있었어요. 남색 바탕에 흰색 글자로. 그게 너무 좋았는데 들어가 보니 아름다운 노동자가 아니라 이 양반들이 세계를 바꿀 주체인가 의심스러웠어요. 노래방 가지, 만날 술 먹고 그냥 그러고 살지……. 여기서 무슨 희망의 근거를 찾을 수 있나 싶었어요. 즐겁게 지내다가도 회의가 들고. 그런데 5년차 되니까 그런 회의는 없어지고 빨리 현장 조직 강화하는 게 중요하다는 생각이 들었어요. 일하면서 문제 제기를 정당하게 하는 건 좋은데 사보타주는 싫어하고, 하여간 대충대충 일하는 걸 싫어했어요. 입사 6개월 이후에는 노래방도 안 가고 그때가 30대 초반인데 내가 조심해야 할 것들이 너무 뚜렷했어요. 처음에 입사해서는 대의원들이 머리띠 두르는 것도 너무 화가 났어요. '저 사람들이 빨간색의 의미를 알고 두르는 건가?' 운동이 너무 박제화된 느낌이 들었어요. 집회하러 서울 가면 노동자라는 사람들이 금목걸이 걸고 그런 게 너무 짜증났어요. 전경 방패를 잡았는데 손목에 금팔찌가 번쩍번쩍한 게 자본가의 이빨 색깔 같아 보여서 화가 났어요. 대의원도 권력화되고 노조도 마찬가지고. 제 아내는 관성적인 문화에 매우 비판적이었는데, 아내 영향도 많이 받은 것 같아요. 그러면서도 한편으로는 노동자들이 저평가되는 게 싫어서 한 달에 5만 원 정도 책을 샀던 것 같아요. 소식지 같은 거 내면 책 소개도 하고 그랬어요.

하지만 국면마다 늘 함께 있긴 했던 것 같아요. 어용 노조 위원장을 끌어내기 위한 공투본(공동투쟁본부)에도 있고, 그런 식으로 그냥 그 자리에 있었어요. 제가 사실 우유부단하고 저울질도 많이 하는데도 늘 선택했던 것 같아요. 이를테면 비정규직지회가 2008년 가을에 만들어질 때 홍보물 뿌리는데 뿌리는 사람 명의가 없는 거예요. 그럼 내 이름 넣어 버려요. 그러면서도 흔쾌히 하기보다는 속으로는 어딘가 찜찜해 하고 좀 심란해 하고.

언제부터인가 이창근은 그가 구속되어 있던 2009년 개봉되었던, 그는 출소해서야 볼 수 있었던 영화 〈파주〉 속 이선균의 대사 하나를 자주 생각했다.

이선균이 영화 속에서 '해야만 할 것 같아서'라고 말해요. 저한테도 해야만 할 것 같은 일들은 자꾸만 있었어요. 내가 왜 그러는지 딱 떨어지게 설명 못 해도 해야만 할 것 같아서 했어요. 대추리에 가야 할 것 같았고, 한진중공업 김주익 지회장이 죽었을 때도 사람이 죽었는데 뭐라도 해야 할 것 같았고. 해야만 할 것 같아서. 해야 될 것 같은 일을 다 하지는 못했겠지만, 그리고 주저하거나 발 빼려는 심정 속에서 갈등도 많았지만, 결국 행동으로 표현했던 것 같아요. 저는 정말 주저주저 많이 해요. 겁도 많으니까. 제가 얼마나 겁이 많냐면 공수부대 출신인데 부대에서 후임을 한 번도 안 때렸어요. 왜? 사고 날까 겁나서, 그게 너무 두려워서. 공수부대는 논산 훈련소 갔다가 끌려갔죠. 2천 명 중에 40명 뽑혔는데 들어간 거죠.

2009년에는 '설마 내가 해고될까?' 하는 생각이 있었죠. 정리 해고 되었을 때는 기분 더러웠어요. 무능의 낙인, 무능의 똥바가지를 확 뒤집어쓴 기분이었어요. 그렇게 충격 먹지 않을 것 같았던 아내가 울더라고요. 그때도 아내를 잘 위로 못 했어요. 감옥에 있을 때는 나가면 내가 뭘 해야지 하는 생각 못 했고……. 6개월이 간부들에겐 어쩌면 휴식 기간이었을 수도 있어요.

기민이 형은 강력범들 방에 들어갔고 제 방은 파렴치범 방이었어요. 아동 성추행범이나 마약보다 한 단계 낮은 본드 이런 것 한 분들. 공안수라고 하니까 이틀 지나니 서열 정리됐어요. 이틀 동안 설거지했는데 원래는 밑에 애 들어올 때까지 나이에 관계없이 가장 늦게 들어온 사람이 해야 하는데 이틀 지나니까 방장이 빼주더라고요. 하지 마시라면서. 그때까지는 SBS 뉴스를 생방송으로 틀어 줬어요. 내가 밤 10시 넘어서 들어갔는데 아침에 일어나니까 사람들이 얼굴 보면서 "어디서 많이 봤는데?" 이러면서 고개를 갸우뚱하더라고요. "아, 텔레비전에서 봤다." 그러더라고요. 감방은 처음에 무서웠어요. 대부분 다 문신하고 있고, 물론 그 양반들이 나를 때리거나 하지는 않았는데 겁이 났어요. 게다가 제대한 지 17년 만에 모포를 보니까 답답한 느낌이 들었어요. 모포에서 나는 특유의 오래된 곰팡이 냄새를 맡는 순간 질식할 것 같은 기분이 들었어요. 감방은 몇 평인지 몰라도 공간도 좁고 열여섯 명이 다 똑바로 누워 자는 사람 없이 칼잠을 자야 할 만큼 좁았어요. 6개월 딱 살았는데 그때는 생각을 안 하려고 했어요. 편지 많이 썼고 책을 많이 달라고 요구했고 책을 읽는 데 가장 많이 신경 쓴 것 같아요. 게다가 우리 구속된 사람 중에 재판받아 본 경험이 있는 사람이 뜻밖에도 없었어요. 재판을 해야 하는데 다들 어떻게 하는지 몰랐던 탓에 생각보다 못해서 나중엔 그거 준비도 했어요.

이창근이 파렴치범 방에서 책을 읽고 재판을 준비하는 동안 고동민은 수원의 독방에서 편지를 썼다. 두 명이 누우면 꽉 찰 만큼 아주 작은 방이었다. 그는 오랫동안 말없이 지냈다.

2003년 6월 30일에 입사했어요. 회사 들어가기 전에 대전 직훈에서 교육받았는데 우리 동기들 중 처음으로 입사했어요. 아버지는 사업하다가 망해서 저 어렸을 때 부산으로 다 같이 야반도주했어요. 부산으로 어두컴컴할 때 가서 아주 저렴한 여인숙 같은 데서 온 가족이 사흘 동안 어디 나가지도 않고 가만히 웅크리고 있었던 것 같아요. 그게 저 초등학교 1학년 때 일인데 잔상처럼 아주 조금 남아 있어요. 그러다가 저렴한 다세대 주택으로 사흘 만에 들어간 기억이 있어요. 저희 아버지는 돈이 없으면 열심히 살고 돈이 있으면 문제가 생기는 타입이었어요. 좀 더 나은 집으로 가긴 했지만 유년 시절엔 가난했어요. 수학여행 때도 못 간 적은 없지만 그래도 걱정하면서 갔어요. 가족 분위기도 일방적이고 폭력적인 데가 있어서 상처가 되는 일들이 많은 유년 시절이었어요. 순하고 말 잘 듣는 아이였는데, 대신에 그 안에는 꼬일 대로 꼬인 뭔가가 있었어요. 왜, 그런 친구 있잖아요. 공부는 잘하지 못하고, 가난해서 꿈은 없고, 졸업한 후에도 딱히 하고 싶은 게 없고, 고 2 때쯤 되면 담배 피우고 술 마시고……. 제가 그런 애였어요. 저도 고 2 때 첫 담배 피웠어요. 그럴 때는 국산 아니고 꼭 양담배 피워야 하니까 마일드세븐 사서 친구랑 둘이 피웠는데 어지러워서 한 시간 누워 있었어요. 첫 일탈이었죠. 겨울에 집 앞에서 담배 피우다가 아버지에게 걸려서 망치로 맞아 팔이 부러졌던 기억도 나요. 부산엔 여름에 많은 분들이 오시잖아요. 여성 분들도 많이 오시고. 저는 그때 겉멋도 많고 거친 아이였어요. 괜히 시비 걸고 싸우고 그랬었죠. 해운대 가서 바다 구경 온 구미공단 누나들이랑 놀기도 하고.

대학을 원해서 가긴 했는데 등록금이 없어서 고모님이 내줬어요. 공부를 잘하지도 못했는데 집안에서 처음으로 대학 간다고 난리 났어요. 대학교는 1학년 2학기까지 다녔어요. 1학년 2학기 끝나고 학교생활이 별로 재미없어서 뭐 재미있는 거 없냐고 했더니 민족극연구소 가보라고 해서 갔어요. 처음 본 연극은 〈생일 파티〉였어요. 정말 재미없었어요. 그런데 그 재미없는 것을 너무 진지하게 하는 사람들이 보이는 거예요. 뭘까 싶었죠. 그러다 연극배우가 되었어요. 그때부터 '나 연기한다!' 하며 어깨에 힘이 쫙 들어가 있었죠. 내가 다른 사람으로 인식되고 사람들이 나에게 공감한다는 느낌이 들어서 좋았어요. 저는 늘 개성 있는 조연, 특이한 조연, 사람을 집중시키는 조연 역을 했어요. 주연은 못 하고요. 그래서 묻히지 않으려고 연기에 힘을 많이 줬어요. 잘못 배운 거죠. 눈에 띄지 않아도 그림처럼 숨어 있는 연기도 중요한 건데 그걸 못 배웠어요. 눈에 띄어야만 했어요. 잘한다는 이야기를 많이 들었고, 그래서 늘 어떻게 하면 눈에 띌까 궁리하고, 어떤 역을 맡아도 제가 늘 그런 식으로 캐릭터들을 바꿨죠. 더 눈에 띄게. 부산 연극제에서 주는 우수 연기상을 받은 뒤에는, 저는 제 또래에서 아주 중요한 사람이라고 스스로 생각하게 되었어요. 보통 연극하는 친구들 연봉은 1백만 원인데 저는 다작을 했으니까 연봉 3백만 원 정도는 됐어요. 아이들 연기 가르치는 아르바이트 하는 애들도 있었는데 나는 "내 에너지를 그런 하찮은 데 소비할 수 없다." 선언하고, 밥은 주로 여자 친구에게 얻어먹었죠. 그 여자 친구가 지금의 아내예요. 제 아내는 스무 살 때 나를 만나서 늘 알바 해서 번 돈으로 밥 사주고 그랬죠. 지금은 좀 부끄러운데 그때는 안 그랬어요. 왜냐? 난 연극배우니까. 그런데 고민이 싹텄어요. '이렇게 계속 살아도 될까? 이런 자세로 살아도 될까?' 저는 맨바닥부터 뒹굴다가 올라와서 연극·영화과 나온 애들한테 자격지심도 있었어요.

결국 부산을 떠나서 인천으로 왔어요. 명분은 대학에 가서 연극 공부를 한다는 거였는데 오자마자 열네 시간씩 슈퍼마켓에서 일했어요. 120만 원 정도 받았어요. 지금 생각하면 최저임금도 못 받는 일을 정말 열심히, 마치 무대에서 연기하는 것처럼 정말 열심히 했어요. 나 자신을 돌아보면 사는 것만은 늘 '열심히'였어요. 열심히 살지 않은 적이 없어요. 정말 열심히. '어떻게 그렇게 열심히 했지?' 하고 스스로 물을 만큼 열심히. 아침부터 밤까지 '이걸 어떻게 잘해 볼까?' 하는 생각만 했어요. 늘 물건도 잘 팔고요. 떨이 과일도 단골 아줌마에게 이야기해서 다 팔고요. 사교성도 좋아서 금방 친해지고, 저 슈퍼 총각 재밌다고 소문나고, 마이크 잡고 농담 섞어 가면서 물건 팔고. 그게 스물여덟, 스물아홉 때 일이에요. 여전히 막막하고 두려웠어요. 나이는 먹는 것 같고, '나 이렇게 살아도 될까?' 하는 그 질문이 다시 되돌아왔어요. 외로워서 집사람에게 올라오라 했더니 또 금세 올라와요. 결혼했어요. 슈퍼는 결혼 이후에도 계속 다녔어요.

계속 일해도 이상하게 빚이 늘어요. 그때 집사람 대학교 과 선배인 이창근이 쌍차에 들어오라고 제안했어요. 쌍차가 연봉 3천만 원이라는 거예요. 그래서 거짓말 말라고 그랬더니, "너는 직훈에 들어가서 무조건 1등을 해야 한다. 왜냐? 넌 내가 백인데 난 아무런 힘이 없다." 그러는 거예요. 저는 그래서 또 정말 열심히 공부했어요. 동기들이랑 놀다가도 새벽 2시부터 공부해서 3등으로 졸업하고 입사했어요. 체어맨이랑 로디우스 하부 마후라(머플러) 만드는 일을 했어요. 그런데 통장에 돈이 들어왔어요. 6월 30일에 입사했는데 7월 25일에 월급이 나와요. 16일 일했는데 성과급 받고 2백만 원이라니, 너무 놀랐어요. 그다음 달에는 휴가비까지 1백만 원 넘게 나와서 한 달에 3백만 원을 처음으로 벌어 봤어요. 집사람이랑 저랑 한참 통장을 들여다봤어요. 그다음은 또 추석 보너스 달이었어요. 석 달 만에 빚 7백만 원을 다 갚으니 너무 신기했어요. 인생이 달라졌어요. 가난이 지긋지긋했었는데, 그때 생각했죠. '아! 이대로 살고 싶다. 아니, 이대로 살아야만 한다.'

그런데 그런 생각이 2년 정도밖에 유지되지 않았어요. 프런트 머플러 다는 일이 너무 힘드니까 비정규직들 일자리로 바뀌었어요. 회사 생활은 잘했어요. 남들 하는 만큼 일하고, 그때도 열심히 알아서 잘하고 동시에 잘 기는 것, 비위 맞추는 것을 되게 잘했어요. 회식한다 하면 장소 재빨리 알아보고 입안의 혀처럼 굴 줄을 알았어요. 그런데 속으로는 공장 문화가 안 맞았어요. 저는 정말 자유분방해요. 슈퍼는 일은 고되기는 해도 자유분방하고 창조적일 수 있었어요. 공장은 짜인 계획에 부품처럼 살아가야 해요. 공장 문화란 게 너무 폐쇄적이에요. 그 탓인지 사람들이 어딘가 묘하게 틀어진 데가 있어요. 식당 가면 대기업 노동자들 대부분이 "아줌마!" 하고 막 소리 지르고, 음식 빨리빨리 안 가져다주면 막 뭐라 하고 그래요. 1~2년 지나니까 염증이 생기고 '왜 저러고들 살까?' 하며 또 고민되는 거죠. 공장에선 진짜로 다른 삶이 없어요. 일 끝나고 뭐 먹으러 가고 술 먹고 당구 치고, 그게 다예요. 형님들 보면서 '어떻게 저렇게 살지?' 싶었어요. 결국 3년쯤 있다가, 공장 안에서 연극한다고 했어요.

쌍차 연극반을 만들었는데, 신청자가 두 명 있었어요. 그래서 겁을 줬지요. "연극 힘들다. 생각보다 힘들다. 거의 노가다다. 반복해서 연습해야 한다." 그랬더니 두 사람 다 '끈기' 하면 마침 자기라는 거예요. 끈기 빼면 시체라면서 잘할 수 있다고, 시키는 건 다하겠다는 거예요. 근데 연기 진짜 못했어요. 저까지 해서 배우 세 명으로 출발해서 6개월간 〈나마스테〉라는 작품을 연습했어요. 연습은 힘들었어요. 못 알아들으니까. 무대에서 어떻게 걸어 다녀야 하는지, 손은 어떻게 해야 하는지도 모르니까. 슬픈 장면을 연기하라고 하면 얼굴 표정만 슬퍼져요. 제가 하도 지랄같이 연습시키니까 다시는 저와 일 안 한다고 하더라고요. 하지만 나중에 노동자 연극제에서 상도 탔어요. 정말 기뻤어요. 그 형들이 잔업 포기 안 해서 밤 12시 가까이 돼서야 연습 시작했거든요. 그 형들이 왜 그랬는지도 신기해요. 노동자들이 스포트라이트 받을 일이 없잖아요. 그런데 무대에서 스포트라이트 처음 받아 보고 좋아했어요. 그때 표 팔아 준 게 이창근·김득중 이런 형들이었어요. 지원금도 없이 공연하는 게 신기했었나 봐요.

그래도 저는 노조랑 거리를 뒀어요. '난 월급 3백만 원 받는데 어떻게 내가 착취당한다는 거지? 이 정도면 됐지, 뭘 더 바라나? 뭣 때문에 파업하나?' 대기업 노조에 대한 염증이 있어서 착취란 말이 싫었었어요. 창근이 형한테도 말했어요. "나는 형이랑 달라." 그런데 생활이 점점 나아지면서 이런 생각이 드는 거예요. '이렇게 살아도 되나? 이렇게 살면 안 될 것 같은데. 이렇게 자족하면서 살면 안 될 것 같은데. 내가 안정된 만큼 어려운 사람들을 위해서 뭐라도 해야 하는 건 아닐까? 연극이라도 가르칠까?' 그런 생각으로 2005년에 대추리 갔다가 정말 많이 얻어맞았어요. 그때 의심이 들기 시작했어요. '정말 늘 열심히 살았는데 진짜로 내가 당하고 사는 것 아닐까?' 착취란 말은 싫었지만 어쩌면 뭔가에 당하고 사는지도 모른다는 의심이 들기 시작했어요. 그때쯤인가, 〈생과부 위자료 청구 소송〉이란 연극으로 지역 노동자 누나가 최우수 연기상을 탔어요. 제가 지도했죠. 조건은 상금 타면 내가 갖는 거였죠. 근데 진짜 상을 탄 거예요. 상금이 1백만 원이었는데, 독하게 맘먹고 제가 70만 원 땡겼어요. 그때부터 "쌍차에 고동민이 있다." 하는 말도 슬슬 돌았죠. 그래도 대의원 같은 거 해본 적 없고 항상 무슨 일 있으면 둘째, 셋째 줄에 서있는 사람이었어요. 파업 들어오고 나서 6월에 해고 알리는 딱지 붙은 봉투가 배달되기 시작했어요. 저는 공장에 갇혀 있고 문화부장이라서 체포 영장이 떨어져 있었어요. 밤 10시쯤 집사람에게 문자를 했어요. "노란 봉투에 뭐 붙어 있드나?" 세 시간쯤 있다가 새벽 1시쯤 답장이 왔어요. "어."라고 한 단어가 써있었어요. 그날은 3시까지 못 잤어요. 파업 들어가기 전에 집사람에게 두 가지 이야기 했었어요. 해고될 수도, 구속될 수도 있을 것 같다고요. 집사람이 "그러든지. 하고 싶으면 해."라고 했어요. 그렇지만 집사람이 제 문자 받고 세 시간 동안 아무 말도 안 하다가 "어."라고 답장할 때, 그때는 진짜 짠했어요. '아, 정말 해고가 되는구나.' 그때 우리 형들한테 말했어요. 이길 수 있을 것 같다고. 질 이유가 없지 않느냐고. 왜냐면 저는 정말 열심히 일하고 일했거든요.

열심히 사는 것 외에는 달리 살 방법을 몰랐던 고동민의 파업 때 모습은 파업 전과 다르지 않았다.

문화부장이라서 전체 파업 프로그램을 짜긴 짰어요. 재밌게요. 원래 문화부장은 음향 기기나 만지고 그러는데 저는 프로그램을 짰어요. 마치 이 프로그램 하나로 내 삶이 달라질 것처럼 짰어요. 물론 재판

때는 스피커만 날랐다고 주장했지만요. 새벽 3시 전에 자본 적 없고 4시쯤 두 시간 자고 일어나고. 저는 늘 열심히 살아요. 늘 열심히 해요. 열심히 살지 않았던 적이 별로 없어요. 그때도 열심히 했어요. 그렇지만 파업은 되게 힘들었어요. 너무 열 받으니까 대형 새총을 바닥에 눕혀 놓고 헬기에 계속 쐈어요. 그다음부터 헬기가 너무 낮게는 날지 못하고 계속 최루액 던져요. 라면 끓여서 막 먹으려고 하는데, 최루액이 너구리 라면에 푹 빠지면 정말 열 받았어요. 용역 깡패도 무서웠고 경찰도 무서웠어요. 그리고 정말 슬펐던 것은 그 밤에 몰래 몇 백 명이 나가는 거였어요. 옆에서 자고 있다가 누가 나가면 부스럭거리는 소리 나잖아요. 자는 사람도 가는 사람도 서로 모르는 척하는 거예요. 계속 자는 척하는 거죠. "고생해라." "고생했다. 잘 가라." 이런 이야기는 못 하는 거죠.

그런데요, 8월 6일 합의 나오고 마지막 결의 대회를 했는데 광장에 모인 사람이 생각보다 너무 많은 거예요. 한 4백 명 되었나? 우리는 2백 명도 안되는 줄 알았는데 너무 많은 거예요. 그때 많이 울었어요. 억울했어요. 저는 정말 사람이 없는 줄 알았어요. '내가 사람을 못 믿었구나!' 그래서 울었고, '이건 너무 하는 거 아니냐?' 싶어서 울었어요. '불법으로 공장을 점거했다지만 사람을 이렇게 짐승처럼 두들겨 팰 수가 있는 건가?' 싶어서 울었어요.

저는 쇠파이프를 제일 먼저 들어서 구속되었어요. 저는 정욱이 형이랑 득중이 형을 존경했어요. 정욱이 형이 쇠파이프 두 개를 가지고 와서 하나 던지더니 "동민 씨, 안 되겠습니다. 자꾸 사측에서 라인을 돌린다고 해요. 어떡하죠?" 그래서 말했죠. "글쎄요. 막아야겠죠." 그랬더니 "그렇지요." 하고는 자기가 하나만 들고 가버려요. 그럼 나보고 어쩌란 말이에요. 나는 나머지 하나 들고 따라 갔죠. "동민 씨, 그거 들고 따라오면 후회할지도 몰라요."라고 해요. 그러더니 이 형이 쇠파이프를 딱 휘둘렀는데 영화에서처럼 형광등이 엄청 멋지게 깨져요. 저도 따라서 했어요. 저는 세 번이나 쳤는데 안돼요. 그런데 경찰 조서에 그게 나오더라고요. "고동민은 세 차례 가격해 형광등 하나 깸."이라고 조서에 적혀 있어요. 그거 보고 '헉, 어떻게 알았을까?' 하며 깜짝 놀랐어요. 저는 액션은 큰데 기교가 없어서 효과가 별로 없어요. 하여간 체포 영장이 제일 먼저 떨어졌어요.

10월 23일 고동민의 아내가 셋째 아이를 낳았다.

파업할 때 아내가 임신한 상태였어요. 나중에 가대위(가족대책위원회) 할 사람 뽑는데 아내가 된 거예요. 저는 임신했단 말은 못 하고 "아, 안 됩니다." 그랬죠. 근데 자기가 그냥 한다고 하더라고요. 저는 집사람에게 고마워요. 이야기 나누고 뒤돌아설 때, '야! 저 사람 진짜 괜찮다.' 이런 생각 드는 사람 있죠? 근데 그게 제 집사람인 거예요. 제 마음속에 비비 꼬인 것들을 아내 덕분에 많이 풀고 살았어요. 그런 아내가 10월 23일 혼자서 애를 낳았어요. 되게 슬프더라고요. 울었죠. 엉엉 울었어요. 이불 쓰고 입 꼭 다물고. 그러고는 거의 매일 편지 썼어요. '앞으로 잘하겠다. 잘하겠다. 나가면 정말 잘하겠다. 정말 잘할 건데.'라고 끊임없이 썼어요. 내용도 별로 다르지 않은데 계속 썼어요. 나중에 나와 보니 집사람이 다 모아서 벽장에 넣어 놨더라고요. 그 편지 절대 다시 못 보죠. 지킨 게 없으니까.

아이의 이름은 '가온'이라고 지었다. 세상의 중심이 되라는 뜻이었다. 고동민은 아이들을 위해서라도 열심히 살아야겠다고 결심했다. 그때 그의 꿈은 좋은 아빠가 되는 것이었다.

김득중은 구속된 후 6개월 동안 편두통에 시달렸다.

몇몇 사람에 대해선 증오가 있었어요. 여기서 나가면 진짜 어떻게든 복수하고 싶었어요. 명단도 적어 봤고, 사람들 많은 식당에서 공개적으로 복수하는 상상도 했어요. 6개월쯤은 그랬던 것 같아요. 그런데 그게 너무 힘들었어요. 그 생각이 나를 피폐하게 만들었어요. 어느 날 그러지 말자고 생각했어요. '내 마음이 무엇에 영향을 받아야 해? 내 마음이 왜 그 사람들 영향을 받아야 해? 내 마음이 왜 그래야 해?' 그렇게 생각했던 거죠. 그래서 구치소 나와서 제일 먼저 한 것은 내 눈길을 피하는 사람, 눈도 못 마주치는 사람이랑 악수하고 안아 보는 것이었어요.

정형구에게는 좋은 일이 생겼다. 총각이었던 그는 2009년 12월에 '모든 것이 마음에 드는' 동갑내기 경상도 아가씨를 만났다. 해고 노동자란 말은 차마 못 했다. 그렇지만 곧 들통이 났다. 일하는 곳에 한 번 데려가 달라는 부탁을 거절하지 못했기 때문이다.

아는 사람의 소개로 만났어요. 구로 정비소 앞에 저희 정비지회 사무실이 있어요. 거기서 잠도 자며 생활을 했는데 벽에 붙어 있는 A4 한 장에 해고자 명단이 써있었던 거예요. 아가씨가 사무실에 와서 구경하다가 종이를 보니까 내 이름이 있잖아요. "이게 뭐야?" 하고 소리를 빽 지르더라고요. 경상도 아가씨라 성깔이 있거든요. 뭐라 할 말이 없잖아요. 그런데 어떡해요? 정은 들었고…….

장인·장모님이 될 어른들은 신랑감이 튼튼한 직장에 다닌다며 좋아했다.

결혼하기 전에 아내의 고향인 김해에 내려가 인사드렸죠. 해고 이야기는 못 하고. 장인은 제 속도 모르고 차에 대해 이것저것 물어보고……. 저는 어른이 뭐라 하면 그냥 '네, 네, 네.' 하고. 어른들은 보너스 많고 4대 보험 된다며 좋아하셨어요.

그리고 이듬해 4월에 결혼식을 올렸다. 동해로 신혼여행을 떠났다. 비밀을 갖고.

2009년 12월 10일 김정욱이 구치소에서 나왔다.

6월 26일 구속되고 12월 10일 날 나왔어요. 다른 동지들은 파업 후에 들어와서 내가 먼저 나왔어요. 나가면 나머지 일을 맡아서 해야겠다는 생각이 컸어요. 다들 노동조합 경험이 없어서 내가 일을 많이 해야 한다고 생각했어요. 우리 부인은 조금만 뒤에 서면 안 되겠냐고 했어요. 나는, 내 문제인데 이걸 누가 대신 해줄 수 있는 것도 아니고 그 자리에 서있어야 하는 것 알고 있지 않느냐고 했어요. 우리 부인도 알고는 있지만, 그래도 정상적으로 가정생활이 되지 않으니까 힘들어했어요. 실은 둘이서 열심히 살았어요. 우리 부인도, 나도. 사치도 모르고 살았어요. 술이나 잡기도 못 하고.

2009년 12월 19일 윤충렬은 징계해고 되었다.

복귀하고 나서 저 같은 경우 한 달은 따로 교육받았어요. '너그가 잘못했다.'는 내용이었죠. 9월 1일부터 해고되는 날까지 출근 안 시키고 월급을 70퍼센트 정도 줬어요. 그러다가 그해 12월 19일에 징계해고 되었어요. 그 뒤에 징계해고가 부당하다는 재판에서도 졌어요. 조합 지침에 따라서 77일간 복귀하지 않은 것에 대해 반성하지 않았다는 이유로 졌어요. 반성의 기미가 적다는 거죠. 저는 내 해고가 아니라 직원의 반이 잘려 나간 이 해고가 부당하다고 했어요. 재판에서 진 다음 변호사도 이상하다고 했죠. 파업 기간 중에 공장에서도 일찍 나왔고, 간부도 아니고 일반 조합원에 불과하고, 손배·가압류 걸린 것도 없으니까요. 재판에서 지고 제일 먼저 '아, 이제 집에 돌아가서 뭐라고 하지?' 하는 생각이 들더군요. 할 말이 없더라고요.

12월 19일 박호민도 징계해고 되었다. 해고되었을 때 부모님 생각이 제일 먼저 났다.

부모님 의료보험이 내 앞으로 되어 있는데 이제 지역 의료 보험으로 바뀌는 거죠. 미안해서 말을 못 했어요. 아버지는 알코올성 치매를 앓고 있어서 의료비도 많이 드는데⋯⋯. 미안해서 집에도 못 내려갔어요.

그러나 공장 근처를 떠나지는 못했다.

그렇게 파업이 끝나고 간부들이 구속되고 나니까 이상하게 형수님들이 눈에 들어와요. 특히 해고되고 난 뒤에는 딱히 할 일이 없어서 아침마다 형수님들 모시고 형님들 면회 갔어요. 사실 우리는 그렇다 치고 형수님들은 무슨 죄입니까? 상균이 형 형수님은 무슨 죄예요? 파업 끝날 무렵, 상균이 형이 몇 억 받았다는 소문이 파다하게 돌았어요. 물론 사실이 아니죠. 하지만 그 소문을 전해 들었을 형수님 심정은 어땠겠습니까? 제가 아는 상균이 형은 어쩌다 돈이 생겨도 다 나눠 줄 사람입니다. 형수님들 볼 때마다 마음이 아팠죠. 그냥 형수님들에게 자주 전화했어요. "형수 뭐 해요? 소주나 한잔해요." 이렇게 실없이 말을 걸었죠. 한번은 정운이 형 형수님이 제 앞에서 우는데 아무 할 말이 없어요. 또 한번은 형님들 몇 분이 다른 형님들보다 좀 일찍 출소해서 축하하느라 같이 밥 먹은 일이 있었는데 형수님 몇 분이 안 보여요. 찾아보니까 모퉁이를 돌아가서 울고 있더라고요. 제가 무슨 할 말이 있었겠습니까? 내 앞에 우는 사람이 있고, 나에겐 아무런 힘이 없는데……. 정말 생지옥이었어요. 그게 생지옥이더라고요.

제 앞날에 대해서도 생각해 봤는데, 아무래도 갇힌 사람들이 저보다 더 힘들 것 같더라고요. 저보다 더 힘든 사람들을 두고 차마 떠날 수가 없더라고요. 저는 가지 않은 게 아니라 가지 못했죠. 그 망할 놈의 책임감 때문에……. '그래, 옥에 갇힌 이 형들 나올 때까지만 같이 있자. 형들 나오면 그때 나도 떠나야지.' 그렇게 생각했던 거죠.

박정만도 떠나지 못했다. 상이군인 4급 국가유공자인 그는 보훈처를 찾아갔다. 보훈처 직원이 물었다.

"어떤 일을 원하세요?"

나는 열성 노조원 아니었어요. 근데 허망하잖아요. 애들 잡혀가고 나는 안 잡혀가고……. 게다가 우리를 낙인찍었잖아요. 내 신분증 대고 조회해서 '쌍차 해고자'라고 뜨면 '당신 안 돼!'라는 말이 나오는 것과 같잖아요. 그런데 난 보훈처 갔더니 회사 들어갈 수 있다고, 어느 쪽으로 가고 싶으냐고 그래요. '에이, 뒤에서 욕하든 말든 나는 일 해야겠다.' 근데 우리 애들은 진짜 돈 한 푼 못 받는데 나는 상이군인 수당 나오잖아요. 수당 더 받는 놈이 어떻게 가요. "잠깐만 기다려 봐요!" 하고는 좀 있다가 그냥 나왔어요.

2009년은 그렇게 끝났다. 세상의 시계는 계속 똑딱거렸다. 시곗바늘 은 마치 올바른 방향을 가리킨다는 듯 쉬지 않고 똑딱거렸다.

2010년

내가 언제까지 버틸 수 있을지 자신감도 없어요.
'내가 이 짓을 언제까지 할 수 있겠나?' 하는 생각이
한편으로는 있으니까. 그 뒤로도 내가 지금까지 살아온
삶에 대해 부정당한 기분, 내가 인정받았던 것이
다 소용없어진 것, 내가 스스로에게 해준 칭찬들이
다 사라진 것 때문에 무기력하게 느껴져요.

2010년 2월 12일 고동민·이창근이 출소했다.

2월 12일에 동민이랑 같이 나왔는데, 저는 친구가 와서 밤새 술 먹었어요. 그날은 '나가면 술은 먹지 말아야겠다.' 이래 생각했는데 굉장히 많이 먹었어요. 나오니까 정문 앞에 쌍차 사람들이 왔죠. 사실 카메라 같은 것 기대했거든요. 근데 없었고, 나와서 보니까 하루하루 지내는 게 우리가 잊혀졌다는 걸 하루하루 알아 가는 시간이었어요. 2월, 3월, ……, 6월 되니까 정말 현실로 인식되었어요. '우리가 완전히 잊혔구나.' 주위에서 저보고 자꾸 기자들에게 연락하라는데 그것도 쉽지 않고…….

이창근이 쌍차 정문에 간 것은 출소 3일 후였다.

갔더니 출근 선전전 하더라고요. 그때가 2월이라 춥잖아요. 감옥 갈 때 동생이 넣어 준 공수부대 장갑을 출소할 때 받아서 그거 끼고 갔는데 관리자가 보이더라고요. 근데 우리 아들이 네 살 때 파업이었는데 관리자가 던진 물병에 맞아서 눈이 시퍼레 가지고 이래 온 적이 있거든요. 여름이니까 생수를 얼렸는데 그 얼린 생수통에 맞은 거예요. 관리자를 보니까 꼭 저놈이 던진 것 같아요. 키 작은 놈이었어요. 눈이 확 돌아가 바로 달려갔지요. 그런데 파업 이후 그때까진 워낙 조심스러웠더라고요. 마주쳐도 그때까지 신체 접촉 없이 서로 억제하고 있었어요. 달려가서 멱살을 잡았는데 노무팀 애들 붙고 우리 애들도 붙고 순식간이었어요. 그런데 그날 또 어떤 일이 있었냐면, 선전물 뿌리는데 60~70퍼센트가 안 받는 거예요. 등에 땀이 흐르더라고요. 땀이 쫙쫙 흘러요. 모멸감, 배신감에……. 내가 아는 사람들이잖아요. 조합원들이었잖아요. 아! 진짜 서있기 싫더라고요. 힘들었어요. 얼어붙더라고요. 그러다 그놈을 본 거죠. 그리로 화가 팍 튀었던 거예요. 그 뒤로는 실제로 정문에 한동안 안 갔어요. 단절할 생각을 했죠. 그리고 집사람이 저보고 그래요. "1년은 묻지 않겠다. 1년은 생계에 대해서 이야기하지 않겠다. 내가 벌겠다. 뭘 하든지 마음대로 해라. 대신에 노조 일 하는 것은 고민 좀 해봤으면 좋겠다."

이창근이 출소한 그해 여름은 유달리 파리·모기가 극성이었을까? 어디서도 그해의 파리·모기 개체 수가 늘었다는 자료를 확인할 수 없었다. 그러나 이창근의 귀에는 유달리 파리 소리, 모리 소리가 크게 들렸다.

그런데 그게 1년까지 안 가요. 6개월 지나 장인어른이 와요. 그때 파리 참 많이 잡았어요. 장인어른이 와서 저한테 뭐 이야기 좀 붙이려고 하면 "어, 파리가 왜 이리 많아." 하고 벌떡 일어나 돌아다니고, 말 좀 걸라고 하면 또 파리 잡는다고 나가고⋯⋯. 파리 잡고 모기 잡고 그랬어요.

상황은 좋지 않았어요. 아마 노조 간부들이 구속된 시간이 밖에 있는 사람에겐 가장 고통스러운 시간이었을 것 같아요. 지도부는 구속돼서 지도력은 없고, 사람들은 다 검찰 조사 따라다니느라 정신없고, 노조는 기업 노조로 가고,◆ 욕은 욕대로 듣고 그랬어요. 간부들 안 해본 사람이 간부 하잖아요. 저도 처음에는 욕을 되게 많이 했어요. 정특위 사람들을 나는 비난 많이 했어요. 지나고 나니까 '내가 그 자리에 있어도 다르지 않았겠구나.' 하는 생각이 들어요. 결국 쌍차랑 단절 못 했어요. 우리가 2월에 나왔을 때 우리가 나오기만 기다린 사람들이 있었어요. 그 사람들에게는 우리가 희망이죠. 우리는 또 실장들이 나오는 8월을 기대했죠.

2010년 8월 9일 최기민이 출소했다.

<hr />

◆ 2009년 9월 8일 금속노조 탈퇴 안건이 조합원 총회에서 73퍼센트 찬성으로 통과되면서 기업 노조인 '쌍용자동차 노동조합'으로 변경되었다. 현재 '금속노조 쌍용자동차지부'와 더불어 복수 노조 체제이다.

면회 왔을 때 "1년만 기다려라. 내가 나가서 가장 역할 하겠다. 책임 지겠다."고 했는데, 막상 나왔더니 한상균 지부장은 들어가 있고, 바깥 상황은 어수선하고, 투쟁하는 동지는 얼마 안 되고……. 다들 구속된 간부들이 나오길 기다리다가 막상 나오니까 천군만마를 얻은 것처럼 "빨리 쉬고 결합해야지."라고 해요. 순간 갈등했어요. '나는 할 도리 다한 거 아닌가.' 가족들에게 미안했거든요. 그때 아이들이 일곱 살, 다섯 살이었는데.

최기민과 함께 출소한 김정운. 파업 당시 교육선전실장이었던 김정운의 아내는 "이제 쌍차의 '쌍' 자도 말하지 말고, 정문 근처도 가지 말고 '정상적'으로 살자."고 부탁했다.

1970년에 전남 순천에서 태어났고 1993년 10월 23일에 입사했어요. 2남 4녀 중 막내이고 놀기 좋아했어요. 중학교 때부터 순천 시내에서 자취하면서 살았는데, 아버지가 전화해서는 일해야 하니 학교 가지 말라고 해요. 그럼 담임이 결석은 안 된다고 조퇴시켜 주곤 했어요. 고등학교도 안 가려고 했는데 중 3 때 담임이 "너 고등학교도 안 가면 장가 못 간다."고 해서 순천공고에 진학했어요. 공고 갔을 때는 나름대로 목적이 있었어요. 제가 공고 자동차과 나왔는데 당시 순천공고 자동차과는 공고에선 제일 셌거든요. 자부심을 가지고 다녔어요. 그 당시엔 멀리서 온 친구들이 다 자취하고 있어서 친구들하고 자취방에서 놀면서 지냈어요. 학교 마치고 순천의 정비 공장에 취업했다가 잠깐 서울에서도 일해 봤는데 서울이 안 맞더라고요. 물가도 비싸고. 군대 제대하고 다른 일 좀 하다가 그래도 배웠던 게 정비이고, 마침 현대랑 쌍용에서 사람 뽑는다고 해서, 처음에는 현대자동차 영등포 서비스 센터에 이력서를 넣었고, 그러고 나서 쌍용자동차에 이력서를 넣었어요. 정비 1급 자격증, 검사 자격증을 갖고 있었고 그동안의 경력도 있어서 걱정 안 했어요. 그게 그러니까 가을걷이 할 때였는데, 일하고 있는데, 저 시골 일 잘하거든요. 오후에 쌍용에서 연락이 왔어요. 그래서 낮에 일하고 밤 기차 타고 면접 보러 갔어요. 가서 하도 졸려서 잤어요. 내 순서가 되니까 옆 사람이 깨워요. 면접관이 잤느냐고 묻기에 "예, 피곤해서 잤습니다." 그랬죠. 그랬더니 "공부는 왜 그렇게 했어?"라고 해요. "공부보다는 자동차에 관심 있어서요."라고 했죠. 이번엔 어디 가고 싶으냐고 물어요. 그래서 난 서비스 센터에 가는 줄 알았어요. 광주로 보내 달라고 했더니 이번엔 현장에서 일할 사람 뽑는다고 해요. "그럼 아무 데나 보내 주세요." 했죠. 평택에 큰누나가 살고 있어서 면접 보고 그 집에 갔어요. 면접을 개판으로 본 거잖아요. 그래서 돌아와서 짐 쌌어요. 면접 떨어졌으니까 나 내려 갈란다고. 누나가 딱 하루만 기다려 보라고 해서 기다렸는데 됐어요.

막상 일을 시작했는데 공장 일에 정말 적응 못 했어요. 라인 타는 게 사람 환장하게 하는 거더라고요. 일이 힘든지 아닌지는 둘째 문제예요. 작업거리가 꾸준히 컨베이어 라인에서 흘러나오는데 그게 다람쥐 쳇바퀴 돌게 만드는 거예요. 나는 거기에 안 맞았어요. 삭막

했어요. 인간의 정이 안 느껴졌어요. 그전에 정비 공장에 있을 때는 일하다가 같이 술도 한잔하고, 일하는 속도도 우리끼리 조절해 힘들다고 쉴 때도 있고, 쉬고 나면 알아서 자기 일 하는 사람의 정이 있었는데, 컨베이어 라인 타다 보니까 무조건 일해야 하는 거예요. 싫었죠. 나도 차근차근 기계화되는 것 같고, 내가 로봇 같았어요. 타이어 끼는 사람은 하루 종일 타이어만 끼며 일하는데, 내가 사람이 아닌 로봇이 된 것 같았어요. 땡 하면 일하고 땡 하면 쉬고, 한 시간 일하면 돈 더 주고……. 틀에 박혀 일하는 게 정말 싫어서 몇 번이나 그만둘까 고민했어요.

그나마 좋은 것은 속사정 모르는 사람들이 '쌍차' 하면 대기업이라고 부러워했던 거죠. 남들 눈에 좋아 보이니까 그걸로 좋고, 작은 회사보다 돈도 더 주는 것 같고……. 그 정도였어요. 그렇지만 기쁜 것은 잘 몰랐어요. 나중에는 돈 때문에 이 생활에 젖어 들어가는 것 같았어요. 영원히 적응 못 했으면 그만뒀겠지만 결국 어찌어찌 적응했으니 다녔겠죠. 인간관계들을 맺으면서 겨우 로봇을 탈피했어요. 호남 향우회에 들어갔는데 쌍차 공장에서 제일 큰 조직이었어요. 같이 체육대회도 하고 고향 땅에서 온 정이 있으니 말도 더 잘 통하는 것 같았죠. 집은 빨리 샀어요. 1993년도에 3백만 원 들고 평택 와서 기숙사 생활을 했었거든요. 그런데 기숙사 생활을 하면 계속 회사에 있는 것 같아요. 그러다가 마련한 것이 참이슬 아파트 1202호, 23평. 호수도 잊어버리질 않아요. 계약금은 1천2백만 원 정도였고 3개월마다 계속 돈을 넣었어요. IMF 외환 위기 때 평택에서 유일하게 부도나지 않은 아파트예요. 아파트 마련할 때는 정말 내 돈으로 맥줏집 가서 맥주 한잔 못 사 마셨어요. 1999년에 입주했고 2000년도 1월 9일 결혼해서 지금 애들은 4학년, 6학년 둘이 있어요.

저는 노조 교육선전실장이라 징계해고 당했어요. 파업, 해고, 지금 선도투까지 그 과정을 한마디로 하자면 '그냥 그렇게 할 수밖에 없었다.'예요. 내가 간부가 아니었어도 내 성격상 끝까지 파업 현장에 있었을 겁니다. 하지만 파업 때 정말 실망 많이 했어요. 자기는 살았다고 해서 파업에 참여 안 하는 것까진 알겠는데 뒤로는 쇠파이프 들고 새총 쏘고. '참여 안 하려면 차라리 집에나 있지.' 구속돼서는 그 생각에 울화통이 터질 것 같았어요. 회사만 생각하면 정말로 정나미가 떨어졌어요. 앞으로 쌍차 다니기가 싫었어요. 경찰·용역들이 그렇게 밀고 들어올 때는 두려웠죠. 그냥 견딘 거예요. 공장에서 나가고 싶다는 생각은 했지만 나가면 쪽팔리잖아요. 안 그래요? "우리 이길 수 있다." 이래 놓고 나가면 스스로 용납이 되냐고요, 그게. 구속되었을 때 집에서 면회 오면 말했어요. "결국 해고될 거니까, 나 혹시 해고 안 되었다고 해서 일말의 기대라도 하지 마라. 이미 나는 해고자다."

우리 마누라는 내가 1년 징역 살았으니 쌍용 때려치우고 정상적인 생활을 할 줄로만 알았지요. 편지에도 그렇게 써요. 나오면 1백만 원 벌어 와도 좋으니 정상적인 생활을 하자고. 우리 마누라 하루도 안 빠지고 1년 동안 편지 썼어요. 인터넷 서신으로요. 인터넷 서신은 편지 쓰면 그다음 날 바로 와요. 그런데 나보고도 하루에 한 번

쓰라는 거예요. 미치는 줄 알았어요. 오후 2시부터 뭐라고 쓸까 고민해요. 하루에 한 통씩 집사람은 매일 써요. 그럼 월요일에는 편지가 세 통 와요. 금요일·토요일·일요일에 쓴 것. 그거 읽고 답장 쓰느라 고민이 많았어요. 옥에 있으니 마누라 보고 싶었죠. 면회를 일주일에 한 번씩 꼬박꼬박 왔어요. 그전에는 금슬 되게 안 좋았어요. 집 사느라 돈이 한 푼도 없었거든요. 돈 가지고 싸우면 부부지간에도 정 떨어져요. 30평대 아파트에 한 번 살아보지 못하고 인생 끝나겠구나 싶어서 34평 아파트 샀는데 빚이 6천만 원이 넘었어요. 돈 없이 산 거죠. "돈 없어도 집 살 수 있다. 자 나를 봐." 하며 큰소리 빵빵 쳤어요. 다른 사람들은 "정운이 돈 많다." 그러죠. 속 시커멓게 타는 줄 모르고. 빚이 6천5백만 원인데 아파트 대출 이자만 거의 70만 원이었어요. 애들 유치원도 보내야 했으니까 두 개 합치면 1백만 원쯤 들었죠. 도저히 원금을 갚을 형편이 아니라서 34평에서 1년 반 살다가 이사 갔어요. 다시 23평, 회사 앞 임대 아파트로. 거기 살다가 큰애가 1학년 들어가기 전에 학교 제일 가까운 데 있는 지금 사는 집으로 이사 왔어요. 2007년 말에 이사했고, 2008년 11월에 빚을 다 정리했어요. 2007년에 어머니 돌아가시고 돈 때문에 싸우면서 사이 안 좋고 그러다가, 2008년에는 사이가 좋아져서 8월에 시골집으로 여름휴가를 갔어요. 그래서 나 간부 안 한다고 약속하고 선거만 도와주기로 했죠. 내년부터는 우리도 적금해 가면서 살기로 약속했어요. 그런데 12월부터 임금이 체불되는 거예요. 그러고는 (2009년 파업 이후) 구속돼 버렸잖아요. 구속되면서 "나 금방 나갈 거야."라고 큰소리 뻥뻥 쳤죠. 나중에 들었더니 우리 마누라 되게 많이 울었대요. 구속 안 된 애들이 우리 애엄마들 챙겼어요. 마누라들 사이에선 특히 호민이 인기가 최고예요.

구속되고 감방에서 드라마광이 되었는데 〈수상한 삼형제〉라는 드라마가 있어요. 둘째 며느리가 신랑보고 "당신이 나 지금까지 10년 동안 먹여 살렸으니까 앞으로 내가 먹여 살리겠다." 그러는 거예요. 그래서 내가 나와서 그 대사를 주어만 바꿔서 마누라에게 했어요. "내가 지금까지 10년 동안 당신 먹여 살렸으니 앞으로 10년 동안 당신이 나 먹여 살려라." 말한 대로 그렇게 되었어요. 마누라가 지금 어린이집 교사인데 돈도 쥐꼬리만큼 받아와요. 나보고 다른 데 가서 돈 못 벌어도 된다며 이렇게 말해요. "이제 쌍차의 '쌍' 자도 말하지 말고, 정문 근처도 가지 말고 '정상적'으로 살자." 아빠가 없으니까 아빠의 빈자리가 너무 크다면서요. 마누라는 가지 말라고 하는데 그만둘 수가 없었어요. 나왔는데 다른 사람들도 다들 안 오면 핑계 삼아 나도 안 가려고 했어요. 그런데 정말 고마웠던 게 지도부가 다 구속되니까 간부 활동도 거의 안 해본 사람들, 일반 조합원, 김상구·박정만 같은 사람들이 우리가 구속되어 있을 때 우리 가족들을 챙긴 거예요. 그래서 우리가 못 그만두겠는 거예요. 솔직히 처음에 구속되었을 때는 회사 생각만 해도 천불이 끓어오르고 미쳐 버리겠는데 시간이 지나니까 또 용서가 되고 우리 나오기만 기다린 사람들 보니까 그만둘 수가 없더라고요. 1년 동안 뒷바라지하고 우리 나오면 좀 더 힘을 받을 생각으로 지금까지 버텨 온 동지들을 보니까 그만둘 수가 없었어요. 구속 안 된 사람들이야말로 정말로 힘들게 버텨 왔어요. 도저히 사람으로서 나만 살겠다고 갈 수가 없는 거예요. 그래서 집에는 살살 거짓말하면서 다녔어요. "오늘은 어디 갔다 왔어?" 마누라가 물어보면 "응, 산에 놀러 갔다 왔어." 그러면서 공장 정문 쪽으로 슬슬 갔어요.

왜 사람들은 자기 자신을 알려고 안달을 할까? 자신을 안다는 것, 이것은 우리 자신에게 어떤 도움이 될까? 아마도 우리가 비난받을 때, 오해받을 때, 외롭게 궁지에 몰려 있을 때, 그리고 버텨야 할 때, 그것도 확신 없이 버텨야 할 때 도움이 될 것이다.

나는 나를 알아요. 나는 나만 살기 위해서 냉정해지질 못해요. 나는 나를 알아요. 나는 어울려야 사는 사람이에요. 파업에 참여 안 하고 그러면 꼭 배신자 같잖아요. 그런 것도 있고 내가 주장해 왔던 게 있었으니까 해야 돼요. 남한테 싫은 소리 듣기도 싫고 말에 대한 책임도 져야 하고……. 책임 안 지면 위선자가 되는 거잖아요. 파업 당시 간부여서이기도 했지만 배신자가 되기도 위선자가 되기도 싫었어요. 해고도 각오했어요. 말한 거 바꾸면 쪽팔리잖아요.

2010년 12월 14일 황대원이 생을 마감했다. 김득중과 미소를 나눴던 두 친구 중 하나인 그는 1996년 장애인 특별 채용으로 입사한 중중 장애인이었다. 그는 자신의 집 화장실 손잡이에 목을 매 자살했다. 병원으

로 이송되던 중에 사망했다. 영안실에 누워 있는 황대원 옆에는 법원의
벌금 고지서가 놓여 있었다. 그의 나이 서른아홉이었다. 별명이 '짱구'인
김상구는 그때 앓아누워 버렸다.

> 황대원은 내 짝꿍인 셈이었어요. 팀워크를 이뤄서 일했지요. 착하고
> 밝은 애, 열심히 하는 애였어요. 사람들이 그 친구 다 좋아했어요.
> 더 좋아한 것은, 몸이 안 좋은데도 같이 싸웠으니까. 나는 그 친구
> 죽었을 때 제일 슬펐어. 너무 많이 울었고 그날부터 몸이 많이 아팠
> 어. 나 아는 동생 제수씨가 링거 놔줬는데 집에서 혼자 끙끙 앓았지.
> 그러고 보니 난 우리 할머니 돌아가셨을 때도 한 달 입원했었네요.
> 같이 밥 먹고 같이 체조하고 같이 일하고, 4~5년은 부대낀 사람이
> 그렇게 죽어 버리니까 앓더라고요.

1968년생 김상구는 1995년에 입사했다.

> 보성에서 태어났고 부모님은 쌀농사 지었지. 중학교까지 보성에서
> 다니고, 고등학교는 광주로 와서 자취했어요. 동성고라고 야구 잘하
> 는 학교였어요. 나 다닐 때 누구 있었나? 이순철이가 있었나? 나는
> 야구는 별로 안 좋아하고 그때도 산을 좋아해서, 무등산 올라가 광
> 주 내려다보는 것 좋아했고. 빨리 취업하고 싶었어요. 첫 직장은 부
> 산에 있었는데 지금은 없어진, 조그만 부품 만드는 회사 다녔어요.
> 군대는 강원도 고성이었는데 눈을 하도 봐서 그때는 눈 오는 것 싫

어했지. 5월 중순 넘어도 눈이 오는 곳이니까. 주말마다 눈 치웠지, 뭐. 고향 가까운 데 취업하고 싶었는데 제대하고 서울로 취업했어요. 젤리 만드는 회사였는데 공장은 전남 여수에 있고 서울에는 총무팀과 경리팀만 있었어요. 아침에 나가면 밤늦게 들어오고, 집에 가면 12시 되니 잠만 자고 나면 바로 또 나가고, 주말도 일하고…….그래서 힘들었지.

　사촌형이 평택 쌍차에 추천해서 서류 냈어요. 면접은 평택 공장 식당에서 봤는데 "그전에 다른 일 했는데 할 수 있겠냐?"고 물어요. 있다고 했지요. 근데 연락이 안 와요. 그동안 광주에 있었지. 빨리 자리 잡아야 하는데 그러지 못하니까 노는데도 답답해요. 사람은 일을 해야 하더라고요. 일을 안 하니까 무기력해지고 나태해지고…….부모는 눈치 안 주는데 스스로 눈치를 보는 거지. 장남이니까 부모님께 효도하고 싶었거든. 노인네가 신장이 많이 아파서 고생 많이 했어요. 지금은 콩팥이 하나밖에 없어요. 해고돼 버리면서 실질적으로 장남 역할은 남동생이 하고 나는 막내 역할이 돼버렸어. 남동생이 가까운 데 사니까. 여하튼 5개월 있다가 쌍차에서 연락이 왔어요. 그렇게 취업해서는 트럭 차체 만드는 일 했어요. 사람들도 좋고 가족적 분위기라 즐거웠고 그때 사람들은 해고 여부와 상관없이 지금도 만나요. 우리 작업은 작업할 때 자세가 엄청 중요한데 그때는 몸을 살짝만 숙이고 하는 일이라서 별로 힘들지 않았던 것도 같고, 아니면 일이 힘들어도 사람이 좋으면 좋은데 그때가 그랬어요. 나중에 이스타나로 옮겼다가 체어맨·로디우스 라인에서 10년 일했어요. 결혼은 안 하고 기숙사에 살았고, 집은 없지만 차는 샀어요. 렉스턴과 무쏘. 그냥 평범하게 살았어요. 평일엔 일하고 주말엔 쌍용 산악회에 들어가서 전국에 안 다닌 산 없이 다 다니고. 산에 가면 개운하고 확 트이는 느낌이 좋았고. 난 바다보다 산을 좋아해. 바다는 바다밖에 안 보이니 금방 질리는데, 산은 계절마다 바뀌는 맛이 있고 산에서 세상을 내려다보는 게 좋았고. 나는 겨울을 좋아해서 겨울 산에 가면 특히 좋았어요. 산에 눈 오는 것 자체를 좋아했지. 군대에서는 눈 싫어했는데. 산에 가면 제일 좋은 것은 내가 바라는 게 없어서 좋지. 그냥 그거면 될 것 같고, 숨 쉬는 것 같고, 숨 쉴 맛 나고. 게다가 사람은 서로서로 가리는데 산은 사람을 그냥 받아들여 줘서 좋았고. 그때쯤에는 일도, 사람도 힘들었던 것 같아. 신입사원이 하나 들어왔는데 별로 맘에 안 들었어. 공장(工長, 현장감독)이랑 만날 싸웠는데 그 신입사원이 노조 줄 타고 왔다고 잘해 줘야 한다는 거야. 근데 일을 잘해야 잘해 주지. 좀 일하다가도 힘들다며 쉰다는데……. 그것 때문에 만날 싸웠어.

파업 때는 고민이 많았어요. '공장에서 나가야 되나, 말아야 되나?' 그만하고 나오라는 사람도 많았고, 부모님도 왜 안 나오느냐 하고. 근데 '왜 내가 해고돼야 해? 남아 있는 사람보다 내가 일 더 잘하는데?' 그 생각이 계속 들었지. 한마디로 열이 받았지. 라인에서 불량이 나면 나는 내 일 아닌데도 더 일하고 했는데. 게다가 해고되고 나서 내 점수 봤더니 거의 최하위더라고요. 혈압이 올라서 죽을 뻔했지. 한번은 평택에서 목욕탕 갔다가 그때 내 점수 그렇게 준 상관을 만났어. 보는 순간 부글부글 화딱지가 나는데 지가 먼저 "잘 지내?" 이러는 거야! 근데 내가 고작 한 말이 뭔지 알아요? 지금 뭐 하는 거냐고, 현장에서 일할 시간에 뭐하냐고, 왜 일 안 하냐고. 그랬더니 뭐래더라? 휴가라고 했던가. 목욕탕에 사람 많은데 어쩔 수 없었죠. 여하튼 공장에서 나갈까 말까 망설이는 와중에 용역들 대처 방법 배우고 앉아 있는데 '내가 이걸 왜 해야 하나?' 하는 생각이 들면서, 참 심란했어요. 나는 지금 나갈까 말까 고민 중인데 대처법이라니. 노조에서 프로그램도 많이 하는데 나는 좀 안 했으면 했어요. 열불 나고 심란해 죽겠는데……. 그래도 '하루만 버티자. 하루만 버티자. 잘 되겠지.' 이러고 앉아 있었지. 그런데 공권력 들어오고, 그것도 쇠파이프 들고 들어오니 오기가 생겨요. 공장 밖으로 나가려다가 왜 안 나갔냐면 용역들 밀고 들어오는 것 보고 오기가 생긴 거죠.

　파업 끝나고는 이 일, 저 일 했어요. 화력발전소 가서 봄가을에 정비 일 했는데 분진 시커멓게 뒤집어쓰기 일쑤였고, 노가다도 해보고, 농협에 가서 공병 수거도 했어요. 소주병·맥주병 모아 오면 박스에 정리하는 일도 했고. 고향에도 내려가 있어 봤는데, 왜 또 왔냐면 안 잊히는 거예요. 파업 때 안에서 고생한 것도 안 잊히고, 내가 회사에서 일하던 것이 안 잊혀요. 내가 잘했다고 뿌듯하게 생각한 것들이랑 나 일 좀 한다고 막 자랑하던 것들이 떠오르고. 그리고 후배들에게 아는 체도 하고 뭐 가르쳐 줄라고도 했던 게, 그게 우스운 짓거리가 되었잖아요. 억울한 거지. 사람 마음이 그렇게 돼버리니까 내가 앞날을 어떻게 헤쳐 가야 할지 하나도 모르겠고, 차 만드는 것 말고는 할 줄 아는 것도 없고, 모아 놓은 돈도 없으니 '이 나이 먹도록 뭘 했나?' 하는 자괴감도 들고……. 알뜰하게 절제된 생활도 하지 않아서 지금도 한 5천만 원쯤 빚이 있어요. 그러다가 또 어쩔 때는 옥상에서 맞던 것이 생각나고. 8월 5일 경찰 특공대 올라올 때 도장 1팀 옥상에 있어서 거진(거의) 제일 앞이었나? 중앙 정문까지 화이바(파이버) 쓰고 뛰던 생각이 많이 나요. 뭐에 쫓겨서 뛰었는지……. 억울한 게 하도 많이 생각나고 쫓겨난 것 때문에 하도 열 받아서, 그냥 억울함이 배어 있어서…….

지금도 파업 때랑 똑같은 거 같아요. 아직 파업이 안 끝난 거 같아. '내가 이걸 왜 해?' 이러다가 돌아서서는, '내가 안 하면 누가 할 건데?' 그런 생각이 들고. 어쨌든 2009년 이후 거의 계속 이러고 있었던 것 같아요. 내 동기들 아직도 공장에 많이 있는데 편이 갈라지는 것도 싫고……. 치유 이야기 많이 나오는데 내 생각에 진짜 치유는 돌아가는 거예요. 전문가들이 우리를 치유해 주는 것이 치유가 아니라, 나에게는 일하러 복귀하는 것이 치유예요. 이 불안함은 돌아가서 일을 해야지만 사라져요. 불안함 때문에 사는 게 힘들고, 그렇게 불안한 우리를 위해 치유 프로그램이 있는 것도 좋지만, 나는 돌아가야지 치유가 돼요. 내가 언제까지 버틸 수 있을지 자신감도 없어요. '내가 이 짓을 언제까지 할 수 있겠나?' 하는 생각이 한편으로는 있으니까. 그 뒤로도 내가 지금까지 살아온 삶에 대해 부정당한 기분, 내가 인정받았던 것이 다 소용없어진 것, 내가 스스로에게 해준 칭찬들이 다 사라진 것 때문에 무기력하게 느껴져요.

2010년이 그렇게 흘러가고 있었다. 이창근은 2010년은 자신의 역사에서 지워 버리고 싶은 해라고 생각하고 있었다.

우리 상태도 마찬가지지만, 실장들도 출소하고 나서 기본 한 달은 쉬어야 하고, 주저주저하는 것도 있고……. 계속 그런 갈등의 연속이었어요. 해야 하나, 말아야 하나. 2010년은 잊고 싶은 해예요. 갈등이건 투쟁이건, 죽은 역사 같았어요. 갈등하면서도 별짓을 다했거든요. 전국 순회 투쟁도 하고. 그런데 정말 안 먹히더라고요. 2010년은 정말 지긋지긋해요.

2011년

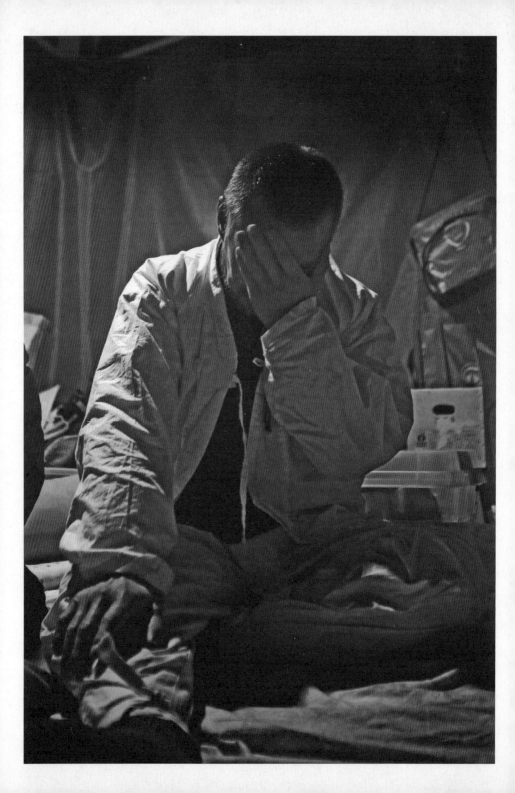

우리 조끼 입잖아요. 그 조끼 불 지르고 싶던 시기였죠.
나는 이 문제를 내 문제로 봤어요. '내가 이렇게 될
수도 있다. 죽을 수도 있다.' 그 뜻이 아니라 '내가 한 게
아무것도 없다.'는 자괴감이 굉장히 크게 다가왔어요.
…… 그때부터 사람들 이야기가 아프더라고요.
남 이야기가 그렇게 아프지 않았는데, 그때부터는
남 이야기가 그렇게 아프더라고요. 실제로 가슴 여기가,
오목한 곳이 아프더라고요. 가슴에 찌르르 통증을
느꼈어요.

2월 25일 무급 휴직자 임무창은 집에서 잠이 들었다. 평범한 날이었을 수도 있었다. 잠들기 전 그는 무슨 생각을 했을까? 아이들 학비 걱정이었을까? 쌍차 복직 생각이었을까? 혹은 아내 생각이었을까? 그러니까 2010년 4월 25일을 생각하고 있었을까? 혹은 피곤해서 그냥 아무 생각도 못 하고 쓰러져 잤을까?

아내는 1년 전 봄 4월 25일 그에게 전화를 했었다. 그날 아내는 보고 싶으니 빨리 집으로 오라고 했었다. 아내는 쌍차 파업 이후 우울증을 앓았기 때문에 그때 그는 허겁지겁 집으로 갔었다. 아내는 그의 얼굴을 보았다. 아내는 무사했다. 그는 옷을 벗기 위해 자리를 비웠다. 그 사이 아내는 베란다에서 뛰어내렸다. 아이들은 고등학교 1학년, 중학교 3학년이었다.

그는 그날로 몇 번이나 돌아가 봤을까? 수십 번일까 수백 번일까? 어떻게 해야 사고를 막을 수 있었을까? 옷을 갈아입지 말았어야 했을까? 왜 아내는 자신이 느끼는 것을 말로 표현하는 대신에 몸을 창밖으로 향했을까? 그가 시간을 되돌리고 되돌리면서 얼마나 많은 상상을 했을지 우리는 영원히 알 수가 없을 것이다.

2월 26일 그는 엎어진 자세로 자고 있었다. 아이들은 아빠를 흔들어 깨웠다. 그러나 아빠는 일어나지 못했다. 그의 나이 44세였다. 무급 휴직자인 그는 날품팔이로 생계를 유지하고 있었다. 고인이 남긴 것은 쌀 한 줌, 라면 하나, 통장 잔액 4만 원, 카드빚 150만 원이었다. 숨지기 하루 전날 그는 친구를 만났다. "아이들 등록금만 생각하면 가슴이 숯덩이가 된다."고 말했다. '숯덩이 가슴'은 그냥 하소연으로 그치지 않았다. 그의 사인은 생활고와 극심한 스트레스로 인한 심근경색이었다.

이창근은 고 임무창 조합원 사십구재를 열다 회사 쪽과 충돌을 빚어 업무방해 혐의 등으로 기소됐다.

죽은 자들 자료를 정리했었어요. 2010년 2월 감옥에서 나오고 좀 지나 4월에 임무창 형수님 돌아가셨어요. 돌아가셨는데, 상을 다 치른 다음에 내가 안 거예요. 되게 화가 났어요. 그래서 보니까 그간 누가 어떻게 죽었는지 자료가 없는 거예요. 그래서 만들었죠. 왜 죽었는지를 알기 위한 자료를 만들면서 어떻게들 지냈는지 추적해 보니, 참 형편없이 살았더라고요. 근데 그게 방정맞았는지 그때부터 죽는 수가 확 느는 거예요. 2010년 12월에 황대원 조합원 사망했고, 같은 달에 시사IN 기자 만나서 이런 이야기까지 했었어요. "더 이상 죽음이 이어지면 안 될 텐데요." 이렇게 이야기하고 헤어졌는데 이듬해 1월에 희망퇴직자가 연탄불 피워 죽고, 2월에 무창이 형 죽고……. 무창이 형 때부터 노제 지내고 했던 것 같아요. 무창이 형은 형수님이 돌아가신 뒤에 상지대 교수님한테 아이들이랑 심리 치유 받는다고 들었고. 나는 사실 무심했지. 사람이 죽었다고 연락이 와서 이름을 딱 봤는데 '임무창'인 거예요. 나는 그때 무너진 거예요. 내가 2월에 나와서 그때까지 아무것도 한 게 없는 것 같았어요. 조합 일 하고 있긴 했는데, 대단한 결단이라도 한 것처럼 왔다 갔다 했는데, 아무것도 안 한 것 같았어요. 죽음이 이어지고 있는 것과 관련해서 어떤 조치도 안 했어요. 무창이 형님 따로 만난 적도 없고, 형수 죽은 뒤에 전화 한 통 한 적도 없고, 이야기를 들어 본 적도 없고……. 그때서야 내가 누굴 비난할 문제가 아니라는 생각이 들었어요. 우리 조끼 입잖아요. 그 조끼 불 지르고 싶던 시기였죠. 나는 이 문제를 내 문제로 봤어요. '내가 이렇게 될 수도 있다. 죽을 수도 있다.' 그 뜻이 아니라 '내가 한 게 아무것도 없다.'는 자괴감이 굉장히 크게 다가왔어요.

더 큰 문제는 이 형이 희망퇴직자도 해고자도 아니고 무급자라는 거예요. 회사가 약속을 지켰다면 공장에 복귀해야 했을 사람인 거예요. 2010년 8월이면 공장에 들어가서 일하고 있었어야 할 사람인 거죠. 회사에 귀책사유가 있는 거예요. 무급자인 무창이 형은 회사가 약속을 지켰으면 아내가 투신했을 리도 없고, 다른 곳에 취직을 못 해서 노가다 뛰며 아이들 학비 걱정했을 리도 없고……. '형은 어떻게 죽었을까? 생계가 제일 큰 걱정이었을 텐데.' 이런저런 상상을 엄청 한 거죠. 개인적으로 무창이 형 죽었을 때가 가장 슬펐던 순간이에요. 아이들 걱정이 되었어요. 숨진 아빠 몸을 만진 거잖아요. 아침에 아빠 깨운 거잖아요. 흔들어 본 거잖아요. 나도 우리 아버지 시체를 만진 적 있어요. 차갑거든요. 온기가 없거든요. 장례식 때 보니까 아이들이 울지를 않아요. '아, 저 애들 속으로 엄청난 상처를 받았구나.' 하고 생각했어요. 굉장히 슬펐고 '나는 뭘 했나 우리는 뭘 했나?' 이런 질문이 들었죠. 2011년은 임무창 사망을 계기로 파업 이후 처음으로 범대위(쌍용자동차 범국민대책위원회)가 꾸려져요. 그때부터 사람들 이야기가 아프더라고요. 남 이야기가 그렇게 아프지 않았는데, 그때부터는 남 이야기가 그렇게 아프더라고요. 실제로 가슴 여기가, 오목한 곳이 아프더라고요. 가슴에 찌르르 통증을 느꼈어요. 문제는 무창이 형 돌아가시고 일주일 만에 또 사고가 난 거죠. 3월 1일 창원서 자살했어요. 장례 끝나고 또 갔어요. 계속 이어졌어요.

2011년은 '와락'도 만들어지고 개인적으로는 에너지가 폭발했어요. 파업 때 내 별명이 '25시'였어요. 스물네 시간에다가 한 시간 더 일 생각을 한다고요. 그런데 그때는 25시보다 더했어요. 폭발적으로 일했고, 생각이 생각을 밀고 나와서 통제할 수 없을 정도였어요. 온갖 아이디어를 다 냈어요. 머리가 뜨거웠어요. 실제로 만져 보면 뜨끈뜨끈했어요. 잠을 잘 때도 생각하고 있는 것 같았고, 눈뜰 때도 생각하고 있는 것 같았고, 그래서 머리에 열이 많이 났어요. 결국 그때문에 달팽이관에 문제가 생겼을 수도 있어요. 나중에 어지럼증을

앓아서 병원에 입원했어요. 그리고 그전에 조중 진단을 받아요. 조
중이라는 말에 가슴이 철렁했어요. 미치는 줄 알았어요.

2011년, 세상도 바빴다. 케이 팝 열풍이 전 세계를 강타하기 시작했
고, 『정의란 무엇인가』라는 책의 판매가 1백만 부를 돌파했다. 오세훈
서울시장이 물러났고, 안철수 신드롬이 거셌고, 박원순 시장이 당선되
었다. 후쿠시마에서는 원전 방사능 유출 사고가 발생했다. 그리고 김정
일 국방위원장이 사망했다.

그해 10월 12일에는 쌍차에서 또 하나의 노제가 열리고 있었다. 열일
곱 번째 사망자가 발생한 것이다. 죽은 사람은 김철강이었다. 그는 죽기
전날 어머니와 이런 대화를 했었다. "엄마, 아픈데 일 좀 쉬어." 오랜 관
절염에 시달리던 그의 어머니는 병원에 다녀와 약 한 봉지 먹고 일 나갈
준비를 하고 있었다. 어머니는 "이눔의 자식, 니가 일을 안 하고 그러고
있으니 엄마라두 일을 해야지."라고 했다. 아들은 고개를 푹 숙였다. 어
머니는 속이 짠했다. "엄마 괜찮아. 안 아퍼. 괜찮아, 철강아."라고 했다.
그녀는 출근하기 전에 김치도 볶아 놓고 찌개도 끓여 놓았다. 그리고 새
벽에 출근하면서 자는 아들의 얼굴을 한 번 만져 보았다. 그러나 아들은
다시는 그 밥을 먹지 못했다. 고인의 핸드폰에는 친구 한 명의 전화번호
만이 남아 있었다.

이 모든 소식을 외딴 곳에서 듣고 있는 사람이 있었다. 파업 당시 노
조 위원장이었던 한상균. 그는 훗날 출소되었을 때 이렇게 말했다.

"매일매일 신문을 들춰보는 일이 가장 힘들었습니다. 굉장히 무서웠습니다. 배달이 오면 한참 뒤에 뒤져 보고는 안도의 한숨을 쉬고…….이런 시간들이 지속됐습니다.

…… 독방에 있으면서 혼자서 여러 가지 추모 행위들을 하는 게 거의 매일 일상이었습니다. 그것밖에 할 수 없는 현실에 대한 자괴감이나 이런 것들이 굉장히 많았습니다. …… 3년을 그런 정말 처참한 이야기를 들으면서 제정신으로 나온 게 좀 (신기할 정도입니다). 아마 검진받아 보면 제정신은 아닐 겁니다. (동지들 덕분에) 현재 모습은 제정신으로 서있는 것 같습니다."◆

◆ "쌍용차 노조위원장 눈물의 출소 … 그 3년 동안 22명 사망", 『미디어오늘』(2012/08/05). http://www.mediatoday.co.kr/news/articleView.html?idxno=104124 괄호는 원문의 표기를 따랐다.

뭔가 하고 싶은데 주변에 아무도 없고, 있다 하더라도
냉소적인 눈, 비난의 눈만 있으면 할 수 있는 것은
아무것도 없죠. 죽음 말고는. 가족을 위해서 내가 살아야
된다면 벌써 이것을 접었어야지요. 하지만 가족을
위해서라도 내가 있어야지. 앞에 내가 해왔던 것 다
부정하고 가야 하는데 그러기엔 너무 억울한 거니까.

2012년 3월 30일. 김포의 임대 아파트 화단에서 한 남자가 쓰러진 채 발견되었다. 시신을 발견한 것은 경비원이었다. 구급차가 도착했을 때는 이미 숨진 상태였다. 고인의 집에 들어간 경찰은 이력서를 발견했다. 이력란에는 "쌍차 재직"이라고 써있었다. 우편함에는 세금 체납 통지서가 있었다. 엘리베이터 CCTV 기록에 따르면 당일 그는 새벽 3시쯤 3층인 자신의 집을 나와 24층으로 올라갔다. 유족으로는 이복형이 있었다. 죽은 사람은 이윤형이었다. 유해는 충남 서산 모친의 묘 옆에 뿌려졌다. 김득중이 파업 때 늘 지나쳤다는 두 친구 모두 세상을 떠난 것이다.

이윤형은 파업 끝나고 제가 구속돼서 연락이 두절되었어요. 황대원은 면회는 한 번 온 것 같은데 그다음에 다시 만나지 못하고 결국 영정으로 만났습니다. 어느 날 갑자기 사망 소식이 들려왔어요. 정말 열심히 사는 친구라 희망퇴직 한 이후에 자기 나름대로 살려고 이것 저것 노력도 많이 했고, 공인중개사 시험도 합격했는데 쌍차 희망퇴 직자라서 취업이 쉽지가 않았던 것 같아요. 결국은 자기 집에서 목 매 자살했어요. 이윤형은 2011년도 8월, 9월 정도에 전화가 왔어요. "저 윤형이에요. 형, 보고 싶어요."라고 하기에, "그래, 한 번 와라." 라고 했어요. 〈당신과 나의 전쟁〉이란 영화가 DVD로 나왔을 때 그 걸 보내 달라고 해서 보내 줬는데 나중에 '괜히 부쳐 줬구나.' 하고 후회했어요. 그걸 보고 10월, 11월 이때는 술만 먹으면 꼭 전화했어 요. "주위에서 나랑 대화를 잘 안 하려고 한다. 쌍차 다닌 것 알면 그 렇다." 그게 주된 이야기였어요. "형, 빨갱이라는 말 들으면 어떻게 하냐?"고 물어보기도 했고, 그때마다 저는 "평택에 내려와라. 심리 상담이란 걸 받아 보자."고 했죠. 그때마다 윤형이는 "나는 아무 문 제 없으니 형이나 건강해라."라고 했어요. 그러지 말고 평택에 한 번 내려오라고 계속 말했는데 전화를 그냥 끊어 버리곤 했었어요. 그러 다가 2012년 2월엔가 쌍차 정문 앞 거점에 술을 사가지고 왔어요. 아는 사람이 부품 업체에 소개시켜 줘서 면접 보러 왔다는 거예요. 면접 보기 전에 보러 왔다고, 그동안 자주 못 찾아서 미안하다고. 면 접 잘돼서 합격하면 평택으로 와서 자주 들르겠다고 했어요. 그런데 일주일 뒤에 전화해서는 "형, 저 안 되었어요."라며 애써 그 상황을 아무렇지도 않게 말하는 거예요. "알았다. 그것과 무관하게 내려와 라."라고 했는데, 그러고는 결국 영정으로 만났어요. 우리는 서로 알 아도 알지 못했단 생각이 들었어요. 이윤형에 대해서도 잘 알지 못

했던 것 같습니다. 저는 그 친구가 혼자인 것을 몰랐어요. 가족도 이복형 정도만 있다고 들었는데 죽고 나서야 약간의 집안 사정들, 살아온 내력들을 알게 되었어요. 우리는 윤형이 가는 길에 소주 한잔 못 올렸어요. 저는 그전에 그 친구를 알았어도 안 게 아니었던 거죠.

이윤형이 죽었을 때 고동민이 잠적했다.

저는 창근이 형이랑 같이 출소해서 실업 급여 6개월 받고 그게 떨어져서 찜질방 알바를 했어요. 불 때는 일 했죠. 밤에 잠 안 자고 새벽 2시 출근해서 밤 10시 퇴근하는 생활을 3개월 했어요. 쌍차는 특별한 날만 갔고…… 뭐든지 지지부진했어요. 그 뒤로 '왜 이 일을 할까?' 하고 생각해 보면, 복직하면 좋겠지만 그렇다고 복직하려고 뭘 한 것 같지는 않아요. 언젠가 정만이 형한테 물어본 적 있어요. "형, 형은 이거 왜 해?" 그랬더니 형이 그래요. "야, 이 나이에 내가 어디 가서 딴 일을 하냐?" 그때 속으로 '내가 뭘 잘못 생각하는구나. 너무 현실적으로 생각을 못 하는구나. 너무 구호로 생각하는구나.' 하는 생각도 했었어요. 하지만 저는 제 복직 때문이 아니라, 우리 너무 억울하잖아요. 정만이 형이나 상구 형이나 77일간 끝까지 버텼던 형들이 작업복 입는 게 저한테는 소원이에요. 꿈이에요. 그런데 나와 보니 영 싸움이 안 돼서, 그때 내가 내 입으로 조직부장 하겠다고 했어요. 그런데 뭘 하자고 하려면 본인이 더 열심히 해야 하잖아요. 모임 있으면 미리 나가 있고, 사람들 안 오면 왜 안 오냐고 전화하고, 끝나면 다 보내고 정리하고. 그렇게 해야 했고 저는 그렇게 했어요. 저는 우리가 이러는 것, 책임감 때문이라고 생각해요. 한상균은 온몸이 책임감이었던 사람이에요. 제 책임감은……. 저는 지부에서 "더 합시다. 더 해봅시다." 하고 말하는 존재예요. 그래서 힘들어요. 늘 제안하고 설득하고. 제 책임감은 77일간 같이했던 사람들에게 느끼는 책임감이에요. 얼마 전에 희망퇴직 한 친구, 파업도 참여하지 않은 친구한테 전화 왔어요. 저보다 동생인데 성정이 잘 안 맞아요. 진지하지도 않고. 그 친구가 전화해서는 자살을 시도했단 이야기를 했어요. 남들이 자기를 안 믿어 준대요. 방바닥에 피가 흥건했단 이야기도 하고, 부모님이 발견 안 했으면 자기는 죽었을 거란 이야기도 하는데, 내가 "좋은 날 오겠지." 하고 되게 무덤덤하게 말했어요. 그러고는 전화 끊었어요. 그런데 그 뒤로 이상하게 '방바닥에 흥건한 피'라는 잔상이 사라지질 않았어요. 하지만 죽음에 애써 무관심하려고 했어요. 의지박약이라고 했어요. "왜 죽어? 열심히 살면 되지."

그런데 스물두 번째 죽음은 달랐어요. 저는 그 소식 듣고 이 일을 그만하려고 했었어요. 그전에 "희망 버스 다음은 쌍차다." 하며 되게 열심히 우리 싸움을 알리고, 엄청 열심히 쉬지 않고 '희망 텐트', '희망 뚜벅이' 같은 투쟁을, 어렵지만 어떻게든 만들어 냈는데 또 죽은 거예요. 그런데 그 사람이 77일간 싸운 사람인 거예요. 유일하게 우리에게 있던 확신은, 그 어려운 싸움을 한 사람은 자살하지 않는다는 거였어요. 그게 다 무너졌어요. 광주로 도망갔어요. 집사람한테도 연락 끊고 날랐어요. 이틀 동안 아는 사람 만나 산에도 가고 그랬는데, 나중에 보니 나도 어떻게 되었을까 봐 다들 엄청 걱정했대요. 정우 형이 문자 보내요. "너만 힘든 것 아냐, 이 새끼야. 나도 죽을 것 같아." 다들 걱정한 거죠. 내가 죽을까 봐. 집사람은 계속 "어디야? 어디야?" 하고, 창근이 형은 "내가 너에게 너무 큰 짐을 맡겼나 보다. 나도 포기할 거야." 하고. 할 수 없이 올라가 평택역에서 버스 타고 공장 가서 버스 내리는 순간부터 내리 네 시간을 울었어요. 엉엉하며 울었더니 우리 형들이, 정우 형이 "그만 울어, 새끼야." 그러는 거죠. 다들 저 없을 때 엄청 울어서, 저 울 때쯤엔 눈물도 말라 버린 거죠. 형의 그 말 듣고 그쳤죠. 근데 기주 형이랑 정비지회 형들이 그러는 거예요. "우리 대한문 치자. 대한문에서 사람들 만나자."

대한문에 분향소가 생긴 것은 4월 5일 식목일이었다. 2012년 4월 2일 서울의 일기예보는 이렇게 기록되어 있다.

"일강수량 22밀리미터."

2012년 4월 3일 서울의 일기예보는 이렇게 기록되어 있다.

"일강수량 35밀리미터."

누군가는 '우리, 식목일에 산에 갈 수 있을까?' 하고 걱정하는 그런 날씨가 계속되었다.

당시 대한문 앞에는 장대같이 쏟아지는 비를 다 맞고 무릎을 꿇고 앉아 있는 사내들이 있었다. 쌍용자동차 정비지회 소속 해고 노동자들이었다. 그들은 품에 영정을 꼭 끌어안고 있었다. 그중에 문기주가 있었다.

어머니도 죽고 아버지도 죽어서 애들 둘이 고아가 된 상황이 있었고, 스물두 번째 죽음까지 왔고. '이건 도저히 안 된다. 언제까지 우리가 계속 장례를 치르고 이런 삶을 살아야 하나.' 그런 고민을 할 수밖에 없었어요. 지부장은 평택에서 싸우겠다고 했는데 평택은 고립된 곳이에요. 그 고립된 곳에서 여론을 형성하기가 어려워서 평택에 분향소 차리는 것을 거부하고, "나는 거기 안 간다. 서울에서 할 거다." 이렇게 지부에 통보했어요. 그때 심정은 '더 이상 장례만 치르면서 이 상황을 지나갈 수 없고, 이 문제가 빨리 해결 안 되면 삶은 더 처절하게 밑바닥으로 내려갈 건데……. 또 누군가가 죽을 것이다. 이걸 알려야 한다. 정부가 기본적인 해결책들을 만들어야 한다.' 이런 거였어요. 급했죠. 쏟아지는 그 비를 그대로 맞고 말했어요. "나나 우리 동료들 비 맞는 거 상관 않겠다. 다만 영정은 비를 안 맞게 했으면 좋겠다." 이거 가지고 실랑이 벌였어요. 비 올 때만 천막 치는 걸로 경찰이랑 대충 이야기돼서 우리가 비 안 오면 걷는 조건으로 분향소가 생긴 거죠. 어쨌든 '이 문제 해결하기 전에는 어디에도 안 간다.' 하는 생각이 있었어요. 처음에는 사십구재만 하려고 생각했지만 사십구재가 지나도 우리 문제를 해결하지 못한다는 흐름이 계속되었고, 또 장마철로 들어서던 때라 계속 천막을 유지하는 수밖에 없었어요. 일단 분향소를 대한문에 설치하고 여론이 형성되면서 어느 정도 우리 문제가 사회적으로 알려지고, 연락 안 되던 사람들도 연락되면서 죽음의 행렬이 멈춰진 시간들이었다는 걸 정말 다행스럽게 생각하고 있어요.

문기주는 양산의 정비사였다. 그리고 독학자였다. 그는 이렇게 말하곤 했었다.

"책에 써있잖아요."

처음 가진 직업은 자동차 정비가 아니고 선반공이었어요. 초등학교 졸업하고 중학교 못 가고, 문래동 가서 바로 기술 배웠지. 그게 안 맞아서, 친구가 정비 공장 다니던 참에 정비로 옮겼어요. 정비 일은 재미있더라고요. 노조에 대한 관심은 1980년대 말부터 근로기준법·노동법 책을 혼자 보면서부터였어요. 벽보판에 '구로 노동 상담소' 이런 게 붙어 있기에, 좀 더 알기 위해 구로 노동 상담소 찾아가서 배우고……. 그때는 쌍차가 아니라 개인 정비 공장 다녔는데, 1988년에 내가 다니던 일반 정비 공장 안에 조합을 만들어 봤어요. 노조 생기니까 회사가 위장 폐업을 해서 1년 반 정도 거기 맞서 싸워 봤던 경험이 있어요. 노동문제에 관심을 갖게 된 구체적인 계기는 없었어요. 우리 형님도 택시 조합 활동 했는데 그게 싫었었어요. 형 삭발하고 구속당하는 거 보면서 '저거는 미친 짓인 것 같다.' 이렇게만 생각했지. 그런데 혼자 노동법 공부하면서 내 처지가 눈에 들어왔어요. 잔업 쎄 빠지게(힘들게) 해도 월급 많이 못 받고, 장갑이나 작업복도 주지 않아 내 돈 주고 사야 하는 데서 부당함을 느꼈어요. 형이 보던 책 보니까 거기에는 근무시간 규정도 나오고, 점심시간도 한 시간은 줘야 한다고 나오는데, 우린 야간에도 밥도 안 주고 장갑도 안 주고 하는 걸 알게 된 거죠. 그때부터 더 공부했어요. 밤 9시, 10

시까지 일하거나 날새기도 하고, 그렇게까지 했는데도 월급은 많이 못 받고 무시당하며 욕 듣는 것들을 고치고 싶었어요. 내성적인 성격이라 자격지심도 많았어요. 배우지 못한 거예요. 내 스스로 배운 형태였어요. 내가 배워서 남한테 이런 좋은 게 있다는 것을 알려 주면서 1980년대는 지냈고, 친하게 지내는 사람들, 나 말고 그런 공부하는 다른 사람들이 있어서 의기투합했어요. 근데 그건 별거 아니걸랑. 근로기준법 책 보는 것 자체는 일단 회사가 실질적으로 나에 대한 정당한 대우를 했나 안 했나 알아보는 거고, 노동조합법 책은 실질적인 활동 범위를 알고 싶었던 거고. 일단 내가 부당하다고 느껴지는 것은 책을 보면 나와 있거들랑. 보면 내 생각이 맞거들랑. 내가 그때 당시 일하면서 받은 게, 책을 보면, 내가 월급을 반도 안되게 받았다는 게 다 나오고. 일요일도 한 달에 두 번밖에 못 쉬는데, 그럼 책 들이밀면서 "책에 이렇게 써있는데 왜 안 해주냐?" 물어보면 그만두라 협박하고. '아, 이래서 노동조합 만들어야 한다.' 이런 생각했어요. 거기서 해고되고는 1년 가까이 취업 못 하고, 현대나 기아도 원서 넣었는데 다 신원 조회서 탈락했고, 노가다 다니다가 쌍차에 인력이 필요한 시점에 입사했어요. 1990년 11월이었어요. 마침 쌍차에 사람이 필요했거들랑. 이력란에 경력을 쓸 수 없으니 월급이 너무 적었어요. 그때 36만 원인가 그랬어요. 나중엔 잔업 하며 좀 나아졌고.

양산 공장에 내려간 계기는, 1991년 강경대 사건 때 시위 몇 번 나가고 거기서 사과탄 파편에 맞아 부상당한 게 신문에 실렸어요.

회사가 나를 추적했어요. 그걸로 회사가 나를 뒷조사해서 사표 내라고 하고 싶은데 쉽지 않으니까, 그때 당시 양산 사업소 생길 때 이제 막 공사가 시작되는, 아무도 없는 곳으로 보내려고 했어요. 강제 전보였어요. 전보가 부당하다고 버티다가 중노위(중앙노동위원회)까지 이기고, 고법에서 부당 전보 철회 소송 구제 신청 행정소송에서 졌어요. 중노위가 나보고 변호사 대라고 하는데, 내가 변호사 댈 돈이 어딨어? 변호사 못 대고 그냥 혼자 소송했죠. 중노위가 행정 결정 잘못했다고 회사가 소송 걸었는데 행정소송에서 져서 지금까지 양산에 있게 된 거예요. 1992년 행정소송 시작해서 2년 가까이 끌다가 소송 진 게 1994년이지.

어차피 자본과 개인이 싸우는 건 굉장히 어려워요. 당시 조합이 어용이었어요. 면접 보면서 "나는 지방 근무 할 수 없다. 부모님 모시고 살고 있고 아픈 동생도 있다."고까지 이야기했거든요. 그런데 면접관이 "지금 현재 쌍차 정비소는 구로밖에 없지만 양산·부산·광주·대구 만들어 가는 중이다. 지금은 그렇더라도 앞으로 너의 상황들이 괜찮아지면, 그러니까 갈 수 있는 조건들이 만들어지면 갈 수 있냐?"고 해서 고민해 보겠다 했죠. 그런데 면접관들이 갈 수 있다고 임의적으로 적었어요. 재판 때는 내 입사 동기들이 증인들로 나와서 내가 갈 수 있다 했다고 증언했어요. 증언한 애들은 행정직이었고, 그래서 싸움이 길어졌고 결국 패소했어요. 동생은 지금도 몸이 아파서 요양원에 있어요. 어쨌든 중노위에서 이기고도 행정소송에 져버린 거죠. 연고도 없는 양산에 내려가 생활하는 것 자체가 힘들고, 주말만 되면 서울로 올라오니 월급 타면 차비로 다 날아갈 판이었어요. 밥도 사먹어야 하고 자취 비용이며, 소송에 드는 비용 때문에 굉장히 힘들고 쪼들렸어요. 서른 살 무렵이었는데 양산 분위기도 엄청 안 좋고 해서 힘들었어요. 발령이 10월인데 "못 내려간다. 부당 전출이다." 하며 공장 앞에서 농성하느라 한 달가량 늦게 갔어요. 게다가 그 당시 산재 중이었어요. 지금 얼굴 상처가 회사에서 일하면서 다친 거지. 3센티 정도 흔적이 남아 있어요. 그라인더 작업 하다가 다쳤고, 성형해야 하는데 총각이니까 신경 안 쓰고 넘어간 거지.

결국 내려갔더니, 회사에서 양산 사업소 동료들에게 "간첩 같은 놈 하나 내려온다. 사노맹(남한사회주의노동자동맹) 조직원이다." 이런 식으로 나에 대한 악소문을 퍼트렸어요. "절대 아는 척하지 마라. 큰일 난다." 이렇게 말해 놓은 거예요. 내려갔더니 사람들이 그런 말을 하도 많이 들어서인지 싸늘하게 담을 치고, 게다가 양산 사업소 직원은 90퍼센트 이상 그 지역에서 뽑은 사람이라 나를 모르니 회사 이야기를 곧이곧대로 믿을 수밖에 없었던 거죠. 그래서 거의 이야기 안 하고 지내다가 6개월 지나서야 간신히 말문을 텄어요. 일반적인 이야기는 나랑 안 하려 하고 업무에 관한 것도 엔간하면 안 하려는 경향들이 있었고……. 그래도 6개월 같이 지내보니까 회사가 이야기한 것과 다른 것이 나에게서 보였던 거지. 서서히 맘 열고 술도 한 잔씩 먹고 하면서 친해졌어요. 그전에는 내가 말을 붙여 보려고 해도 뺀찌 먹고(퇴짜를 맞고), 나로 인해 자기에게 피해가 있을 거라는 두려움이 많으니까 다들 날 피했어요. 그건 그냥 견뎠어요. 내 할 일

하고 내가 나를 일부러 꾸며서 잘 보일 이유가 없다고 생각했지. '나의 본모습을 보고 좋으면 다가오겠지.' 이런 생각으로 버텼달까? 아침 8시 반에 출근해서 오후 5시 반에 퇴근하고, 주말에는 서울로 왔다가 막차 타고 양산 와서 월요일에 출근하고⋯⋯. 그런 생활을 1년 정도 하니까 지쳤어요. 더럽고 아니꼽고 치사해도 버틴 것은 대기업 노조를 좀 바꿔 보고 싶은 꿈 때문이에요. 일은 계속 판금 일 했으니까 쌍용 들어오기 전부터 했던 일이랑 같은 일을 했죠. 정비는 똑같은 일이 없는 것이 특징이에요. 사고가 똑같은 형태로 똑같이 나지 않으니까. 내가 키가 작고 덩치가 작아서 버스나 트럭 같은 대형 일은 조금 하다가 소형차 파트로 내려갔죠.

양산에서 큰 사건이 일어난 적이 있어요. 회사의 부당한 업무 지시 때문에 사망한 사건이에요. 신나·솔벤트가 잔뜩 있는 데서 안전 장치를 하지 않고 일하다가 폭발해서 한 명이 죽고, 한 명은 눈 부상을 당했어요. 그 자체가 인재예요. 공교롭게도 신혼여행으로 설악산에 차 몰고 갔다가 들어서, 신혼여행 중단하고 내려가 사망 사건 규모와 진상을 파악하고 사망자에 대한 보상도 알아봤어요. 죽은 사람은 결혼해서 애가 둘인데 어린애였고 그런 상태에서 사망한 거지. 유족 보상 문제 가지고 협의했고. 정비는 아무래도 날카로운 철, 불, 유기, 신나, 휘발유, 솔벤트가 많아서 사고들이 종종 생겨요. 또 철판을 그라인더로 갈면 소음이 엄청 커서 많이들 소음성 난청에 걸리지. 나도 소음성 난청이라 이명 현상이 있어서, 양쪽 귀에서 쇳소리 나고 머리가 항상 맑지 않지.

편안한 삶, 가정적인 삶을 살진 못했어요. 누군가가 나서서 하지 않으면 안 되는 일은 늘 있었고, 누군가는 현실을 개선하려고 활동할 수밖에 없었으니까. 거기에 몇몇 사람들과 내가 나선 것은, 동료들이 추천하기도 했고 내가 애초에 쌍용 들어갈 때 그런 생각으로 들어가기도 했거든. 그렇지만 노조 활동이 직업이 아니고 자동차 정비사가 직업이니, 노조 전임 안 하고 쉴 때는 확실하게 다른 사람이 하는 것에 대해서 지원·지지하고 일상적인 나의 삶을 살고 그랬죠. 1998년에 대우그룹으로 넘어갈 때 우리 정비는 다 대우로 넘어갔는데 쌍용이랑 대우랑 기업 문화가 차이 나서 힘들었지. 쌍용은 서로를 아기자기 묶어 주는 맛이 있는데, 대우는 개별적이고 자기 것만 챙기고 그렇지 않으면 무관심해요. 상갓집 갈 일 생겨도 우리는 가기도 많이 가지만 조의금도 기본 2만~3만 원 할 때, 대우는 2천~3천 원 했고, 자기 부서 아니면 안 갔지. 문화가 잘 안 맞았고 또 대우차가 쌍차 인수 점령군으로서 행위들 다 했지. 우리 정비사업소에도 대우 식구들 몇몇이 와서 총괄하고 업무 지시하고 점령군으로서 지위를 뻐기며 다녔고. 우리는 패전병으로서 부당한 형태에 대들지 못하며 지냈죠. 같은 정비를 하지만 거기는 소형 위주인데, 사실 티코 바퀴보다 우리 차 바퀴가 훨씬 크고 무겁고, 그러다 보니 대우 정비 비용이 1만 원 하면 우리는 5만 원, 10만 원 했단 말이지. 근데 개별적으로 내가 매달 얼마치 일을 했는지 따지는 게 있는데 돈 되는 것은 자기들이 하고, 돈 안 되는 것은 우리 시키고 그랬죠. 2002년 대우가 분식 회계로 문제 될 때, 우리를 쌍용도 안 받고 대우도 버리겠다고 했는데 쌍용으로 오기 위해 파업했어요. 6백 명이 돌아왔어요. 회사 분사 정책에 의해 사람들이 떨어져 나가서 관리직 포함해 6백 명 돌아온 건데, 쌍차로 넘어와서도 회사는 계속 분사 정책을 써서 2009년 파업 때는 380명밖에 안 남았었어요.

인간은 끝없이 희망과 두려움 사이를 오가면서 선택을 한다. 우리는 미래를 알지 못하는 채로 선택을 한다. 그러나 우리의 선택에 누군가 영향을 받는다. 그래서 선택은 무시무시한 것이 된다.

파업 때 용역·경찰 들과의 싸움, 동료들이 쓰러지고 피 흘리던 것, 다 기억하지. 내가 본 건 다 기억나지요. 자꾸 생각나는 것은 8월 5일 특공대가 컨테이너 타고 내려오던 거죠. 나는 바로 그 옆 건물 위에 서서 직접 곤봉으로 때리고 발로 짓밟는 걸 내 눈으로 다 보았죠. 그 이전에는 최루액을 소방 헬기로 들이붓는 것, 헬기에서 특공대들이 공기총 쏘는 것 모두 다 봤고……. 걔들은 우리를 노동자로 보지 않고 적으로 간주했어요. 거의 죽이려고 한다고 느낄 만큼 폭행했어요. 두렵지만 진짜 울분이 터졌던 건 특공대 투입하고, 그래서 공포에 떨게 하고, 우리 사람 두드려 팬 다음 회사가 교섭하자고 했던 거죠. 벌써 파업 기간이 70일 가까이 지나 조합원들은 물·먹거리·의약품도 없이 지쳐 있는데, 경찰과 용역 들은 폭력을 써서 우리로 하여금 불안감·공포에 떨게 해 교섭에 응할 수밖에 없는 상태로 만들었어요. 대등한 관계에서의 교섭이 아니고 굴욕적인 교섭이었어요.

그래서 지금 현재까지 여기 있는 겁니다. 그 굴욕감 때문에, 대등한 상태에서 교섭하지 못하는 조건을 만들어 놓은 것 때문에. 2001년 대우자동차에서 정리 해고가 있었을 때는, 파업이 진압되고 이듬해까지 투쟁이 이어지는 동안 길거리에서 폭력에 엄청난 희생을 당했어도, 단계적으로 3년 안에 다 복직했어요. 그런데 쌍차에서는 그런 것(단계적 복직 안)마저도 거부했어요. 회사는 무조건 정한 대로 하자며, 안 하면 바로 경찰 투입해서 폭력으로 응징해 결국은 회사가 생각하는 대로 합의하게 하고……. 그 굴욕감이 지금까지 계속돼요.

파업 이후 나는 7개월 형 살았어요. 성남 경찰서 가서 한 10일 있다가 평택 구치소로 갔어요. 처음 구속된 상황이라 적응하기 쉽지 않았어요. 그래도 그건 금방 극복했고, 내가 왜 여기 갇혀 있어야 하는지를 반복해서 생각했어요. '파업에 참여하는 과정에서 쌍방이 새총 쏘고 그랬는데 왜 일방만 당하느냐? 용역들은 우리 동료들 병신 만들어 놓았는데 개네들 폭력은 처벌 안 받고…….' 법이 평등하지 않다는 불만이 있었고, 그러니 이런 사태를 만든 사람들을 당연히 용서할 수 없는 거죠. 그리고 자기는 대상자가 아니라고 "니네 빨리 나가라."며 새총 쏘고 폭행하던 사람을 잊을 수 없어요. 처음에는 복면 안 하다가 나중엔 못 알아보게 복면 썼어요. 그런데 20년을 같이 일했던 사람이고, 행동거지 하나만 봐도 누구인지 다 아는데……. '그렇다면 20년 근무하면서 호형호제했던 것, 가족 간에 왕래 쭉 했던 것, 이런 것은 다 거짓이었는가? 거짓이 아니라 해도 자기 살기 위해서 그런 것 다 팽개치고 자기 삶만 추구한 것에 대한 배신감이 크고 지금도 안 잊히는데, 이후에 복직되고 나서 현장 들어가서 그 사람들이 안으려고 하면 안을 수 있나?' 나는 절대 못 안는다는 거죠. 서로 고통 치유 차원에서 위로하는 게 정상일 수 있겠지만 그게 쉽지 않아요. '그래, 그때 니 상황 이해한다.' 그건 있을 수 없죠. 그때 그렇게 해서 죽어 간 사람도 있고, 지우지 못할 상처를 받고 사는 사람이 있는데 '니가 살기 위해서 어쩔 수 없었다는 것, 나는 그걸 이해한다.' 있을 수 없는 일이죠. 그때 그렇게 행동했기 때문에 죽은 사람이 있는 것을 잊기는 어렵죠.

2012년 8월 5일 자정 한상균 전 지부장이 화성 교도소에서 만기 출소했다. 지부장을 기다리고 있던 3백여 명의 사람들은 두부를 한상균 쪽이 아닌 교도소 쪽으로 던졌다.

8월 6일 한상균 전 지부장은 대한문 분향소를 찾아가 세 번 절하고 영정 앞에 막걸리를 올렸다. 그리고 낮은 목소리로 이렇게 말했다.

"너무 늦게 와서 미안합니다."

2012년 11월 19일 단식 농성 41일째 김정우 지부장이 병원으로 후송되었다. 그리고 바로 다음 날인 2012년 11월 20일 아직 동트기 전인 새벽 4시, 세 명의 쌍차 해고 노동자가 15만 볼트 전류가 흐르는 30미터 높이의 송전탑에 올라갔다.

싸이의 〈강남스타일〉이 전 세계를 강타하고 있었고, 그리고 제18대 대선이 29일 앞으로 다가와 있었다. 까치도 집을 짓지 않는다는 송전탑에 세 명의 노동자가 둥지를 틀게 된 첫 번째 날. 방송사의 기상 캐스터 들은 "오늘 아침 서울 온도는 영하 1도입니다. 바람 때문에 체감온도는 더 낮겠습니다. 무척 춥겠습니다."라고 말했다.

송전탑에 올라간 세 명의 노동자는 문기주·복기성·한상균이었다. 그들 눈 아래 "청춘을 바친 공장의 전경이 어머니의 치마폭처럼" 펼쳐져 있었다. 24시간 꺼지지 않는 굴뚝의 연기도 보였다.

송전탑 위 작은 천막 밖으로 나오면 아침이나 저녁이나 바람이 부나 눈이 오나 변함없이 쌍용차 공장이 보였다. 복기성은 공장을 보면서 '저 기도 사람 사는 곳일 텐데……'라고 생각했다. 복기성은 그 공장 전경 속으로 해고된 사람들이 들어가는 모습을 상상했다.

1977년 충남 예산 태생 복기성은 고등학교 때 천안 아우내 연수원으로 학생 캠프를 간 일이 있었다. 그때 진로 상담이 있었다. 연수 교사는 꿈이 뭐냐고 물었다.

학교생활은 평범했어요. 아버지는 약주를 많이 하셔서 중학교 때 간경화로 엄마 속만 썩이다가 돌아가셨죠. 어머니는 보험회사에서 거의 35년 일하고 있어요. 지금도 일하고 있고 그동안 쭉 가장이었어요. 우리 어머니는 오랫동안 한 우물을 계속 파고 열심히 일한 사람이에요. 대학은 딱히 마음이 없었고 고 3 때 자격증 따서 일해야겠다는 생각이 컸어요. 홀어머니에게 효도하고 싶었어요. 그래서 내가 일을 빨리 하긴 해야 되겠는데 자기 분야의 최고가 되고 싶었어요.

제 주변에는 다 노동자였어요. 일을 하면 나도 노동자가 될 테고 그 속에서 대통령이 되겠다고 생각했어요. 그래서 선생님에게 제 꿈은, 뜬금없을지 모르지만, '노동자 대통령'이라고 했어요. 그 분야에서 최고의 숙련 노동자가 되겠다거나 장인이 되겠다는 뜻도 아니고 실제 대통령에 출마하겠단 것도 아니었어요. 그냥 최고의 노동자가 되고 싶었어요. '최고'란 말도 딱 맞는 말은 아닌 것 같고 뭐라고 설명해야 할지 모르겠지만 하여간 그랬어요.

복기성은 열아홉 살에서 스물다섯 살까지 고향에서 용접 일을 했다.

열아홉 살에서 스물다섯 살까지 계속 일만 했습니다. 용접만 한 7년 했어요. '투 플러스 원 제도'라고, 고 3 때 1년은 일하면서 학교 다니며 용접 자격증 따서 집 근처로 취업 나갔고, 군대 안 가고 방위산업체에서 한 3년 있었고 제대 후 2년 더 다녔어요. 한 달에 잔업·철야해서 150에서 2백 시간 정도 일했었어요. 월급은 1백만 원에서 2백만 원 정도 받았어요. 자동차 부품 용접도 하고, 방위산업체에서 특례 근무 할 때는 군납 건전지 용접했어요. 잘못하면 터지기도 해 위험했었어요. 그만둔 것은 몸이 나빠져서예요. 가스도 많이 마시고, 매일 눈이 충혈되어 있으니까 시력도 나빠지고……. 용접 기술 있으면 어디 가서 밥은 안 굶겠지만, 오래 할 직업은 아닌 것 같았어요.

스물한 살부터는 풍물을 배웠다. 스물다섯에는 고향을 떠났다. '촌에서만 살지 말고 도시 물 좀 먹으라는' 선배의 말을 듣고 올라왔다. 스물 여섯에 비정규직으로 기아자동차 화성 공장에 들어갔다. 고향을 떠날 때 더는 용접을 하지 말아야겠다고 생각했다.

도시에서 돈 벌려고 올라왔어요. 같이 일했던 선배가 먼저 기아자동차 화성 공장에서 일하고 있었어요. 신성물류라는 회사를 통해서 들어갔어요. 기아 들어가서도 '신명풀이'라는 풍물패에 들어갔어요. 기아자동차 안에 풍물패가 있어요. 문화패는 다 정규직이었고 제가 첫 비정규직이었어요. 풍물패 안에선 '형, 동생' 하며 같이 잘 지냈고 집회도 많이 다녔어요. 가는 곳이 항상 집회 현장이었어요. 일하면서 부당함에 많이 부딪혔어요. 그때도 임금이나 복지 차별이 문제였고, 문제가 있으면 비정규직이 최우선 해고 대상자가 되어야 하고……. 한번은 안전사고 예방 교육을 시키는데 정규직은 근무시간 안에 하고 비정규직은 근무 다 끝내고 잔업까지 끝내고 받아야 한다는 거예요. 안전 교육 받으면 통근 버스 타고 집에 못 가는 거예요. 몇 차례 강요했지만 못하겠다고 했어요. 그랬더니 근무시간은 무조건 일해야 한다고 합디다. 관리자들은 안전 교육 안 받으면 이후에 불이익을 받을 수 있다고 했어요. 안전 교육을 3회 이상 안 받으면 해고시킨다고 해서 그러라고 했죠. 반항을 했습니다. '죽으면 죽었지 난 해고당하지 않는다.'고 생각했습니다. 결국 더 다니고 싶지 않아서 사표 쓰고 나왔습니다. 2001년 11월 20일에 들어가서 2003년 3월까지 있었습니다. 정규직이 되려고 시도하지 않았던 것은 아닌데 신체

검사까지 받고도 떨어졌어요. 다른 사람이 들어갔겠죠. 뽑아야 될 사람은 1백 명인데 몇 천 명이 몰려오니까요. 면접을 두 번 정도는 봤어요. 두 번 다 안 됐어요. 기아 나오고 바로 전국을 떠돌아다녔어요. 2003년 5월부터 8월 10일까지 1백 일 걷기를 했어요. 시민사회 사람들과 같이요. 여덟 명 정도가 전 일정을 걸었어요. '차별 철폐 1백 일 행진'이라고 해서 전국을 걸어 다니며 차별에 대해 이야기하면서 1백 일 동안 걸어 다녔어요.

스물여덟 살에 쌍용자동차 비정규직으로 취업했다. 2003년 10월 1일이었다.

인천 GM대우 가려고 했는데 못 가고 평택으로 내려오게 됐어요. 체어맨·로디우스 라인에서 정규직들과 같이 일했어요. 자동차 연기 빼주는 프런트 머플러를 만들었어요. 그런데 쌍차 들어가서 겉돌았던 것 같아요. 일상적인 근무시간 외에는 지역에서 활동하는 사람들과 지냈어요. 평택에는 비정규직 문제, 노동문제, 미군기지 문제 등 여러 문제점들이 있었잖아요. 차별을 없애는 데 관심이 있었어요. 그런데 제가 들어가고 2004년 3월경 쌍차 사내 하청 업체에 대한 대대적인 구조 조정이 있었어요. 그해 말 쌍차가 상하이차에 매각되었어요. 정규직·비정규직 할 것 없이 노동자들은 다 힘들었어요. 2005년 비정규직들은 평균임금의 70퍼센트를 받으면서 휴업에 들어갔어요. 2006년 7월경 쌍차는 다시 희망퇴직, 정리 해고를 발표했는데 비정규직 5백 명가량이 희망퇴직을 신청했어요. 4개월 치 임금을 받았어요. 2008년 8월 쌍차 노사 정규직 전환 배치 합의가 마무리되었는데, 그에 앞서 비정규직 대량 해고가 있었어요. 우리 생존권을 결정하는 자리에 비정규직 당사자들은 하나도 참석하지 못했어요. 그래서 2008년 10월 22일 쌍차 비정규직지회를 설립했어요. 제가 속했던 업체는 2009년 3월 폐업했어요. 저는 해고되었어요. 쌍차 사태 나고 나서 제일 처음 죽었던 사람이 비정규직 노동자예요. 강원도 산에 들어가 처지를 비관해 자살했어요. 그분이 죽기 몇 달 전 저를 찾아왔었어요. 공장 정문 앞에서 만났어요. 그 이후로 두세 번 더 만났고 만날 때마다 현장 상황을 궁금해 했어요. 그 사람은 조합원은 아니었어요. 조합에 가입하면 불이익을 당하지 않을까 두려워했고, 실제로 업체에서도 중간 관리자 정도 직위는 되었어요. 현장에서 작업 배치하는 조장 직책을 달았는데 일도 못 하고 월급도 못 받아 경제적으로 힘들다고 했어요. 쌍차가 언제 정상화돼서 일할 수 있는지도 물었어요. 그 이후에 죽었다는 소식 듣고 많이 힘들었죠.

그의 나이 서른일곱에 송전탑에 올라갔다.

그냥 올라가게 되었어요. 주어진 상황이 힘들어서 매일 상처를 많이 받았어요. 부당하게 해고돼서 5년 이상 싸우는 과정에서 말도 안 되는 일을 겪는 내 상황에 대한 억울함·분노도 있고 세상 떠나는 사람도 있고……. 가족과 함께 일상을 보내지 못하는 것도 그렇고 모든 상황이 힘들었어요. 이런 생활을 언제까지 해야 하나 싶고. 그렇지만 억울함이나 분노를 포기하고 딴 데 갈 수도 없었고요. 누리고 싶은 일상을 살아보는 것, 이게 공동 과제 아닌가 싶어요. 해고자들이 공장으로 돌아가고, 가족들과 자기 삶을 되찾고, 주말에 놀기도 하고 저녁엔 가족과 같이 밥을 먹기도 하고, 회사에서 돈 벌어서 기본적인 생활을 하고…… 여기 올라와서 물꼬를 트고 싶었어요. 공장에서 우리를 볼 수 있는 곳에 있고 싶었어요. 눈뜨면 공장이 보여요. 그럼 빨리 돌아가고 싶고. 철탑 위 조그만 천막 밖에 나오면 매일 보이는 게 굴뚝이에요. 내가 일했던 조립 공장, 도장 공장, 프레스 공장 정경이 다 보여요. '빨리 저기 가야 하는데……' 그 생각이 들어요. 여기저기 점점이 흩어져 있는 사람들이 공장으로 돌아가야 한다는 간절함 때문에 그냥 올라왔어요.

그러나 기쁜 일도 있었다. 송전탑으로 올라가기 전에는 18년 전 진로 상담을 했던 선생님을 만났다.

선생님은 대전에 사시는데 친구 하나랑 가서 찾아뵀어요. 제가 쌍차 투쟁 때문에 언론에 많이 나와서 선생님이 전화번호를 알아내 먼저 연락했어요. 꼭 만나야겠단 생각이 들었어요. 그래서 철탑 올라가기 전에 한 번 만났어요.

선생님도 18년 전의 이야기를 기억하고 있었다. 선생님은 '노동자 대통령'은 가능하다고 말했었다. 복기성은 그때 왜 그렇게 대답했냐고 물었다. 선생님은 꿈을 지켜 주고 싶어서였다고 말했다. 대답은 단순했다. 그러나 그 단순함을 위해서 얼마나 많은 것들을 감수해야만 할까?

복기성이 송전탑에 올라갔다는 뉴스가 나오자 고향 예산 사람들은 궁금해 했다.

'예산 사람 복기성'이 송전탑에 올라갔다 하니, "그 순수하고 해맑던, 말수 적던 그 사람이 거기 왜 올라가 있냐?"고 궁금해들 했어요. 사정을 알고 마음이 아팠나 봐요. '이 사회의 비정규직 문제, 정리 해고 문제를 걸고 위험 속에서 살고 있구나.' 하고 여겨서인지, 예전 지인들끼리 연락해서 버스 대절해서 왔어요. '예산 희망 버스'라고 불렸죠. 와서는 송전탑 밑에서 공연을 했어요. 웃다리 풍물 장단을 쳤어요. 충청도·경기도 가락 그런 거요. 내려가 같이 치고 싶었죠. 많이 울었어요. 나중에 수도권 풍물 팀이 왔을 때는 하늘에 북도 올려 줬어요. 저도 위에서 같이 쳤어요. 저는 위에서 북 치고 아래서는 판굿도 하고 놀다 갔어요. 철탑 위에서 뛰지는 못하니까 앉아서 쳤어요.

그렇지만 송전탑에 아무 소리도 들리지 않는 날도 있었다. 서해 바다에서 불어오는 평택항의 바람은 거셌다. 그렇게 바람 소리만 들리고 사람 소리가 하나도 들리지 않는 날도 있었다. 한상균 전 지부장은 그때 이상한 소리를 들었다.

철탑에 있을 때 어떤 날은 하루 종일 셋이서 말 한마디 없을 때 침묵만 흘러요. 철탑 밑에까지 침묵이 흘러요. 송전탑에 있을 때 중간에 하얀 개 한 마리를 키웠는데 개가 1월인가 행방불명된 뒤로는 개 소리도 안 들려요. 고요가 밀려오고 있을 때 바람 소리는 엄청나게 크게 들려요. 위에서 고압 전류 지나가는 소리도 매몰차게 소름끼치도록 들려요. '지지직' 소리가 이렇게 나요. 파랗게 불꽃 튀면서 들어가는 소리 있잖아요. 아주 기분 나쁜 배경 음악 정도로, 불길한 예감의 전조 음악 정도로 멀리 깔리고 그런 날은 몸도 무거워요. 부침개에 막걸리 한잔해야 하는데 그런 것도 없었네요.

책임감이란 게 대단한 구속력 있는 거 아니잖아요? 다만 "한상균 그 사람은 무슨 책임감을 가지고 사느냐?"고 묻는다면, 그렇다면 어떤 미사여구로도 담지 못하는 가슴의 단어들은 있겠지요. 이것들은 끄집어내 보일 수는 없고 섣불리 저울로 달 수도 없는 거겠지요. 제 입장에선 누구보다도 더 책임감의 굴레가 셉니다. 한시도 자유롭지 못합니다. 기쁘면 기쁜 대로 슬프면 슬픈 대로 상황들이 많이 겹치면서 떠오르고, 철탑에 있을 때 늦은 밤엔 특히 더 생각납니다. 철탑 위에서 영혼들이 뭐라고 계속 노크하는 것 같고 그럼 머리가 확 서기도 하는데, 그런 것들이 그냥 꽉 차있어서 비워지지가 않는 것 같아요. 이미 죽은 사람들을 위해서 할 수 있는 게 뭐가 있겠어요? 그냥 산 사람 살려고 그러는 거지요. 이제는 추모 공원이라도 만들어야지 않겠냐는 생각도 있지만, 앞으로 이런 일이 우리 사회에 없기를 바랍니다. 진짜 애도는 모두가 공감할 수 있는 변화의 물결이 생기는 것이지 않겠어요?

바람이 구름을 몰아내서 휘영청 밝은 달이 손에 잡힐 듯 가깝게 보이는 날도 있었다. 그런 날 중 하루 문기주는 달을 보며 이런 생각을 했다. '이 달을 따다가 누구에게 주면 쌍차 문제가 해결되려나⋯⋯.'◆ 그는 그 위에서 몇 가지 싸움을 벌였다. 헬리콥터 소리와 싸웠고 어깨 통증과도 싸웠다.

분향소 설치하고 여론이 형성되었는데도 회사와 정부는 우리 말에 반응하지 않았어요. 그 수많은 대형 집회, 공장 진입 투쟁에도 말이 없고 어쩔 수 없이 단식을 해도 안 돼, 해도 해도 안 돼서 철탑에 올라 왔어요.

평택 구치소 옆에 미군 기지가 가까이 있어요. 새벽에 헬기들이 지나가면 우리 파업 때 장면이 되살아나요. 새벽 3시까지 헬기로 서치라이트를 강하게 비춰서 잠을 못 자게 하고, 엄청난 고성 방송을 하고, 낮에는 최루액 뿌리고 하던 공포가 생각나는 거지. 구치소 안에서도 미군 헬기들이 하루에도 일고여덟 번씩 새벽이며 해 질 녘이며 왔다 갔다 하는 소리를 들으면 그 당시 생각들이 다 났어요. 이곳

◆ "두 번째 이야기 '지금 평택으로 갑니다'"(연분홍치마 제작), 〈하늘을 향해 빛으로 소리쳐〉에서. http://www.youtube.com/watch?v=3kMSH0NeAgA

철탑에서도 새벽이나 해 질 녘에 작전 끝내고 돌아가는 헬기 소리 때문에 깨서는 다시 잠들지 못하고. 헬기 소리 들으면 그때 당시 생각나요. '두두두' 소리 들리면 벌써 살갗 녹이는 최루액 떨어지고 저공비행으로 우리를 날릴 듯이 위협하는 것, 고무총 쏘며 들어오는 것 등이 떠오르니 지금도 헬기 소리 나면 돌아볼 수밖에 없는 거지. '저건 무슨 헬기지?' 하면서.

어깨는 대한문에 분향소 만들면서 경찰들과 몸싸움하는 과정에서 다친 것이고, 관절 부분은 그전부터 중작업(重作業)을 많이 하니까 무거운 걸 들었다 놨다 하면서 안 좋았고, 인대 파손은 불법 연행될 때 팔 꺾여서 그렇고 된 거고. 회전 근육 부분 파열에, 관절 염증도 있어요. 분향소 천막 설치하는 과정에서 하도 많이 패대기당하고 팔 꺾이고 하던 것이 쌓이고 쌓이다가 철탑에 올라갔을 때 염증 생기고 추운 데서 계속 생활하니까 도져서……

그러나 가장 힘든 싸움은 따로 있었다.

보이지 않게 셋이서 서로 감시했어요. 사실 그런 생각 안 가져 본 동지들 있을까? 여기 있는 사람 중에 해고 5년차 접어들면서 그런 생각 안 해본 사람 없을 거라고 봐요. 겪어야 하는 것이 너무 많고 너무 많은 변화가 있어서 그런 생각은 한두 번씩은 다 해봤다고 봐요. 20년 동안 맺어 온 모든 관계가 다 단절된 상태, 그러면서도 비난받고 돌파구는 전혀 없는 상황. 많은 사람들이 연대해도 좌절될 때는 그런 극단적인 생각을 할 수밖에 없어요. 아무리 낙천적인 사람이라도 한두 번은 그런 생각 해봤을 거라고요. 나는 우리 동료들이 죽어갈 때 그런 생각들 매번 했죠. 그럴 수밖에 없었던 것이, 어떻게 이 문제를 해결해야 할지 방향이나 방법이 없어요. 사람이 죽는 것을 막을 방법이 없어요. 막막해요. '내가 포기한다면, 내가 모든 것을 잘못했다는 깨끗한 포기여야 하는데 그게 맞느냐? 지금까지 살아온 것, 살면서 해온 것 다 부정하는 게 맞느냐? 그건 아닌데 돌파구는 무엇으로 만드나? 그래, 죽으면서 이 전반적인 내용을 다 알리는 유서를 써서 알리자.' 그런 생각 하죠. 했지. 매번 해봤지. 그러나 어쨌든 연대의 힘 때문에 그 생각 접고 '좀 더 해보자. 차라리 돌파할 고민들을 열심히 더 하자.' 그렇게 생각하는 거죠. 연대도 없고 자꾸 고립되면 그런 생각을 가질 수밖에……. 뭔가 하고 싶은데 주변에 아무도 없고, 있다 하더라도 냉소적인 눈, 비난의 눈만 있으면 할 수 있는 것은 아무것도 없죠. 죽음 말고는. 가족을 위해서 내가 살아야 된다면 벌써 이것을 접었어야지요. 하지만 가족을 위해서라도 내가 있어야지. 앞에 내가 해왔던 것 다 부정하고 가야 하는데 그러기엔 너무 억울한 거니까. 나는 지금까지 들어와서 20년간 회사를 잘못되게 했던 것 하나도 없고, 해사 행위 한 적이 없고, 회사에 잘못된 것 시정해 달라고 요구한 적밖에 없는데……. 그런데 왜 이런 일을 당해야 하는 건지에 대한 억울함이 있어요. 어차피 자본주의사회에서 노동자의 삶이 자본과 평등하지 않다는 것을 익히 알고는 있지만, 그래도 이건 아니라는 생각 때문에 끊임없이 싸우는 거지. 그냥 순종하면서 사는 것은 아니라고요.

　인간 역사 전체를 보면 인간은 언제나 미래 세대를 위해서, 자손을 위해서 어떤 종류의 싸움인가를 하고 있었다. 30년 정비 일을 한 1급 정비사, 이 일이 없었더라면 양산에서 차를 고치고 있었을 문기주도 그랬다.

　내가 자본과 정권에 순종하면서 살면 내 자식들도 순종하고 살아야 하는데, 아무리 순종해도 더 순종해야 하고. 그런 것들 앞에서 내가 해줄 수 있는 게 이거 말고 뭐가 있겠어?

　문기주는 송전탑에 오를 때 이렇게 말했다.
　"첫날 칠흑 같은 어둠을 뚫고 철탑에 매달려서 올라올 때 두려운 생각이 있었습니다. 껌껌한, 불빛도 없는 데서 맨손으로 철탑을 타고 올라오는 것이 …… 이 어둠속에 철탑으로 꼭 올라와야 되는 상황들이 나의 앞날을, 동지들의 앞날을 보는 것 같았습니다."◆

　같은 시각. 불빛도 없이 맨손으로 높은 곳을 향하는 두려움. 그런 두려움을 송전탑 아래 누군가도 강력하게 느끼고 있었다. 김남오였다.

---

◆ "첫 번째 이야기 '하늘은 노래한다'"(하샛별 편집), 〈하늘을 향해 빛으로 소리쳐〉에서.

1995년 10월 15일에 입사했어요. 우리 때는 직훈은 없고, 서류 심사하고 면접 보고 그렇게 들어갔어요. 추천인은 시설과에 있는 분인 것 같은데, 큰 매형 통해서 어찌어찌 알던 분인 걸로 기억나요. 처음에는 이스타나 의장과로 갔어요.

1972년 9월 29일 강원도 진부에서 5녀 2남 집의 둘째 아들로 태어났어요. 눈 많이 오고 추웠던 기억이 제일 많이 나요. 부모님은 논농사 지었고, 고랭지 채소를 키웠고, 특히 감자 많이 키웠어요. 어려서 하도 감자를 많이 먹어서 지금도 감자를 싫어해요. 아버지도 강원도 사람인데 어려서 되게 고생해서 아들들은 귀하게 키우고 싶어했어요. 나도 곱게 자랐어요. 고등학교까지 평창군 진부에서 다녔어요. 공부는 중학교까지는 웬만큼 했고, 고등학교 들어가서는 밴드부에 들어갔어. 4~5월 무렵이었는데 작은북을 쳤어요. 행진할 때 작은북이 제일 빛나잖아요. 북은 음악 선생님한테 배웠는데 음악 선생님이 유명한 분이었어요. 리코더로 유명했는데 그 동생도 리코더로 유명했어요. 우리는 "음악 선생님 목에는 리코더가 들어 있는갑다." 그랬어요. 한마디로 차원이 달랐어요. 음악은 한 번 들으면 따라서 칠 수 있는 정도로 좋아했고. 그때 기분 끝내 줬어요. 진부고 밴드부가 인근에선 제일 유명했는데, 면 단위 경쟁에서도 이겼고 평창 가서 군 행사 같은 데서 공연한 적도 있어요. 시내 학교 팀에 전혀 뒤처지지 않았죠. 고 2 때는 우리끼리 보컬 밴드도 만들어서 저는 (북 일곱 개짜리) 세븐 드럼을 쳤어요. 저는 노는 애라기보다는 잘나가는 애였죠. 수학여행 가도 소풍 가도 밴드부 문화제가 다 있었으니까. 그때는 밴드부 해도 '어, 공부 좀 하네.' 할 정도로 성적은 받았어요. 대학을 포기한 이유는 고 1 때 우연히 엄마, 아부지가 하는 이야기 들었는데 형 등록금 걱정을 하는 거예요. 우리 형은 대학 갔었거든요. 그래서 나는 포기했어요. 다 알아서 먹고살 테니 걱정하지 마시라고. 놀고 이래 다녀도 뭐라고 하지 말라고.

고 2 때부터 호프집에서 아르바이트 했어요. 강릉에서 제일 큰 맥줏집인데 '뮌헨 호프'라고 거기서 생맥주 짜는 일 배웠어요. 그게 좀 폼 나보이더라고. 그건 고 3 졸업하고도 했어요. 대학생들도 손님으로 많이 오고 그런 곳이었어요. 방위 제대하고 나서 서울로 왔어요. 한동네 살던 불알친구가 신촌에서 디제이 하고 있었는데 나도 음악 쪽으로 좋아하는 것 아니까 같이 가자고 해서 이화여대 쪽으로 올라왔어요. 나이트클럽에서 맥주 짜는 일 하면서 퇴근하면 친구 자취방에서 친구한테 새벽까지 디제이 하는 것 배웠어요. 그래서 신촌에서 천호동 쪽으로 왔다 갔다 하면서 살았어요. 재미있었어요. 그런데 하루는 알바 하고 있는데 누가 낮에 문을 열고 들어오더라고요. 알바 하려고 찾아온 아가씨였는데 너무 예뻐서 옆구리에서 광채가 나더라고요. 내가 미쳐 버렸지요. 그때까지만 해도 나도 말쑥하게 생겨서 대시하니까 곧 사귀게 되고 연애 과정은 순탄했어요. 그런데 결혼할 때가 돼서 장인 될 분에게 차마 나이트에서 디제이 한다고 말하기 뭐해서 일을 그만뒀어요. 그때 집안 행사가 있었던가 해서 시골집에 갔는데 매형이 쌍차 이야기를 꺼냈어요. 큰누님이랑 매형이 평택 살고 있었거든요. 그러고 보니 그 매형도 작년에 환갑도 안돼서 암으로 돌아가셨네요. 우리 매형들은 날 믿어 줘서 복직 투쟁을 그만두라는 식의 이야기는 안 하셨는데…….

하여간 일단 결혼해야 하니까 취업했어요. 1995년에 들어가서 이스타나 만드는 걸로 시작했는데, 내가 몸은 좀 약해 보여도 뭘 배우는 게 빨라요. 일 잘했어요. 그리고 결혼은 1996년 7월 7일 서울에서 했어요. 가족들은 진부에서 버스 대절해서 왔는데 그날 하도 차가 막혀서 결혼식 직전에 부모님이 겨우 왔어요. 그래서 결혼식 비디오 보면 부모님 모습이 거의 안 보여요. 결혼식 비용은 부모님이 마련해 주셨고, 신혼여행은 해외로 가고 싶었지만 제주도로 갔어요. 이미 와이프가 임신 5개월이었어요. 신혼을 반지하에서 시작했기 때문에 빨리 지상으로 올라오고 싶었어요. 반지하에서 지상으로, 거기서 다시 아파트로 올라왔는데, 첫 아파트는 송탄에 있는 24평 복도식 아파트였어요. 그때까지 주거 문제가 주 관심사였죠. 조금 더 저축해서 조금 더 넓은 아파트로 옮겨 가는, 보통 월급쟁이의 꿈을 나도 꾸고 살았고, 그렇게 거의 똑같이 2009년까지 살았어요.

회사에서 하는 일은 몇 가지 변화들이 있었어요. 이스타나 조립하다가 산재를 당해서 1999년에 허리 수술을 했어요. 1차로 8개월 쉬고, 2차로 수술을 전제로 10개월 쉬었어요. 돌아오고 나서는 조립 라인에 못 가고 현장에 물품 조달하는 지원 부서에 가려고 했는데 그 부서에서 저를 안 받겠다고, 못 받겠다고 카트(커트)시켰어요. 그때까지만 해도 어떤 부서에 들어가려고 해도 친분이 없으면 들어가기 힘든 이상한 구조가 있었어요. 그러자 회사에서 관리직으로 직급 전환하라고 해서 사원으로 직급 전환했어요. 몇 년 있다가 시험 봐서 대리 달고, 대리 달면 그때부터는 완전 관리직 되는 거고요. 거기선 여러 가지 사무 업무를 봤어요. 컴퓨터로 파워포인트·엑셀 작업했고 구매 담당이었어요. 설비가 오래되면 교체해야 하잖아요. 그런 거 구매하는 역할을 맡았어요. 그런데 한 2년 했을 때쯤 공고가 붙었어요. 현장 조립라인에 기피 공정이 있는데 거기로 직급 전환할 사람을 찾는다는 내용이었어요. 그때 허리도 많이 좋아졌고 현장직으로 갈 마음이 있어서 지원했고 조립 1팀 의장과로 옮겼어요. 가서 렉스턴 만들었어요. 관리직을 떠난 이유는, 대리를 달게 되면 대리다운 지식을 겸비해야 하고, 과장·차장 되면 또 거기 직급에 맞는 상식이나 지식이 있어야 하는데, 그러려면 공부를 해야 하는데 나는 거기까지는 아니라고 생각했어요. 업무에 관한 실질적인 일이야 하겠지만, 고정관념일지 몰라도, 다른 지식이 있어야 한다는 그런 생각이 있었어요. 어떤 자리든 거기에 맞는 뭔가 다른 것을 요구한다고. 그 뒤로 또 일하고 퇴근하고 일하고 퇴근하고, 그렇게 살았어요. 주말에 가끔 놀러 가고, 그런 생활이었죠. 노조 활동도 안 하고 동호회도 가입 안 했어요. 동호회 가입 안 한 건 와이프 혼자 애 둘 기르기가 힘드니까 아들만 둘인데 집에 많이 있으려고 했어요. 라인 타는 게 힘드니까 퇴근 후 소주 한잔하는 게 좋았죠.

해고 소문 돌 때, 처음에는 "이러다 우리 해고되면 어떡하냐?" 그렇게 소주 마시며 안주 삼아 이야기하는 정도였어요. 막상 명단 도니 사람들이 전화해서 물어봐요. 너는 어떻게 되었냐고. 근데 전 알아보지도 않고 있었어요. 너무 심란한데 심란해서 못 알아보겠더라고요. 계속 심란하기만 했어요. 그런데 소파에 누워 있는데 조합원들 들어오란 연락이 와요. 집에 있어도 심란하기는 매한가지니까 회사에 들어갔어요. 같은 라인 형이랑 이렇게 배낭 메고 둘이서 정문으로 걸어 들어가던 게 기억나요. 파업 중에는 그냥 착하게 주로 구경꾼으로 있었어요. 다시 허리를 삐끗했는데 그때부터는 조금만 걸어도 다리에 마비가 왔어요. 절룩절룩했지요. 다리 절뚝거리고 다니니까 주위에서 "너는 나가라."고 했어요. 그런데 나가라니까 못 나가겠더라고요. 그냥 "좀만 더 있어 보겠다. 끝까지 있어 보겠다." 그랬죠. 안 나간 것도 있고 나중에는 봉쇄돼서 못 나간 것도 있고. 그런데 진짜 화났을 때가 있었어요. 큰애랑 통화할 때였어요. 회사에서 애들만 있는 집에 찾아갔더라고요. 저 여기 공장에 있는 거 뻔히 알면서 "아빠 있냐?"고 물어보고 아들한테 전화하게 만들고 그랬죠. 그런데 저희 집에 찾아간 직장은 좀 어리숙했어요. 그래서 제가 전화로 막 따졌죠. "어떻게 그럴 수 있냐? 나 앞으로 안 볼 거야? 너 이러면 앞으로 너 안 볼 거야." 내가 통화하는 걸 옆에서 듣고 있던 같은 라인 형은 막 욕하고 그랬죠. 큰애가 걱정됐어요. 그때 중 2였는데 내가 잘 있냐고 하니까, 그냥 "아빠도 잘 계시죠?" 그랬던 거 같아요.

하여간 제가 공장에 있었던 건 우리는 이긴다는 생각이 있어선데, 해고될 줄은 꿈에도 생각 못 했어요. 진짜로 해고될 줄은 몰랐어요. 이 또한 지나갈 일이라 생각했어요. 8월 6일 파업 끝나고 다시 정문으로 걸어 나올 때는 '여기 더 있어야 하는데. 더 싸웠어야 하는

데.' 그런 생각이 들었어요. 그런데 그때조차도 해고자의 심정으로
는 생각 못 했어요. 다시 들어갈 거라 생각했어요. 그때까지도 해고
를 실감 못 했고, 해고자 생활은 꿈도 안 꿨어요. 며칠 있으면 끝난
다고 생각했어요. 그 뒤로도 1년, 2년 흘러도 실감 못 했어요. 퇴직
금도 있고 저축도 있고 보험 깬 것도 있고, 1~2년 정도만 지나면 들
어간다고 생각했어요. 그런데 3~4년 지나면서 그때는 안 거지. '아!
해고가 이런 거구나!' 더 이상 내가 꿈꿨던 화목하고 단란한 가정이
아니었어요. 가장은 돈 벌어 오고 집 넓히고 애들 커가는 거 보면서
미소 짓고 아내는 여전히 예쁘게 나이 들고……. 이런 꿈만 꾸던 사
람이 처가에서 돈을 받게 되고 와이프랑 안 좋고 티격태격하게 된
거죠. 그때부터는 '이 모든 게 깔끔하게 해결되려면 어떻게 해야 하
지?' 하고 생각하게 된 거예요.

2012년쯤엔 실망감이 컸어요. 지치기도 많이 지쳤고. 첫 번째 사
건은 나도 모르게 그렇게 됐어요. 회사 바로 옆에 있던 방송 차량에
서 번개탄 피워 놓고 죽으려고 했어요. 방송 차량 안에서 그랬으니
까 금방 발견되었죠. 첫 시도 후 일주일쯤 지난 때였나? 집에 갔는데
큰애랑 와이프가 싸우고 있어요. 큰애가 사춘기였는데, 나는 남자니
까 이해하는 면이 있는데, 와이프는 이해하지 못했어요. 큰애가 그
동안도 엄마한테 막말하고 그랬는데 저는 몰랐죠. 그런데 그날 본
거예요. 유리창이 깨지고 심각했어요. 둘이서는 싸우고 나는 말려야
하는데 중간에서 이쪽을 봐도 저쪽을 봐도 가장으로서 뭐 할 말이
없었어요. 한마디로 존재감이 전혀 없었어요. 저는 차를 끌고 나와

버렸어요. 중간에 슈퍼에서 번개탄을 샀어요. 아니, 번개탄을 차량 공구함에 싣고 다녔던 것도 같네요. 때마침 정혜신 박사랑 심리 상담하고 있었는데 그때 박사님에게 전화했어요. '힘들다. 죽겠다.' 했죠. 박사님이 차에서 빨리 나오라고 해요. 전화를 끊고 번개탄을 피웠어요. 그런데 신기한 것은 모르는 곳에서는 죽고 싶지 않고, 회사가 보이는 곳에서 죽고 싶단 거였어요. 회사가 보이는 곳에서 번개탄을 피웠어요. 비몽사몽간에 또 여기저기 전화를 걸었나 봐요. 그러다가 잠이 들었나 봐요. 기분이 너무 좋았어요. 꿈을 꾸고 있었는데 그 꿈이 너무 좋았어요. 꿈속에서 무척 행복했어요. 그런데 누가차 문을 벌컥 열어요. 그러더니 나를 확 낚아채서 끌어냈어요. 저는 보도로 굴러 떨어졌어요. 그러면서 소리 질렀대요. "나 지금 좋은데 왜 그래?" 하면서. 꿈이 그렇게 좋아서, 그래서 사람들이 죽나 봐요. 남섭이 형(김남섭 금속노조 쌍용자동차지부 사무국장)이 첫 번째, 두 번째 다 구해 줬죠. 죽은 사람 중에 이윤형은 제가 아는 사람이었어요. 민주노총에서 나오는 장기 투쟁 기금이 제 통장으로 입금되었어요. 그럼 그걸 제가 받아서 90만여 원씩 131명 정도의 조합원에게 나눠 줬던 일이 있었어요. 이윤형도 돈을 받으러 온 적 있고, 송탄 조합원 간담회 때 본 적도 있고. 되게 착했어요. 착하고 특이한 애.

게다가 상균이 형이랑 기주 형이랑 기성이랑 송전탑 올라간 것도 환장할 일이었어요. 상균이 형은 빵에 있을 때도 동상 걸려 나왔는데, 나온 지 석 달 만에 쉬지도 않고 또 송전탑에 올라간 거죠. 정우 형은 단식하다 실려 가지, 상균이 형은 의논도 없이 지쳐 빠진 몸으로 또 송전탑 올라가지……. 미치는 줄 알았어요. 지켜보고 뒤치다 꺼리하는 사람들도 지쳤어요. 집에서 자다가도 불쑥불쑥 그런 생각이 들어요. '상균이 형이랑은 전기도 없는 송판 위에서 자는데 나만 따뜻한 데서 자는구나.' 그러면서 우는 거죠. 그즈음 와이프가 어떤 경로인지 몰라도 내가 두 번이나 자살을 시도했다는 것을 알게 되었어요. 와이프는 배신감에 몸서리를 쳤어요. 어떻게 자신에게 알리지도 않았냐고. 저는 왜 내 마음을 몰라 주냐고 했죠. 날마다 싸움은 커져만 갔어요. 그때 마침 서울에서 정신과 상담을 받고 있었어요. 의사가 약을 처방해 주면서 그래요. "여기 수면제가 포함되어 있어서 하루에 한 알만 먹어야 한다." 일주일 친가 지어 줬는데 그걸 한 입에 다 털어 넣고, 혹시 몰라 집에 있는 약이랑 약은 다 먹었어요. 알약을 몽땅 다 털어 넣었는데 먹을 때 애들 땜에 맘이 무거웠어요. 크리스마스를 앞둔 때였거든요. 그런데 그렇게 약을 먹었는데 죽지 않더라고요. 약간 어질어질만 하더라고요. 그때 생각했죠. 내가 속이 튼튼하긴 튼튼한가 보다.

크리스마스는 그렇게 지나갔고, 새해가 다가오고 있었다. 김남오에게 시간은 그의 몇 년을 삼켜 버린 괴물처럼 느껴졌다. 당시 '나가수' 열풍이 대단했었다. 그중에서도 임재범의 노래가 인기를 끌었다. 김남오도 임재범의 노래를 좋아했다. 그가 자주 부른 노래는 〈살아야지〉라는 곡이었다. 그는 "산다는 건 참 고단한 일이지." 부분을 특히 자주 흥얼거렸다.

한상균은 달력에 소원을 적었다. 나의 소원이 아니라 '우리의 소원'을
적었다.

"다시 공장으로 돌아가는 꿈을 접을 수 없어 견딜 수 있었습니다. ……
우리 모두의 소망은 가족과 함께 소박한 일상을 보내는 것입니다."◆

◆ "쌍용차 노동자 '정치가 희망으로 고문했던 5년'", 『미디어오늘』(2012/12/08).
http://www.mediatoday.co.kr/news/articleView.html?idxno=106459

분노나 모멸감이나 무력감이 주된 동기였을 때는
목적의식을 가지고 싸웠던 것 같아요. 지금은 분노나
무력감이 동기가 아니니까 목적의식도 오히려 흐릿해요.
고민은 지금이 더 깊어요. 매일같이 고민합니다.
매일같이 선택합니다. '내일도 이렇게 해야 하는 건가?'
매일 물어요.

설날에는 자식들이 와서 송전탑을 향해 세배하고 떡국을 올렸다. 복기성은 어린 자식들이 맨바닥에서 절하는 것을 보고 온종일 울었다.

해고 이후 복기성의 생활은 고달팠다. 집을 담보로 얻은 빚은 해마다 1천만 원씩 늘었고 무엇보다도 아이들이 아팠다. 큰딸 민주는 고관절을 앓고 있다. 걷다가 관절에 무리가 오면 다리와 장딴지에 통증이 오고, 그럴 때면 "아빠, 안아 줘!" 하고 눈물을 터트렸다. 딸이 다리를 절뚝거릴 때마다 병원으로 달려가 엑스레이를 찍었다.

둘째는 언어장애를 앓고 있다. 언어 치료 센터에 데려갔을 때 선생님은 아이랑 이야기를 안 했느냐고 물어봤다. 그때 복기성은 뭐라고 대답하기가 어려웠다. 둘째가 태어날 때 복기성은 쌍용차 비정규직 투쟁을 시작했다. 아이가 한창 말을 배워야 할 때 아내는 가족대책위원회 활동으로 바빴다. 송전탑에 올라갈 때 복기성의 아이들은 이렇게 말하면서 손을 흔들었다.

"아빠, 빨리 와."

가족들도 왔지만 모르는 사람들이 멀리서 찾아오기도 했다. 세배를 하고 음식을 두고 갔다. 그 겨울에 누군가는 두건으로 얼굴을 가리고 와서 따뜻한 음식을 두고 가기도 했었다. 공장 안 누군가는 창문에 서서 하얀 눈에 조금 가려진 송전탑을 한참 바라보기도 했다. 송전탑은 멀리서 보면 마치 누군가 찬 공기 속에 뿜어 놓은, 그다음에 하늘로 올라가는 입김처럼도 보였었다. 세 사람은 열심히 동상 걸린 손을 흔들었다.

2013년 3월 3일. 대한문 분향소에 불이 났다. 방화였다. 그날 분향소에서 자고 있던 사람은 박정만이었다. 박정만은 다대포의 밤에 그랬던 것처럼 어둠 속에서 검고 기다란 그림자를 얼핏 보았다. 박정만은 옆에서 자던 유제선을 깨웠다.

"제선아, 일어나!"

박정만은 '제선이, 나 아니면 죽었을지도 몰라.'라고도 생각했고, '죽음이 이번에도 나를 비껴갔지만 세 번째는 어쩔지 모르겠다. 세 번 넘기면 명줄이 길어진다는데.'라고도 생각했다. 그의 상이군인 4급 자격증이 그날 밤 지갑과 함께 불에 그을렸다. 지폐 몇 장도 그을렸다. 그을린 지폐도 쓸 수 있을까? 그는 지폐가 그을려서 무척 속상해 했다.

그날 밤 박정만 옆에서 자던 유제선, 낯빛이 해사한 유제선의 별명은 '해고계의 아이돌'이다. 그의 맑고 고운 피부엔 비결이 있었다. 그의 배낭 안에는 언제나 화장품 파우치가 들어 있다.

나는 사실 거리에서 농성하기에 가장 어울리지 않는 사람이에요. 저는 피부를 중시해요. 햇빛 받는 걸 싫어해요. 햇빛 받으면 얼굴이 빨갛게 달아올라요. 77일 파업할 때 물이 끊겼잖아요. 저와는 반대로 복기성은 씻는 걸 싫어해요. 복기성이 물이 끊겼으니 공식적으로 안 씻어도 된다고 웃는 거예요. 전에는 눈치 보면서 안 씻었는데 이젠 맘 놓고 안 씻어도 된다고. 그 말 듣고 미치는 줄 알았어요. 제가 고등학교 때 여학교 바로 앞에 있는 주유소에서 알바 했었어요. 피부가 연약한데 주유소에서 일하니까 새빨간 여드름이 두꺼비처럼 막 나요. 그때는 기름 독 때문인지 몰랐죠. 옷도 화려하게 입고 머리도 길러 염색하고 다니니까 여자애들이 멋지게 봐서 매일 편지를 보냈어요. 편지가 몇 박스씩 쌓이는데 나중엔 초콜릿도 함께 넣었어요. 우리 집에는 항상 먹을 것이 쌓여 있었어요. 그러면서 싸가지가 없어졌죠. '나는 언제든지 여자를 만날 수 있다.' 왕자병에 단단히 걸렸던 거죠. 혼자 그런 착각을 하면서 뻐기고 다니던 어느 날, 한 아홉 살, 열 살 된 꼬마가 나한테 손가락질하면서 "아, 여드름쟁이다." 이러는 거예요. "오빠, 우리 노래방 한번 가요." 이래도 "시간 없어. 됐어." 하면서 도도하기만 하던 내가 "아, 여드름쟁이다." 그 말에 너무 충격 받아서, 그 말 들을 때 이미 내 맘은 그 애를 밟고 있었죠. "너 지금 뭐라고 했어?" 얼굴이 하얗게 질려서 물었는데 그때 같이 있던 죽마고우가 바닥을 떼굴떼굴 구르면서 웃더라고요. 만날 인기 많고 선물 받고 도도하던 새끼가 여드름쟁이란 말에 충격 받아서 본격적으로 피부 과학에 대한 공부를 시작했어요. 여성 잡지를 보면서 대한민국에 처음 생긴 여드름 전용 화장품부터 쓰기 시작했어요. 폼 클렌징 꼭 하고, 모공 넓혀 주고 조여 주는 스팀 마사지도 했어요. 냄비에 물 끓여서 스팀 올라올 때 큰 수건으로 스팀 받고 다시 차가운 물로 조여 주고 하는 것을 일주일에 몇 번씩 꾸준히 했어요. 주유소 그만두면서 스물두 살부터 피부가 뽀얘지고 너무 좋아졌어요. 파업 전에 나를 봤던 친구들은 '웬 뽀얀 친구가 여기에 있지?' 하고들 생각했을 거예요. 지금은 그때보다 관리하기가 어려워요. 옥쇄 파업 때도 폼 클렌징이랑 화장품 가져갔어요. 그래서 물이 떨어져 갈 때 미칠 것 같았어요. 옆에서 복기성은 만세 부르는데 에어컨 배수구 뒤 습기를 받아서 이틀에 한 번씩 씻었어요. 이상했어요. 얼굴에 뭐가 나고 미끌미끌하더라고요. 제 친구들이 저보고 대단하다고 해요. 투쟁 때문이 아니라, 저처럼 햇빛 받는 거 싫어하는 애가 거리 농성을 하니까 대단하다고 해요. 사실 신체적인 조건이 투쟁에 안 좋아요. 모기에 조금만 물려도 너무 고통스러워요. 제 나름대로 엄청난 고통이에요. 최루액 맞으면 피부가 타는 느낌이 들어요. 제가 사우나에 있는 폭포수만 맞아도 피멍이 드는 사람이거든요. 하여간 365일 선크림 발라요. 제가 공부한 결과에 따르면 피부에는 수분 공급이랑 자외선 차단이 제일 중요해요. 비타민디와 칼슘제는 따로 복용하고 운동할 때는 칼로리 양을 계산해서 먹었어요. 스킨 트리트먼트는 효모가 들어 있는 걸로 잽싸게 바르고. 남자들은 게을러서 세수하고 한참 있다가 뭐 바르는데 그럼 안 돼요. 그러고 나면 10초 정도 혈 자리를 눌러 주는 눈가 마사지를 해요. 아이 크림으로 주름을 펴고 씻을 때도 중력을 거슬러서 이렇게 위로 씻어요. 마사지를 한 번에 열 가지 정도 해요. 아이 크림 바른 다음에 또 하고요. 로션은 잘 안 바르는 대신, 영양 크림 꼭 바르고 입가와 얼굴의 붓기나 노폐물 빼주고 임파선 자극해 주고 얼굴 펴고…… 이걸 매일 해요. 씻을 때 무조건 같이해요. 그래서 씻고 나오는 준비하는 데 한 시간 넘게 걸려요. 공원에서 노숙하더라도 헤어밴드 하고 마사지해요. 공원 화장실에서 누가 보건 말건 다 해요. 왜냐면 이건 내 삶에 아주 중요한 일이에요. 언젠가 누군가랑 결혼할 텐데 그때 "내가 너를 만나려고 이렇게 가꿨어." 이런 말도 좀 해보고 싶고.

고향은 경기도 평택시 송탄이에요. 어려서 개구쟁이였고 말 더럽게 안 듣고 편식 심하고 아주 꼴 보기 싫은 그런 자식이었어요. 야채도 안 먹고 과일도 안 먹고 고기, 햄, 계란 후라이만 먹었어요. 이상한 고집이 있어서 따귀를 맞아도 이틀, 사흘 굶겨도 고치질 않았는데, 10대 때 후배들이 생기면서 후배 앞에서 편식하자니 좀 창피해 스스로 고쳤어요. 아버지가 욕을 잘해서 저도 욕을 잘해요. 단지 욕만 해서 아이들을 울리는 기술이 있었어요. 초등학교 때부터 그랬어요. 근데 애들이 너무 충격 받고 울어서 나중엔 그만두었어요. 제 욕 스타일은 개인사부터 일가친척까지 엮어서 대개 스토리 라인이 있는 욕을 해요. 5년째 해고 생활하는 동안 회사 앞에서 개인기를 발휘해 마이크 대고 '회계 조작' 욕을 했어요. 일단 기본적으로 신체적인 것을 가지고 욕을 하고 그다음엔 소문을 수집해서 해요. 이를테면 '남편이 쌍차 사장 되니 와이프가 거만 떨더라. 동네 사람들이 그러더라.' 그런 욕을 해요. 그럼 지나가는 사람들이 다 쳐다보죠. 효과는 좋았는데, 그래서 욕하면 욕 한 마디당 벌금을 내는 엄청난 형을 선고받았지 뭐예요. 욕 못 하게 하는 일종의 '욕 금지 가처분', 뭐 그런 걸 받아서 욕 한 마디 하면 1백만 원씩 벌금 내요. 그 뒤로 머리 잘린 삼손처럼 힘을 못 써서 마이크를 안 잡습니다.

유제선은 2001년 11월 21에 입사했다. 그의 나이 스물셋이었다.

졸업하면 어떤 일을 하겠다는 생각은 없었어요. 군대는 '부양가족 의무'라는 것으로 안 갔어요. 그 당시 손위 누나 둘은 시집가 버렸고 어머니는 제가 어렸을 때 집을 나가서 아버지랑 둘이 살았는데, 제가 늦둥이라서 아버지 나이가 벌써 예순 살이 넘었었거든요. 어머니가 집을 나간 이유는 아버지가 술 드시고 어머니를 괴롭혀서였는데 자식들에게는 안 그랬어요. 그 아버지도 십 몇 년 전에 돌아가시고 지금은 혼자 살아요. 혼자 산 지도 10년 넘었어요.

　살면서 일은 많이 했어요. 중학교부터 알바를 했어요. 꼭 돈이 필요했다기보다는 풍족하게 살고 싶어서 신문 배달부터 시작했어요. 키가 커서 중 3 때부터 고 2라고 거짓말하고 카운터도 봤고, 10대 때는 나이 들어 보여서 스물네 살로 보는 사람도 있었어요. 올백 머리 하고 다니고 옷도 일부러 노티 나게 입고 인상 쓰고 다녔어요. 남들에게 무시당하지 않으려고요. 하여간 지역에서 폼 좀 잡고 다녔어요. 노는 아이이긴 했지만 그래도 남에게 피해를 안 주고 노는 스타일이었어요. 삥(돈)도 한두 번 뜯어봤는데 상대편이 겁내는 모습을 보고 나도 상처 받아서 '이건 할 짓이 아니구나.' 싶어 다시는 안 했어요. 나쁜 짓이라고 할 만한 것들은 한 번씩은 했는데 두 번 한 것은 없어요. 10대 때는 포장마차 해서 돈도 많이 벌어 봤어요. 하루에 매상이 150만 원인 날도 있었고, 통장에 1천만 원 넘게 가져 보기도 했어요. 10대인데도 지역에서 돈을 가장 많이 쓰고, 옷도 비싼 명품 빼입고 다녔어요. 그러다가 인생이 꼬여요. 친한 형이 독서실을 운영했는데 군대 가면서 1년만 맡아서 책임져 달라고 하는 거예요. 그런데 맡고 보니 적자투성이 건물이었어요. 약속을 지키려고 1년간 제 돈을 꼴아박았죠. 관리비·건물세 같은 데 돈이 들어간 건데 형은 군대 가버렸지, 약속은 했으니 어쨌든 1년은 지켜야 하니 벌었던 거다 까먹고⋯⋯. 그때 힘들었어요. 게다가 말도 안 되는 이야기 같지만, 공부하러 온 나보다 한 살 어린 고 3 여학생 꼬여서 사귀면서 마음에 상처 주고 나도 상처 받고 그랬어요. '남에게 상처를 주었더니 결국은 내게 열 배 더 큰 아픔으로 돌아오더라.' 이런 경험을 해본 거죠. 그때도 개인주의적인 라이프스타일을 유지했어요. 얻어먹는 것 싫어하니까 한 달이고 두 달이고 친구도 안 만나고 혼자서 먹고 했어요.

　그러다가 스물세 살 무렵 '이래선 안 되겠다. 잠깐 안정적인 생활을 해야겠다.'고 생각해서 쌍차에 들어갔어요. 들어갈 때 잠깐만 일

할 거라고 생각했어요. '나는 공장에서 일할 사람이 아니다. 놀던 물이 있는데 그럴 순 없다.' 이렇게 생각했죠. 그런데 느닷없이 성과급 주고 명절 때 일주일씩 쉬고, 해보니 괜찮은 거예요. 그렇게 한 달, 두 달 지나니 친구들이 제대해서 돌아왔어요. 그래서 술 먹고 나이트 가서 놀고 다음 주엔 어디 가서 놀까 궁리하고, 그러다가 점점 그만둬야 할 시기를 놓쳤어요. 그 생활에 젖어 들었어요. 혼자서 새로운 것을 시작하는 게 두렵고 무엇보다 자신감이 너무 없었어요. 그냥 안주하게 되었던 것 같아요. 아침 7시 반에 집 근처에서 버스 타고 가서 8시 반에 작업 시작해 잔업까지 마치면 보통 밤 9시, 집에 돌아오면 9시 50분. 사실은 내 생활이란 게 없었죠. 그러니까 그냥 계속 살 수 있었는지도 모르죠. 그렇게 일주일이 흐르고, 주말에 잠깐 시간 내서 놀고 다시 한 주, 한 달을 보내고……

시간은 훌쩍 흘렀어요. 일할 때도 혼자였어요. 조립라인에서 일할 때 체어맨 시트가 10킬로씩 되는데 무거웠어요. 허리가 아파서 스물일곱 살부터는 운동을 시작했어요. 헬스클럽에 다녔어요. 그러다 보니 공장 안 사람들과 교류가 더 없는 거예요. 운동하니까 술 안 먹고 집에 빨리 가고. 게다가 뭔가 시간 때우는 걸 좋아해서 공정 중에 잠깐 한 20~30초 시간 남으면 앉아서 책을 봐요. 속독으로요. 말없이 판타지 소설이나 무협지 읽고 혼자만의 생활을 계속 해오고 있었던 것 같아요. 그런 생활이 한 4년 정도 갔을까요? 또래 친구들과 교류도 없고, 특별하게 말썽 피운 적도 없고, 비정규직 문제에 대해서도 별 자각은 없고, 그냥저냥 살았어요. 불만은 있었지만 언젠간 그만둘 것이니까 큰 상관없었어요. 그때는 그냥 짜증만 나는 수준이었어요. 막연하게 정규직들에겐 노동조합이 있다는 것을 부러워했어요.

2006년이 되었다. 그해 희망퇴직이 있었다. 정규직은 18개월이나 16개월 치 임금을 준다는 말이 돌았다. "너 그만둘 거야? 몇 개월 치 주면 그만둘 거야?" 그런 대화들이 비정규직들 사이에 오갔다. 유제선도 생각해 보았다.

그때 나도 1년 치 주면 나가야겠다고 생각했어요. 그런데 어머, 4개월 치만 주는 거예요. 너무 어이가 없고 화가 나서 나가지 않았죠. 저처럼 짜증나서 나가지 않았던 사람들이 많았어요. 비정규직 노조는 2008년 10월 말 처음 만들어졌는데 그때 가입했어요. 2008년 회사 분위기는 뒤숭숭했어요. 임원급 총괄 본부장이 "너희 업체는 빼지 않겠다. 걱정하지 마라." 약속을 했는데 그 약속을 어기고 우리 라인이 빠진 거예요. 우리가 하던 일을 정규직들이 치고 들어온 거죠. 너무 화가 나서 참을 수 없는 모멸감이 들었어요. 평택과 송탄은 10분 거리인데, 송탄 사람으로 밀보이지 않고 살다가 평택에서 이런 꼴 당하는 게 너무 자존심 상해서, 마침 그때 노동조합 생기기에 바로 가입해 버렸어요. 그때 노조원이 하루 만에 250명 정도 되었던 것 같아요. 저희 업체는 2009년 3월 말 폐업했어요. 저는 입사 8년 차 때 해고된 거죠. 그런데 하루는 민주노총 회의에 참석할 사람이 없다고 복기성이 저보고 좀 가라는 거예요. 마침 그날따라 저는 저녁에 시간이 있었고요. 그래서 민주노총 회의 한 번 갔다고 졸지에 노조 간부가 되었어요. 학교 다닐 때도 무슨 대표는 해본 적이 없고, 사회문제에 관심도 없었고, 대중에게 말하는 것은 상상도 안 해본 제가 말입니다. 개인적으로 여자 꼬시는 것 말고는 제대로 말해 본 적도 없고 그나마 그것조차 심각하게 얘기한 적도 없는 제가, 앞으로도 하게 되리라고는 단 한 번도 상상해 본 적 없는 일을 맡게 되니 스스로도 황당했죠.

그때 가만히 생각해 보니 저는 외로운 사람이었어요. 외로움을 즐기는 스타일인 것은 지금도 마찬가지이긴 하지만요. 사춘기 때 사고도 많이 치고 한 번씩은 별별 짓을 다 해봤는데 그저 막연한 반항에 불과했어도, 그래도 뭔가 하긴 했던 것 같아요. 그런데 그 이후로는 세상에 대고 내 이야기를 외쳐 본 적이 단 한 번도 없었다는 생각이 들었어요. 생각을 표출해 본 적도 없었고, 그렇다고 남의 생각에 귀 기울여 본 적도 없었던 거죠. 그냥 쭉 외롭게 있었죠. 그런데 말을 해야 하는 상황이 된 거죠. 저는 아주 현실주의자라서 계산해 봤어요. 싸우지도 않고 도망가면 패배 의식에 사로잡혀 평생 후회할 것 같고 싸워도 후회할 것 같았어요. 어느 게 더 나을지 고민하다가 1년만 해보자고 결심했어요. '1년 하면 그때는 그만둬도 되겠지.' 이런 것도 미리 계산해 뒀어요. 1년간은 동지들이 다 구속돼서 정신없이 흘러갔어요. 다 감방 가있는데 동지들 외면하고 도망칠 수 없고 만날 연대 다니느라 바빴어요. 1년까지는 그런대로 버텼는데 2년째가 정말 고비였어요. 금전적 문제가 컸어요. 어머니가 수술하게 돼서 돈이 필요했어요. 여기저기 돈 빌려서 수술하고 났더니 빚이 몇천만 원까지 되었어요. 결국 개인 파산 신청하고 다시 빈 몸이 되었어요. '이제 정말 그만둬야겠다.' 생각했는데, 막상 그만두려고 하면 동지들 얼굴이 떠오르고 '에이 그래, 내가 이제 와서 무슨 일을 할 수 있겠나.' 싶어서 주저앉아요. 이런 갈등이 매년 반복되고 있어요. 지금은 매일 반복돼요. 작년엔 내년에 무조건 그만둔다고, 2013년에 무조건 그만둔다고 했어요. 2013년이 되니까 '그렇다고 1월 1일에 그만둔다는 뜻은 아니었어.'라고 하죠. 그렇게 하루씩 연장하면서, 아직도 이렇게 하고 있어요.

밤이 깊어 차량도 인적도 드물어지고 서울광장에 짙은 어둠이 내릴 때 유제선은 분향소 앞에 앉아 그 어둠을 응시하곤 했다.

사실 저는 생각하기 싫어하는 사람이에요. 무협지나 판타지 소설을 좋아하는 이유가 바로 아무 생각 안 하고 시간 때우기에 제격이기 때문이에요. 깊은 걸 읽으면 내가 생각하게 되니까. 생각하게 되면 내가 변해야 하니까. 그게 두려웠어요. 그런데 나처럼 생각하기 싫어했던 놈이, 생각하기 싫어서 그 몇 분 남는 시간에 무협지 읽던 놈이 한순간도 빼놓지 않고 생각이란 걸 해요.

처음에는 파업 참여할 때 제 마음속에는 일상으로 돌아가야겠단 생각도 있었고 모멸감도 있었고 부조리에 대해 화가 난 것도 있었어요. 지금은 '과연 내가 돌아가겠다고 말하는 그것이 나의 일상이었을까? 내가 일상이라고 믿었던 그것이 정말 돌아가고 싶은 일상일까?' 그런 생각이 들어요. 혼자 밥 먹고 혼자 운동하고 혼자 청소하고 혼자 일하고 혼자 책 읽고……. 그 생활로 못 돌아갈 것 같아요. 분노나 모멸감이나 무력감이 주된 동기였을 때는 목적의식을 가지고 싸웠던 것 같아요. 지금은 분노나 무력감이 동기가 아니니까 목적의식도 오히려 흐릿해요. 고민은 지금이 더 깊어요. 매일같이 고민합니다. 매일같이 선택합니다. '내일도 이렇게 해야 하는 건가?' 매일 물어요. '내가 정규직화 걸면서 싸우고 있는데, 정규직 돼서 쌩차 돌아가면 뭐할 건데?' 갈등이 많고 목적이 불분명해졌어요. 정말 무엇이 내 목적인지가 불분명해졌어요. 내가 정말 원하는 것은 무엇인가? 무엇을 하고 싶어 하는가? 나 스스로에게 질문을 던지게 돼요.

상식이 통하지 않는 이 세상에서, 상식은 가진 자에 의해서 언제든지 바뀐다는 것을 확인했는데도 만날 노동만 하고 술이나 한잔하고 연애나 하고 그냥 그렇게 살 수 있을까? 암만해도 안 될 것 같고, 저는 평생 이렇게 싸우면서 살게 될까 봐 두려워요. 그래야 한다면 그럴 수는 있겠지만, 그래도 평생 싸우는 사람이 되는 게 두렵습니다. 그러나 되어 봐야 알 것 같습니다. 다가오지 않은 일을 너무 고민하지 말자고 생각해요. '그래, 일단 정규직이 돼서 복직해 보자. 일단 한번 해보자.' 이러고 있어요.

어둠은 밤거리에도 그리고 유제선의 마음에도 있었다.

2013년 3월 5일, 박호민은 쌍차 정문 앞에서 한 사람을 찾고 있었다. 그날 455명의 무급자들이 복직했다. 징계해고 소송 승소자, 정직자 들도 같이 출근했다. 모두 489명이 공장으로 돌아갔다. 3년 7개월 만의 출근이었다.

"4년의 기다림, 출근 축하합니다."

공장 앞에는 이런 플래카드가 걸려 있었다.

징계해고 무효 소송에서 패소한 박호민은 그날 아침 일찍 공장 앞으로 가서 무급자들이 복직하는 것을 지켜보았다. 그가 입은 조끼에는 "공장으로 돌아가자."라는 글귀가 써있었다. 서로 악수도 나누고 끌어안기도 하고 웃기도 했다. 그냥 스쳐 지나가는 사람도 있었다. 박호민은 인사를 나누면서도 연신 눈으로는 그날 공장에 들어갈 친구를 찾고 있었다. 아무리 기다려도 친구가 보이지 않자, 그는 친구에게 전화를 했다.

"야 인마, 빨리 출근해야지."

친구는 다른 문으로 이미 들어가 있었다. 그는 출근했다는 친구의 말에 안도감을 느꼈다. '출근하는 얼굴 보고 싶었는데 또라이 새끼가 다른 문으로 들어가 버렸네.'라고 생각했다. 기뻤지만 그렇지만 '인간인지라' 눈물이 한 줄기 흘러 내렸다. 박호민도 징계해고 무효 소송에서 승소했다면 그날 공장에 들어갔을 것이다.

박호민의 이모가 문자를 보냈다.

"너는 안 들어가니?"

박호민은 "이모, 미안해. 나는 무급자가 아니야."라고 대답하고 어머니에게 전화했다. 전화를 끊고 나서 그는 아침부터 김치찌개에 소주를 한잔했다.

엄마에게 제가 전화했지요. 내가 무급자가 아니라서 상심이 크냐고
물었는데 "아니야."라고 하십니다. 그래도 목소리가 축 처져 있었어
요. 그때 진짜 마음이 아팠어요. 하지만 기뻤어요. 곧 해고자도 들어
갈 수 있을 것 같았어요. 내가 직장에 돌아갈 수 있을 것인가? 그전
에도 명백하게 알 수는 없었어요. 그렇지만 재판을 통해서 이겨 보
고는 싶었어요. 제 자신 떳떳했고 정당했고, 오히려 내가 살아온 그
어느 때보다 더 용기 있게 행동했던 것을 저는 알고 있어요. 뭔가를
믿고 싶어 하는 마음이 제 속에 있었던 거죠. 그건 복직할 수 있냐
없냐, 그 결과로 단순화시킬 수 없는 것이었어요. 저는 지금 저와 같
이 선도투에 있는 염진영·윤충렬 등과 함께 해고 무효 소송에서 졌
어요. 패소한 순간 정말 받아들이기 힘들었어요. 법 논리가 그렇다
는 건데……. 그렇지만 사람들에게 말은 안 했지만 사실 마음의 준
비는 했었어요. '내가 돌아가지 못할 수도 있겠구나!' 너무나 원했기
때문에 차라리 덜 원하고 싶었어요. 너무도 원해서 괴로웠기 때문에
차라리 마음을 비우고 싶었어요.

철탑에서 고생한 세 명의 노동자들이 있었기 때문에 무급자들도
회사에 들어갈 수 있었다고 생각해요. 그래서 회사에 돌아간 사람들
이 '인간적으로 고맙다.' 그런 마음들을 가지고 있었으면 좋겠어요.
그리고 그런 마음들을 언젠가 말해 주면 좋겠고…….

아버지 의료비 부담이 커서 엄마는 여전히 일을 하고 있어요. 아

이러니한 것은 엄마가 자동차 부품 만드는 일을 한다는 거죠. 하루 종일 서서 일해서 무척 힘드신 것 같아요. 아버지는 이제는 알코올성 치매가 많이 진행됐어요. 자꾸만 환청을 들어요. 누가 부른다는 거죠. 그럼 밖에 나가서 먹지도 자지도 않고 그 목소리의 주인공이 나타나길 꼬박 이틀이고 사흘이고 서서 그 자리에서 기다려요. 그렇게 2~3일 만에 집에 돌아온 게 몇 차례 있었어요. 제가 전화하면 아버지는 그냥 "호민아, 밥은 먹었니?" 하고 물어요. "네, 먹었어요." 하고 저는 대답하죠. 제가 잠자는 대한문 근처에도 가끔 정신이 혼미한 사람이 와요. 그것을 볼 때마다 아버지 모습이 생각나서 마음이 아프죠.

2013년 3월 15일 문기주가 송전탑에서 내려왔다. 116일 만이다. 그는 녹색병원으로 후송되어 수술을 받았다.

2013년 4월 4일 새벽 6시, 대한문 분향소가 철거되었다. 이현준은 그날 분향소에서 자다가 끌려 나왔고 영정 사진을 지키느라 허둥지둥했다.

2013년 4월 8일 '쌍용차 해고 노동자를 위한 매일 미사'가 시작되었다. 이후 미사는 저녁 6시 30분에 정확하게 시작되었다.

2013년 5월 9일 복기성·한상균이 건강상태 악화로 내려왔다. 171일 만이다. 복기성은 울음을 터트렸다.

허리는 조금씩은 안 좋았는데 나중엔 계속 좁은 공간에서 누워서 생활했어요. 통증이 많이 왔죠. 내려오는 과정에서 안 좋았어요. 한상균 동지는 혼자라도 있겠다고 했는데 혼자는 못 내려가겠더라고요. 혼자서는 하면 안 돼요. 고공 농성은 혼자 하면 안 되는 거예요. 많은 생각들을 하잖아요. 조건들이 위험한 상황이에요. 절대로 고공 농성은 혼자서는 안 돼요. 살아야겠다고 생각해요. 죽으러 올라간 게 아니고 살려고 올라갔잖아요. 살아야겠다. 우리도 살아야겠다. 이제 아무도 죽지 않았으면 좋겠어요.

2013년 6월 4일 저녁 6시 반. 대한문 앞에서는 언제나처럼 미사가 진행되고 있었다. 이날은 공식적인 역사에서는 박근혜 대통령 취임 1백일로 기록될 것이었다. 그러나 아직 어디에도 기록된 적 없는, 해고 노동자 박주헌 개인의 역사에서 6월 4일은 대통령 취임 1백 일과 비교가 불가능한, 인생에서 가장 중요한 날 중 하나다.

1971년 송탄에서 태어났어요. 제가 어릴 때 부모님은 옷 가게 하다가 실패했어요. 누나랑 저랑 직장 다니면서 돈 벌어서 살았어요. 누나도 고등학교 졸업하고 바로 미군 부대서 일했어요. 어머니는 관절염이 심했고 그래서 약을 늘 드셨고. 그래도 아주 단란한 가족이에요. 지금도 주말이면 누나네 식구까지 가족들이 다 모여서 저녁밥을 먹어요. 토요일 저녁은 늘 가족과 함께 있어요. 저는 학생 때도 그냥 조용히 있는 것을 좋아했고 공부는 중간 정도 했어요. 대학 갈 생각은 있었는데 등록금이 없어서 포기했어요. 누나는 학비 대줄 테니 공부하라고 했는데 미안해서 못 갔어요. 고등학교 졸업시켜 줬으면 됐지, 그 이상은 미안했어요. 군대 가서는 장군들 식당에서 밥했고 제대하고 바로 취업했어요. 돈 많이 버는 일을 하고 싶었는데, 군대 동기가 쌍차에서 사람 뽑는다고 해서 쌍차에 전화해 이력서 내고 싶다고 했죠. 그랬더니 추천인 있냐고 해요. 없다고 했더니 이력서 낼 생각도 하지 말라고 했지만 그냥 냈어요. 그런데 원서 내고 보름 만에 들어갔어요. 그해 입사한 사람 중에 저 혼자 추천인 없이 운 좋게 들어갔어요. 그해에 사람을 많이 뽑기도 했었고요.

대형 트럭 프레임 조립하는 일을 했어요. 그거 하나에 몇 톤씩 가니까 위험하고 힘들었어요. 다친 사람도 많았어요. 드릴로 구멍 뚫다가 손이나 발등 다치는 사람이 제일 많았어요. 그 부서가 없어질 때까지 있었고, 나중에 도장 1팀으로 옮겼어요. 취업하고 나서 좋았어요. 내가 일할 수 있다는 게 좋았어요. 하다 보면 일하기 싫을 때도 있었지만, 내가 일해서 돈을 벌고 그걸로 미래 설계도 하고 집도 사고 부모님 약값도 드려서 좋았어요. 아파트는 2006년에 대출 좀 받아서 32평형으로 마련했어요. 입사 13년 만인가 그랬어요. 2006년도에 면허도 땄어요. 차 사고 집 사고 그러면 결혼할 줄 알았는데 아직 못 했어요. 제가 이야기를 잘하지 못하다 보니까 여자랑 만나도 흐지부지되곤 했어요. 하지만 술은 워낙 좋아해서 끝나면 한잔하면서 남자들하고는 친하게 지낼 수 있었어요. 직장 생활은 그냥 일찍 자고 일찍 깼어요.

회사를 좋아했어요. 외출하다가 돌아올 때도 일부러 정문 쪽으로 오고, 조카들한테도 "저기가 내가 다니는 회사야."라고 말하고. 해고 이야기 나올 때는 '나는 아니겠지.'라고 생각했어요. 전화해 물어봤더니 해고 대상자라고 해서 눈앞이 캄캄했어요. 딴 사람들도 "니가 왜 대상자냐?"라고 했어요. 다른 애를 가리키면서, "쟤가 해고될 줄 알았는데 왜 너냐?"고 했어요. 걔가 불량률이 높았거든요. 제가 열 대 낼 때 걔는 스무 대, 서른 대씩 냈으니까. 그렇지만 그런 말이 귀에 하나도 안 들어왔어요. 해고되었단 말 들었을 때 분노도 없었어요. 내 걱정이 앞서서 누구한테 분노할 정신도 없었어요. 제가 있던 팀은 반 정도 해고되었던 것 같아요. 저는 크게 잘못한 게 없어서 억울하긴 해도 '언젠가는 복직되겠지. 언젠가는 돌아가겠지.' 생각했어요. 저는 노조를 포함해서 어떤 조직에도 가입한 적이 없어요. 학교 때도 없어요. 남 앞에 나가서 말하는 것도 싫어하고 모임도 싫어하고 그냥 조용히 있는 걸 좋아했어요. 그런데 해고되고 나서 바로 조합(정특위) 꾸려져서 거기 왔다 갔다 하다가, 어떻게 하다 보니까 여기까지 왔어요. 어떤 모임에 있는 건 이게 처음이에요. 정말 많이 어색했어요. 처음에는 다 모르는 사람들이었어요. 가만히 혼자 앉아 하루 종일 아무 말 안 하고 있다가 저녁에 집에 가고 그다음 날 아침에 또 와요. 저도 왜 그렇게 됐는지 모르는데, 어떻게 하다 보니 그렇게 되었어요. 내색은 안 했지만 속으론 억울해서였겠죠. 힘들지만 계속 있는 건 공장으로 돌아가고 싶어서겠죠. 일을 하고 싶으니까.

살면서 아직까지 사고 한 번 쳐본 적이 없고 회사에서도 크게 잘못된 것이 없으니 곧 복직하겠죠. 동네 친구들 만나면 걱정하죠. 밥은 먹고 다니느냐고 걱정 많이 해요. 만나면 친구들이 돈을 못 내게 해요. "언제까지 할 거냐?"고 하면 저는 복직할 거라고 해요. 그만두고 딴 일 찾으라는 친구도 있는데 저는 싫다고 해요. 나는 이것 할 거라고. 내게는 처음 직장이 마지막 직장이라고. 난 거기서 정년퇴직할 거라고. 저는 종교는 없는데 미사를 드려요. 앉아 있으면 편해요. 기도해요. '오늘 이 자리가 마지막이 되게 해주십시오. 이 자리가 마지막이 되게 해주세요.' 그것만 기도해요.

그에게 6월 4일은 어떤 날일까? 1993년 6월 4일, 그날은 그의 입사일이었다. 6월 4일은 부모님이 박주헌에게 밥을 사는 날, 온가족이 모여서 고기를 구워 먹는 날이었고, 그리고 지금은 박주헌이 가장 돌아가고 싶은 날이 되었다.

2013년 6월 폭우가 잦았다. 기상청은 여름 장마가 일찍 올 것이라고 예보했다. 대한문 분향소가 철거된 후 임시 분향소에서 자던 선도투 사람들은 잠을 잘 이루지 못했다. 징계해고자 윤충렬은 제발 비 좀 그만 왔으면 좋겠다고 생각했다.

저는 1969년생이고 1993년에 입사했어요. 이름은 '충렬사'(忠烈祠)랑 한자까지 똑같아요. 태어난 것은 전남 고흥인데 유자·탱자가 많이 나는 곳이고, 그 뒤 부산으로 이사 갔어요. 아버지가 부산에서 군무원으로 일했고 가족들은 지금도 부산에서 살아요. 고등학교 마치고 항공대 시험 봤는데 성적이 안돼서 계속 떨어져 대학 못 가고 군대 갔어요. 제대하고 바로 입사한 게 쌍차였어요. 1993년 6월에 제대해서 10월에 입사했고, 그때는 모두가 정규직으로 들어갔어요. 친구들 봐도 지방대학 나온 애들은 취직 못 하고 있어서, 친구들 사이에선 "네가 더 낫다." 이런 말을 들었어요. 처음 입사는 평택으로 했는데 사실은 집 가까운 부산으로 가고 싶었어요. 그런데 자격증도 기술도 없고 해서 정비 쪽은 못 가는 줄 알았어요. 창원에 엔진 공장이 생겨서 1994년 말에 엔진 공장으로 갔어요. 그때부터 창원 공장에서 근무했어요. 한 시간 정도면 집까지 왔다 갔다 하니까. 저는 전 공정의 라인을 다 타봤어요. 입사를 평택 도장 라인으로 했는데, 1994년도에는 창원 공장으로 갔다고 했잖아요. 거기서 한 4~5년 근무하다가 부산 정비 공장 생긴다고 해서 지원했는데 결국 발령 나 근무했어요. 그리고 나서 얼마 뒤에 워크 아웃이 돼서 쌍용 해체되고, 자동차는 대우로 넘어가서 한 3년은 대우에서 근무했는데, 이번에는 대우가 워크 아웃 되고 그룹이 해체돼서 다시 쌍용으로 왔고……. 해본 일 중에선 정비가 제일 재밌었어요. 라인은 단순해요. 그냥 기계 조립이에요. 물론 그것도 오래 하면 숙련되지만. 그런데 정비는 의사랑 똑같아. 자기가 공부를 해야 하고, 고객들도 출력을 높여 달라거나 하는 별의별 걸 다 요구하니까.

12월 19일에 징계해고 되고 나서 고민이 많았어요. 집에 내려가 있어도 완전히 잊지를 못하겠더라고요. 한 달에 일주일 정도는 서울이나 평택에 올라와 있으니까 직장 구하기가 힘들었어요. 노가다도 하고, 매제가 울산에서 주유소 하는데 그것도 돕고⋯⋯. 집에 내려가면 같이 근무했던 형들이 전화해요. 같이 밥 먹자고. 그럼 항상 우리 집사람 데려가요. 형들이 우리 집사람에게 이렇게 말해요. "쟤는 눈 딱 감고 남들 사는 것처럼 살면 살 낀데, 성질이 이래서 잘못된 것 못 보고 가는 성질이라서 이런다." 이런 이야기를 계속 해주거든요. 그런 말을 우리 집사람이 많이 들어서 '그래도 우리 신랑이 나쁜 짓을 안 하는구나. 세상을 올바로 살았구나.' 하고 생각하기 때문인지, 지금도 3주나 한 달에 한 번 내려가는데 잘 견뎌 줘요. 호민이랑 저랑 염진영이랑 "부당한 해고다. 징계해고가 부당하다."라고 주장하며 재판을 했지만 대법까지 졌어요. 대법까지 다 졌기 때문에 공장에 들어갈 가능성이 없어요. 공장에 돌아가는 것도 순서가 있어요. 무급자가 제일 먼저 들어가고, 그다음에 희망퇴직자, 그다음이 해고자겠죠. 그다음에 우리(징계해고자)까지 갈 수 있으려나? 모르겠어요. 대법에서까지 졌으니 그만둬야 하나? 이제는 진짜로, 정말로 돌아갈 가망이 아예 없을까?

저는 이제는 더더더 해야 한다고 생각해요. 법적으로 방법이 없으니까 그래서 투쟁해야 해요. 그동안 법적으로 이길 거라고 생각했어요. 파업 당시 일반 조합원이었고, 손배·가압류 걸린 것도 없고, 변호사도 이상하다고 해요. 그렇지만 딴생각도 있어요. 작년에 올라오면서 "올 한 해 1년 동안 뼈 빠지게 하고, 되든 안 되든 하고 내년에는 다른 생각 하자." 올해 초에 집사람한테 그랬어요. "올 한 해 더 해볼게." 집사람이 그래요. "만날 '한 해, 한 해' 그러지." 그러고는 하고 싶은 대로 하래요. 우리 모친이랑 집사람이랑 하는 말이 똑같아요. 하고 싶은 대로 하라고 해요. 하지만 아이들 교육이 제일 문제예요. 서울에 있으면 대학생들 동아리에서 자원봉사 과외처럼 도와주는 학생들이 있대요. 기륭 누님들 아이들이 그렇게 과외를 받았대요. 서울엔 그런 학생들 있는데 부산에 없어요. 아무리 알아봐도 없어요. 아내가 개인 병원에서 간호원으로 일하고 있어요. 한 달 내내 벌어 봤자 140만 원이에요. 우리 집사람이 계속 다녔으면 괜찮았을 텐데 결혼하고 나서 그만뒀다가, 제가 해고되고 나서 처음에는 세 시간 아르바이트로 일하기 시작했어요. 지금은 풀타임으로 오전 9시부터 오후 6시까지 일해요. 첫해는 퇴직금으로 살고 처가에서 도와주고 해서 견딜 만했는데, 우리 딸이 욕심이 많아서 애가 바빠요. 방과 후 끝나면 듣는 게 세 개나 돼요. 한 과목에 2만 원씩 하는데 올해는 그것도 부담스러워서 집사람이랑 의논해 차상위 계층 신청하자 했어요. 집사람이 반대했어요. "애들이 다 알 낀데 어떻게 그걸 하냐?"고. 내년엔 하든지 하자 했어요. 애들 땜에 제일 고민이에요. 그것만 해결되면 먹는 거야 우리 모친이 해다 주고 돈 별로 안 들고 동료들이 먹이니까요. 나한테 그 정도 돈은 쓸 수 있다고 형들이 자꾸 그래요. 우리 집사람이 먹고 싶다고 하면, 며칠 전에도 형들이 대게도 한 마리 사고.

윤충렬에게는 풀고 싶은 질문이 한 가지 있다. 그해 2009년, 그는 어떻게 해야 했던가?

우리 모친은 나한테 그러죠. "이 미친놈아, 그냥 처음에 가만히 있지 뭐가 잘났다고 나섰냐." '산 자였을 때 가만히 있지.' 그 말이죠. 집사람 보기 미안해서 하는 말이죠. 내가 하지 말란다고 안 할 것도 아니고. 그런데 이걸 그만두고, 이 해고를 인정하고 다른 일을 찾아서 한다? 그럼 나는 돌아 버릴 것 같아요. 그래서 하는 거예요. 내가 그때 그렇게 후배들이랑 평택 공장으로 파업 참여하러 올라온 게 그렇게 잘못된 거예요? 그렇지 않아요? 나는 너무 억울한데 그렇다고 법이 보호해 주는 것도 아니고. 모든 변호사들이 그랬어요. 법대로 하면 복귀된다고. 회사가 잘못한 게 밝혀지고 있는데 잘못한 놈이 해고시켜 놓고, 그걸 잘못됐다고 말하는 사람에게 반성의 기미가 없다고 하면 뭘 할 수 있겠어요? 그래서 더 처절해지는 거예요. 내가 뭘 잘못한 것인가? 그걸 알고 싶어서 하는 거예요. 내가 미친놈인가 알고 싶어서.

그렇지만 대한문에 있으면서 인생에 대해 많이 배웠어요. 2009년에는 다 우리보고 잘못이라고 했는데, 이제는 "이게 쌍차만의 문제가 아니더라. 우리 가족의 문제일 수 있겠다." 그런 말 하는 분들이 많아요. 나도 그렇게 살지 않았거든요. 누가 해고돼도 상관 안 했거든요. 그런데 내가 해고당하고 보니 억울해 죽겠는데 많은 분들이 자기 일처럼 여겨 주는 것 보면서 '난 세상을 잘못 살았구나.' 하고 배웠어요. 지금은 미사 때문에 버티는 것 같아요. 수녀님들이나 신부님이나 신도들, 굳이 매일 저렇게 할 필요 없잖아요. 이번 달에 비 얼마나 많이 왔어요? 폭우 맞고 기도하더라고요. 굳이 그렇게 할 필요가 없는데 그렇게 하더라고요. 자기 일도 아닌데 그러는 것 보고 내가 세상을 잘못 살았다고 생각했어요.

천주교 정의 구현 사제단의 미사는 2013년 11월 18일까지 225일간 계속되었다. 마지막 미사 때 대한문에 걸린 플래카드엔 이런 구절이 써 있었다.

"사람아 희망이 되어라."

그리고 "희망은 우리를 부끄럽게 하지 않습니다."라는 『로마서』 5장 5절의 말씀이 써있었다.

마지막 미사에서 천주교 정의 구현 사제단 나승구 대표신부는 다음과 같이 말했다.

"아무것도 해줄 수 없는 무능한 사제들과 줄 것 없는 수도자들, 그리고 능력 없는 신자들을 기꺼이 동료로 맞아 준, 그래서 '함께 산다.'는 것의 의미를 깨닫게 해준 쌍용자동차 동지들에게 감사합니다."◆

윤충렬·박호민처럼 산 자였다가 징계해고 된 염진영은 잠시 선도투 생활을 쉰 적이 있다. 어느 일요일 아침 10시경이었을까?

◆ "'네 삶에 대한 나의 불편함이 더 살기 좋은 세상을 만듭니다'", 『오마이뉴스』(2013/11/29) 에서 재인용. http://www.ohmynews.com/NWS_Web/View/at_pg.aspx?CNTN_CD=A0001 931375

2012년 7월에 잠깐 선도투 활동을 쉬었어요. 선도투를 계속하다가는 미칠 것 같았어요. 매일 경찰들이랑 부딪히는 것도 지치고, 동료들과도 별것 아닌 것, 말 한마디로 감정 상하고. 어떤 날은 날씨가 좋아서 짜증이 나고, 어떤 날은 날씨가 흐려서 짜증이 나더라고요. 모든 것에 짜증이 났어요. 새누리당 당사 앞에도 가고 여기저기 왔다 갔다 하는데 뚜렷하게 답은 나오질 않고, 언제까지 한다는 기한도 없고……. 작년에 많이 답답했어요. 이렇게 살다간 남아 있는 사람들에게 누가 될 것 같은 느낌이 들었어요. 잠시 좀 떠나서 머리 좀 식혀 보자고 생각했어요. 야간에는 대리운전 하고 낮에는 안성에서 일했어요. 희망퇴직 한 선배가 당구장을 열었는데 거기서 파트타임으로 알바를 했어요.

안성으로 한 달 내내 꾸준히 출퇴근한 어느 일요일이었어요. 토요일 저녁에 퇴근해서 일요일 아침에 늦잠 자고 눈을 떴는데 갑자기 너무 행복한 거예요. 3~4년 만에 느끼는 감정이었어요. 그래서 지난 2주 동안 내가 뭘 했는지 생각해 봤어요. 아침에 출근하고 저녁에 퇴근해서 피곤하니까 밥 먹고 저녁에 드라마 보고는, 다음 날 아침에 일어나 다시 밥 먹고 출근하고……. 그 생활을 2주 하니까 일요일 아침 10시쯤 눈 딱 떴을 때 마치 그게 일상인 것 같았어요. 오랜만에 느끼는 진짜 행복이었어요. 불현듯 회사 다녔을 때 그 일요일 아침의 느낌이 드는 거예요. 2009년 이후 다른 좋은 일도 많았지만, 아침에 눈떴을 때 불현듯 갑자기 기분이 좋아졌던 것은 그날이 처음이었어요. 진짜 행복했어요. 그날 하루 종일 일어나지도 않았어요.

침대에서 하루 종일 누워 있었어요. 일어나면 그 기분이 없어질까 봐 못 일어났어요. 저녁때까지 가만히 누워 있었어요.

그렇게 가만히 누워 있던 날이 또 언제 있었을까? 그의 기억 속에 또 렷한 하루가 있었다. 스무 살 때, 충남대병원에서도 그는 가만히 누워 있었다.

어느 날 작업 마치고 샤워하는데 문득 이상한 느낌을 받은 일이 있 어요. 내 몸에서 아버지 냄새가 나는 거예요. 내가 기억하던 아버지 냄새가 있는데, 쇳가루 냄새 비슷했어요. 이게 뭘까 싶어서 대전 집 에 내려가 어려서 아버지랑 찍은 사진을 찾아봤어요. 생각해 보니 아버지랑 저랑 거의 비슷한 일을 했던 것 같아요. 제가 어렸을 때 아 버지가 잠깐 현대정공에 다녔었어요. 아버지는 차체 공정 기술 파 트, 나는 차체 라인 파트. 아버지는 6남매 중 장남이었는데 초등학 교만 마치고 바로 일 배워서 자동차 정비로 삶을 시작했어요. 저는 1973년 1월 16일 태어났어요. 아버지가 현대 다닐 때 기억나는 것 은, 어머니가 우리 3남매를 깨끗이 씻기고 크림 발라 주고 나면 '띵 똥' 하고 아버지가 들어오셨던 거예요. 어머니는 아버지가 하루 종 일 일하고 오니까 우리를 꾀죄죄하게 보이고 싶어 하지 않았던 것 같아요. 아버지들이 통근 버스 타고 나가면, 그다음에 우리가 통학 버스 타고 학교 가고 그렇게 살았어요.

아버지는 제가 초등학교 3학년 때 현대 그만두고 다시 대전으로 와서 집에서 철공소를 했어요. 보문산에 있는 케이블카는 우리 아버지가 만든 거예요. 현대 다니기 전, 그러니까 제가 세 살 때 만든 거예요. 또 관악산 케이블카를 집에서 혼자 만드셨어요. 삼천리 회사에서 최대한 빨리 만들어 달라고 해서 혼자서 두 대를 만드셨어요. 그 무거운 것을 혼자서 용접하고 뒤집고 세우고 이리저리 굴리다가 만드는 과정에서 폐암에 걸려 제 나이 스무 살 때 돌아가셨어요. 제가 고 3이 돼서 1학기 다닐 때 6개월 시한부 판정받았는데 2년 정도 더 사신 것 같아요. 저는 공부도 못했는데 엄마가 공부에 방해될까봐 누나에게만 알려서 늦게 알았어요. 아버지는 주무시다가 돌아가셨어요. 충남대병원에 입원한 지 딱 97일 만에 돌아가셨어요. 지금 우리 매형은 그땐 결혼도 하지 않았는데 하루도 빼먹지 않고 날마다 왔어요. 저는 두어 번 빼먹었나? 그때 동생은 고 1, 저는 대학교 1학년이었어요. 그날따라 점심 먹고 나니 수업 들어가기 싫은 거예요. 보통 땐 저녁에 병원에 갔는데 그날은 수업도 빼먹고 병원 가서 오후 내내 아버지 옆에 가만히 누워서 자다 깨다 했어요. 좀 전까지 같이 자고 있었는데 돌아가신 거죠. 가만히 누워서 돌아가셨어요. 유언은 따로 없었지만 돌아가시기 사흘 전쯤 뜬금없이 눈을 뜨더니 어머니에게 돈 있냐고 물었대요. 어머니는 교보생명에서 20여 년째 일하고 있는데, 그날 마침 수금한 돈이 있어서 아버지 베개 밑에 넣어두었대요. 그러고는 아버지한테 "당신 베개 밑에 돈 있다."고 했대요. 아버지는 그 말 듣더니 고개를 끄덕끄덕하셨대요. 본인이 가야할 때를 느끼셨던 것 같고, 그래서 돈 있냐고 물었던 것 같아요.

아버지 돌아가시고 나서 삼천리 회사에서 찾아와 케이블카를 대량생산 할 수 있냐고 물었대요. 관악산 케이블카가 아버지의 마지막 작품이었죠. 관악산 가면 케이블카 타보고 싶어요. 거기 중간에 안전 로프 넣어 두는 함이 있는데 뚜껑 바닥에 제가 제 이름을 써놨거든요. 그게 지금도 있을지 궁금하네요. 철공소는 아버지 돌아가시고 나서 바로 정리했어요. 지금도 제가 살던 동네 가면 아버지가 만들었던 대문들이 녹도 안 슬고 잘들 있습니다. 한 30년 된 집들인데 그 대문 보면 아버지가 생각나죠. 어머니는 제가 아버지를 따라 기름밥 먹을까 봐 뭐 만지는 것도 싫어했는데, 결국 내 몸에서 아버지 냄새가 나는 거죠.

그 뒤에 군대 가면 사람 된다고 해서 군대 갔는데 허리가 부러져서 6개월간 후송되었어요. 저는 사고가 많았어요. 주기적으로 2~3년 간격으로 내가 안 다치면 누굴 다치게 하거나 그랬어요. 스물넷에 제대하고 두세 달 놀다가 알바를 시작했어요. 그러다가 쌍차 직훈에서 사람 뽑는다는 신문광고 보고 이력서 적어다가 신탄진 직훈에 제출해서 6개월 과정을 이수했어요. 저희 반이 서른 명인데, 그 중 열 명 정도가 먼저 입사했어요. 저는 그때는 취업이 안 돼서 다른 일 찾다가, 대전에 세이백화점 오픈할 때 거기 알바로 들어가 짐 날랐어요. 그러다가 마트 안에 있던 자동차 액세서리 코너 사장님이랑 친해져서, 나중엔 그 업체로 들어가 거기서 몇 년 더 일했어요. 그런데 하루는 집에 왔더니 엄마가 내 짐을 꾸려 놨어요. 가방 큰 거 두개 싸서 현관에 내놨더라고요. 전화번호 하나 주더니 "인천 월미도로 가라." 그래요. 그래서 잽싸게 인천 월미도로 갔죠. 거기엔 뭐가 있었냐 하면 인천공항 공사가 한창이었어요. 어머니 아시는 분이 거기서 일하고 있었어요. 저는 골재 채취 현장에서 일했어요. 엄마 부탁을 받은 아저씨가 잘해 주셔서 좀 편하게 있었어요. 영종대교 개통 전이라서 6개월 동안 섬 안에서만 살았어요. 직훈 동기들이 송월동 인천제철에 세 명 다니고 있어서, 주말엔 월미도로 나가 그 친구들이랑 같이 놀았어요.

염진영은 2000년 9월 19일에 입사했다.

그런데 추석 때 쌍차에서 서류 좀 가져오라고 연락이 왔고 곧바로 입사했어요. 저는 스타터 공장에 있었어요. 자동차 만드는 첫 공정이요. 취업해서 대전 집에 가려고 고속도로 달릴 때 쌍용 차 보이면, 제가 만든 차가 가니까 뿌듯하기도 하고 이상하기도 하고 그런 게 좋았고, 다른 고향 친구들 봐도 제 주변에 주야간 하는 친구들 거의 없었는데 저만 주야간 해서 그 친구들보다 급여도 많고 해서 좋았어요. 말로는 "야간 하면 얼마나 힘든데."라고 하긴 했는데 친구들에게 밥도 더 많이 사고 남들보다 조금 더 벌고 더 많이 쓰고 더 많이 베풀 수 있어서 좋았어요. '쌍차' 하면 어디 가도 이름 대면 다들 아는 회사니까 큰 회사 다닌다고 부러워하는 친구도 있었고요.

2005년 황우석 사건으로 온 나라가 들썩이게 되겠지만, 무쏘와 렉스턴을 만들던 염진영은 그 사건에 관심을 가질 정신이 없을 것이었다.

2005년 제 일은 끝났고 5~6분 정도 시간이 남아 앉아 있었어요. 뒤 공정의 형이 일하는 것을 무심코 지켜보고 있었는데, 5월 말이었고 바깥 날씨는 더워지기 시작한 탓인지 형도 땀을 삐질삐질 흘리면서 일하는 것이 힘들어 보였어요. 그래서 앉아 있으면 뭐하나 싶어서 "형, 힘들어 보이니까 쉬어요. 제가 할게요." 하며 다가갔어요. 그런데 그 순간 에어컨 고무호스 연결 부분이 더위 때문에 느슨해졌었는지 스탠드 덩어리가 빠지면서 눈을 정통으로 때렸어요. 엄청 아팠죠. 눈을 맞고 벌렁 뒤로 넘어졌어요. 기절한 건 아니고 정신은 멀쩡해서 그 상황의 모든 것이 지금도 기억에 남아요. 바로 앰뷸런스 타고 천안 순천향병원으로 가서 엑스레이 찍고 검사란 검사는 다 했는데 현대 의학으로는 수술할 수가 없다고 들었어요. 다치기 전 시력은 양쪽 다 1.5였어요. 6개월 정도 쉬었는데 한쪽 눈을 실명했어요. 왼쪽 눈은 아예 보이지 않고 빛만 들어오는 상태가 되어 장애 6급 판정을 받았어요. 그래도 한쪽 눈이 있으니까 서서히 적응했어요. 그 무렵 회사에도 변화가 있었어요. 제가 하던 일은 일종의 기피 공정이라 비정규직들이 그 일들을 맡게 됐고, 정규직이었던 저는 다른 공정으로 가게 되었어요. 직장 형이 릴리프 부서로 빼줘서 그곳으로 복귀해 일했어요.

그도 해고되지 않았지만 파업에 참여했고 박호민·윤충렬과 함께 결국 해고되었다.

저는 처음에는 해고되지 않았어요. 나중에 해고자 명단 나왔을 때 좀 이상하게 생각했어요. 같이 살 부대끼며 현장 노동자로 일하면서 본 감이란 게 있잖아요. 자기 몸 부서져라 시키는 것 묵묵히 불평불만 없이 일한 사람은 해고자 명단에 올라서 잘리고, 잘리겠다 싶었던 사람은 살아남은 거예요. 같은 부서에서 10년 넘게 같이 일했던 선배 두 명은 제가 봐도 저보다 더 일을 잘했는데 그분들은 해고자 명단에 올랐어요. 저는 이건 아니다 싶었어요. 만약 회사가 정말 어려워서 정리 해고를 한다 해도 명확한 기준이 있어야 하는 것 아닌가 생각했어요. 어떤 기준으로 해고했는지는 몰라도 그때는 정말 비합리적으로 보였고, 게다가 어제까지만 해도 해장국 나눠 먹던 형이고 동생이었던 사람들이, 명단 나오니까 같이 있으면 불똥 튈지 모른다는 불안 심리 때문인지 이야기 나누는 것도 피하는 걸 보면서 이건 잘못돼도 한참 잘못되었다는 생각이 더더욱 들었어요. 저는 홀몸이니 싸울 일 있으면 싸워야겠다고 생각했어요. 회사에서 제가 진심으로 좋아하는 형들도 파업에 참여했어요. 한 형은 자기가 윗사람에게 깨질 것 뻔히 알면서도 아랫사람들 소신껏 다 챙겼어요. 저는 평소에 그 형들이랑 친하게 지냈으니까. 나중에 징계 위원회가 열려서 그 형들은 살아남고 저만 해고되었는데, 형들은 지금도 저 만나면 미안해서 어쩔 줄 몰라 하죠.

해고되었을 때는 막막했죠. 일주일 동안 기숙사에서 나오지도 않았어요. 아무 생각 없고 그냥 멍했어요. 그때 내 눈빛, 아마 인간같지 않았을 겁니다. 내 손에 무기가 있었다면 위험했을 수도 있었을 거예요. 그거 다스리느라고 고생 좀 했어요. 사실 저는 해고자 가운데는 기숙사에서 제일 늦게 나왔어요. 복직시키면 나가겠다고……. 2012년 7월까지 있었으니까, 해고당하고 3년 버텼어요. "쫓아내려면 쫓아내라." 그러면서요. 저는 깔끔 떠는 편이라 밤이고 낮이고 쓸고 닦고 혼자 새벽에 청소기도 돌리고. 당연히 내가 있어야 할 곳이라고 생각하면서 버텼어요. 기숙사 관리 책임자가 좀 나이 든 형님이었는데, 나중에 총무팀에서 계속 압력을 넣으니까 그 형님에게 미안해서 안 되겠더라고요. 작년 7월에 방을 빼 원룸으로 갔어요. 아까 말한 일요일 아침의 냄새를 맡은 곳이 그 원룸이에요. 일상생활을 찾은 기분이었죠. 그렇지만 그렇게 일한 지 한두 달 되니까 일이 손에 안 잡혀요. 몸은 선도투에서 나왔지만 지금 어떤 상황일지 눈에 선명하게 그려지는 거예요. 내 몸은 일을 하는데 정신은 평택과 대한문에 있었어요. 점점 일하는 즐거움이 없어지고 미안한 마음이 들더라고요. 단체 카톡방 보면 실시간으로 뉴스들이 올라와요. "대한문 분향소 침탈!" 같은 제목만 봐도 몇 명이 어떻게 연행되었는지, 표정이 어땠을지 선명하게 그려지니까……. '안 봐도 비디오'란 말이 있잖아요. 그것도 직장이라고 매여 있다 보니, '에이! 안 보면서 힘든 것보다 보면서 힘든 게 더 잘 버틸 수 있겠다.' 싶었어요. 눈으로 보는 게 중요하더라고요. 진짜 일상으로 제대로 돌아가려면 그 일을 다시 해야만 했어요.

빨리 복직해서 일상생활을 되찾고 싶지만, 예전 일상생활로 돌아가는 것은 잘못된 삶이라고 느꼈던 것도 있어요. 시민들한테 홍보물 나눠 주면 읽지도 않고 내 눈앞에서 버리는 것을 봤을 때, 화도 나고 서러웠지만 저 역시 그렇게 했던 기억이 분명히 있고, 사회의 어두운 부분을 보려고 하지 않았고, 나 역시 내가 경험하지 않아서든 나에게 일어나지 않아서든 내 일이 아니라는 생각에서든 무관심했다는 것을 아니까 시민들이 이해가 되고, 그리고 이 또한 내가 경험하지 않았으면 나 역시 당연히 몰랐을 일이고. 지금은, 이렇게 안 당하고 알았으면 더 좋았겠지만, 기왕 당했으니 이제는 알고 살아야겠다는 생각도 들고. 저희들보다 훨씬 알려지지 않게 싸우는 사람들을 몇 년 동안 봐버렸기 때문에 우리들은 그나마 사정이 좋단 생각도 들어요.


2001년에 입사한 오석천, 그의 일상은 아침에 딸을 유치원에 데려다 주는 것으로 시작된다. 여섯 살 딸은 벌써부터 멋 부리기를 좋아한다. 예쁜 핀이나 헤어밴드에 관심이 많고 분홍색을 좋아한다.


평택에서 태어났어요. 아버지는 충남 홍성 사람이고요. 어렸을 때 좀 아파서 일찍 죽을 줄 알았대요. 그래서 실제 나이는 1971년생인데 호적엔 1973년생으로 되어 있어요. 어려서는 울지도 않는 애, 떼 쓰지 않는 애, 순한 애였대요. 아들 하나에 딸 둘인 집인데 어려서부터 장남·장손 그런 말을 귀에 못이 박히게 들었어요. 부모님은 구멍가게를 했어요. 집안 형편은 서서히 몰락해 갔어요. 아버지가 교통사고를 당했는데 그때 제대로 치료를 못 받아서 서서히 시력을 잃어갔어요. 중학교 때는 어머니가 자궁암 진단을 받으셨고 고등학교 때 돌아가셨어요. 돌아가실 때 어머니 나이가 마흔여덟이었던가? 나는 열아홉이었고. 처음에 진단받았을 때 항암 치료를 받으라고 했지만, 병원에 모실 능력이 안되기도 했고 어머니 스스로 퇴원하시겠다고 말해서 집으로 모셨죠. 그때 어머니랑 한방을 썼어요. 큰방 하나를 장롱으로 갈라 놓 뒤의 작은 쪽을 제 방으로 쓰고 어머니가 넓은 쪽을 썼는데, 어머니가 끙끙 앓는 소리랑 아파도 참는 것을 다 듣고 지켜봤어요. 핏덩어리 쏟는 것도 봤는데, 어머니가 가족을 위해서 끝까지 뭐라도 하려고 하셨던 것, 어떻게 해서라도 생활을 좀 도우려고 했던 것, 그게 제일 기억나요. 아버지가 눈이 안 좋다 보니 일을 못 하는 형편이었는데, 어머니가 돌아가시고 난 뒤 아버지는 시골 가서 살겠다며 내려가셨고, 나는 동생이랑 작은아버지 댁에 가 살았어요. 나중엔 거기가 답답해서 친구 집에 가서 살기도 했고, 고 1 때부터 신문 배달했는데 배달하던 신문 보급소에서 살기도 했고…….

학교는 싫어했어요. 학교 다니는 게 형식적인 것 같고, 얽매이는 것도 싫어서 빨리 독립해 사회인이 되고 싶었어요. 고 3 때 어머니가 돌아가셔서 한동안 마음을 못 잡았지만, 내 힘으로 돈을 빨리 벌고 싶기도 했던 것 같아요. 고 3 때는 신문 배달도 다시 시작했고 그때쯤이면 주위 친구들도 다 자기 나름대로 돈을 벌고 그랬어요. 저는 인문계였지만, 우리 때 처음 생긴 제도인데, 위탁 교육이란 게 있어서 고 3 때 평택기계공고에서 위탁 교육을 받았어요. 거기서 배관이랑 보일러 자격증을 땄어요. 그니까 인문계이지만 진학 포기하고 취업할 사람은 자기 학교 안 가고 평택기계공고로 수업받으러 가는 거죠. 자기 학교에는 일주일에 한두 번만 가서 조회 같은 것만 받고.

아는 형님이 전기공사 하는데 알바 좀 하면서 일 배우라고 한 게 계기가 돼서 전기 쪽 일을 한동안 했어요. 공사 현장 다니면서 집에 전선 까는 일이랑 스위치 위치 잡아 다는 일을 했어요. 평택문화회관도 만들었어요. 일당은 5만~6만 원 정도 받았고 한 달 수입은, 일하기 나름인데, 180만 원에서 2백만 원 정도 됐어요. 친구들이 거의 다 기술자라서 일감은 좀 있었어요. 현장에서 이렇게 저렇게 일한 시간이 10년쯤 되는 것 같네요. 여기저기 옮겨 다니면서 '어떻게 살아야 하나.' 하는 생각도 많이 했어요. '나중에 서른 넘으면 열심히 일해서 내 손으로 요양 병원 같은 걸 설계해 시내에서 벗어나 힘들고 아픈 사람도 좀 도와 가며 사는 것도 괜찮지 않을까?' 그런 생각도 했었고.

쌍차는 IMF 외환 위기 이후로 한참 사람을 뽑지 않은 것 같았는데 2001년에 뽑는다고 해서 들어갔어요. 맘 못 잡고 여기저기 돌아다니기만 한 것 같고, 돈 번다고 다녔는데 돈도 돈이지만 결국은 나에게 맞는 일을 찾는 과정이었던 것도 같고 그랬어요. 이제 정착 좀 하고 싶어서 들어갔어요. 그게 서른한 살인가 그랬어요. 신탄진 직훈 교육과정을 마치고 오래 대기해서 입사하기까지 시간이 꽤 걸렸어요. 열 달쯤 대기한 것 같아요. 그 무렵 대우가 쌍차를 인수하면서 회사 분위기가 어수선했는데, 렉스턴이 나와서 거기에 맞춰 들어가게 된 것 같아요. 렉스턴 섀시과에서 일했어요. 조립 1라인에서 진공 호스 연결하는 일을 했어요. 일을 시키면 정확히 하지만 누구한테 싫은 소리 듣거나 간섭받는 것을 싫어했어요. 어쨌든 일은 제 성격에는 맞았어요. 우리 라인엔 고등학교 친구들이 많아서 '고등학교 동창들 입김 한 번이면 라인이 선다.'는 농담도 있었어요. 끈끈한 정도 많았죠.

쌍차 다닐 때도 경제적으로는 어려웠어요. 신입 때 연봉은 3천9백만 원 정도였는데 세금 떼면 3천2백만 원에서 3천5백만 원 선이었던 것 같습니다. 그렇지만 월급을 70퍼센트 정도 받으면서 돌아가며 휴직한 적도 있고 해서, 보너스 탈 때 180만 원에서 2백만 원, 그렇지 않으면 120만 원 정도 가져갔던 적이 많았고……. 어머니가 암으로 돌아가시고 보니 그 영향 때문인지 '좋은 사람 생기면 정말 잘해 줘야지. 가장으로서 내 책임은 다해야지.' 하고 늘 생각했었는데 결혼은 좋지 않게 끝났어요. 사실 여동생도 중학교 때 가출했었어요. "너, 그때 왜 그렇게 삐딱하게 나갔냐?" 하고 물어봤더니 엄마가 너무 불쌍해서 빨리 돈 벌어 엄마 병원비 하고 싶어서 그랬다고 하더라고요. 저도 결혼하면 제 책임은 다하고 싶었는데 애엄마랑은 애 돌 지나고 나서 바로 이혼했어요. 애 돌잔치도 안 했어요. 결별의 이유는 한 30퍼센트는 금전적인 거고 나머지는 성격 차이인 거 같아요. 그 뒤로 애엄마 소식은 몰라요. 연락도 안 오고 저도 연락처도 몰라요. 애는 쌍차 다닐 땐 누나가 1~2년 봐줬어요. 근데 해고되고 누나한테 돈을 못 드리니까, 누나도 형편이 안 좋아서 취업 나갔고, 결국 제가 데리고 다니게 되었어요. 지금은 회사 같이 다녔던 형님의 부인이 유치원 선생님이라서 그 유치원에 애를 맡기고 와요. 아침에 제가 사는 송탄에서 평택으로 넘어가 9시쯤 애를 맡기고 대한문으로 와요. 작년까지는 애를 데리러 가는 시간이 대중없어서 형수님 신세를 많이 졌죠. 유치원 끝나면 제가 갈 때까지 형수님이 집에서 봐주고. 그 형수님이 제일 고맙죠. 자기 아이들도 둘이나 있는데 제가 큰 도움을 받고 있죠. 딸에게 어떤 의미로는 엄마 역할을 해주는 것 같단 생각도 들고.

해고되고 나서 공공 근로도 나가고 주차장 주차 요원으로도 일했지만 어쩐지 안 맞더라고요. 딸이 있으니까 다시 공사 현장으로 갈 수도 없고. 지방을 많이 떠돌고 일하는 시간도 정해진 게 없고 하니 안 되죠. 지금은 '여기가 내 자리다.' 하고 있지만 솔직히 힘들어요. 허리 수술 받고 재활도 못 하고 나와서 앉아 있어요. 저는 여기 있다가도 애기 데리러 때 되면 가야 하고, 여기서 자는 사람도 있는데 저는 집에 가서 자고 그다음 날 아침에 올라오고……. 여기서 먹고 자는 사람은 저보다 더 힘들겠죠. 여하튼 그나마 이해를 하고 여러모로 배려해 줘서 함께 있을 수 있다고 해도, 어디까지 이해해 줄지 좀 눈치가 보여요. 아무도 집에 가라는 말을 안 하는 날은 저도 눈치가 보여서 딸을 데리러 늦게 가기도 하고. 며칠 전에도 오후 6시 넘었는데 아무도 가란 말을 안 해서 결국 늦게 갔고…….

제 인생을 돌아보면 오랫동안 정착하지 못했던 것 같아요. 졸업도 친구들 도움으로 겨우겨우 했어요. 작은집에서 나와서 친구 집에서 살 때 친구 아버지가 참 잘해 줬어요. 술·담배 하니 나쁜 놈이라고 큰소리 낼 법도 한데 그러지 않으셨죠. 친구 아버지는 돌아가셨는데 친구가 벌초하러 간다기에 저도 뵙고 싶어서 따라가 인사도 올렸어요. 그리고 역시 가장 큰 것은 어머니에 대한 기억이죠. 그게 가장 지배적이죠. 아까 말했듯이 아버지는 30년째 서서히 시력을 잃어가서 지금은 시각 장애 3급이에요. 요양원에 계세요. 고향 근처 김좌진 생가 쪽으로 조금 들어가면 있는데, 그래도 그 근처에선 제일 좋은 곳이래요. 자기가 시력 잃어 가는 걸 누가 받아들일 수 있겠어요? 아버지도 두려움 때문인지 저녁에는 음성이 커지고 그래요. 제가 지금 여기 이렇게 있는 이유는, 다시 그나마 안정적인 자리로 돌아가야 하지 않나 하는 생각 때문이에요.

H-20000 날은 같이 안 했어요. 일부러 안 한 것도 있지만 색다른 에너지 같은 걸 느꼈어요. 오랜만에 현장 생각이 막 났어요. 우리 라인이 재밌었거든요. 끈끈하고.


H-20000 때 조립·분해할 차를 고른 것은 자칭 '못하는 게 없는' 문기주였다. 그리고 스즈키 작업복을 제일 먼저 입은 것은 김성진이었다. 김성진은 유도 선수였다.

저는 1971년에 경기도 안양에서 태어났고 중학교 때 성남으로 이사해서 거기서 쭉 자랐어요. 쌍차에는 1996년 5월 2일 입사했고요. 어려서 개구쟁이였어요. 결손가정이라고 해야 하나? 그렇게 살다가, 친형제는 2남 1녀인데, 어머니가 저희들을 데리고 재가했어요. 아버지에게 또 2남 1녀가 있었어요. 그래서 중학교 이후부터 4남 2녀가 함께 살았고 그중 제가 막내예요. 어려서 꿈은 체육 교사였어요. 유도 선수였거든요. 유도는 대학교 1학년까지 했는데 하다가 중퇴해 버렸어요. 선배들 보니까 '이건 아니다. 학교 나와 봤자 꿈을 이룰 수 없겠다.' 하는 생각이 불현듯 들어서 방황하다가 그만둬 버렸어요. 그 당시 대학 나온 선배도 '삼촌'이라고 불리면서 술집에 있거나 조폭 관련 업무를 했는데 그게 이해가 안 되는 거예요. 게다가 그 당시 유도 경관을 뽑았었는데, 선배들은 "정 안되면 경찰이나 해야지." 했지만 저는 경찰 진짜 하기 싫었어요.

일은 1992년 3월부터 시작했어요. 처음에 전기 관련 일을 했어요. 일당으로 7만5천 원에서 8만 원 정도씩 받았어요. 오야지(십장)가 술·담배 안 하고 운전할 줄 안다고 1만 원씩 더 쳐줘서 좀 더 잘 벌었어요. 쌍용엔 선배 권유로 들어왔어요. 선배가 정비 공장에서 근무했는데 그분 추천으로 들어간 것 같습니다. 성남 정비사업소에서 차량 보수랑 도장 일을 했는데, 직업 선택을 잘했던 것 같아요. 같이 일하는 사람들 팀워크도 좋고 선배들도 너무 좋았고 일도 재미있어서 거기에 쭉 있으려고 했어요. 그런데 저희 팀도 1998년에 흩어져요. 그때 정비사업소가 없어져서 저는 인천에 있는 대우자동차

물류팀에 가서 3년 일하다가, 2002년에 다시 쌍용으로 돌아왔어요. 그때는 정비로는 갈 수 없다고 해서 쌍용차 물류 센터로 입사했어요. 그러다가 노조 간부 활동을 시작했어요. 역시 선배의 권유로 시작했는데, 다른 이유도 있었어요.

저는 어려서부터 운동을 했는데 운동판 문화라는 게 선배들이 시키면 시키는 대로 할 수밖에 없는 구조잖아요. 일반인들은 우리보고 머리 짧게 자르고 다닌다고 '깍두기'라고 하는데, 그러니까 "네, 형님!" 하고 고개 숙이는 것 말이에요. 저는 그런 생활을 자그마치 10년 넘게 해왔던 거잖아요. 그러던 놈이 대우자동차에서 노동조합 현장 조직을 우연히 구경했는데 너무 충격이었어요. 회의 전에는 '형, 동생' 했는데 회의 들어가니까 주제를 놓고 빡세게(힘들게) 서로의 주장을 이야기하더라고요. '동지'라는 말을 써가면서요. 눈이 휘둥그레졌어요. 형님에게 동지라고 하다니요? 놀라 나자빠질 일이었죠. 속으로 이런 생각이 들었어요. '어, 이 사람들 봐라. 생양아치들 회의 아냐?' 격분할 뻔했어요. 그 회의를 자그마치 몇 시간씩 하고 새벽에야 끝내는 거예요. 그렇게 싸우더니만 이번엔 또 결정 난 것을 함께 따르는 거예요. '야, 사람이 저렇게도 이야기하는구나.' 충격적이었어요. 우리는 그게 통용이 안 되잖아요. 싫어도 선배가 시키면 해야 되는 것이고, 나 또한 후배에게 그걸 강요해 왔고요. 여기는 그게 아닌 거예요. 유소년기·성장기를 통틀어 내 모든 경험이 달리 보이는 거예요. '이런 게 노동운동이었어? 그럼 한번 해볼까?' 그렇게 시작했어요.

그는 파업 때 구속되었고 출소 후 윙바디 트럭을 운전했었다.

2006년에 아버지가 돌아가시고 어머니가 대형 사고를 쳐서 재산 다 날리고 집안이 어려워져서, 어머니랑 같이 사는데 제가 돈을 벌어야 했어요. 풀려나온 후 일상적인 선전전을 같이하다가 생계 나갔어요. 2010년에 열 달 정도 저는 선도투에 없었어요. 11.5톤짜리 대형 윙바디 트럭을 운전했어요. 물류 차량이라서 빵 같은 것 날랐어요. 진짜로 사흘 동안 잠 한 숨 안 자고 운전한 적도 있었죠. 1년 정도 하다가 술집에서 일했어요. 지배인이었죠. 아까 학교 선배들이 곧잘 일했다고 말한, 아가씨들이 저를 '삼촌'이라고 부르는 그런 집 있잖아요. 한 스무 시간씩 일했어요. 거기서 먹고 자면서요. 힘들었어요. 덕분에 돈은 많이 벌었어요. 한 달에 5백만 원에서 6백만 원 정도. 그러던 어느 날 김정우 지부장이 밤에 전화를 했어요. 9월이었을 거예요. 이 형님이 술 취해서는 "야, 너는 열심히 일해라. 형이 어떻게든 너는 회사로 집어넣어 준다." 그 한마디예요. 그게 다예요. 그런데 끊고 나서 너무 맘이 안 좋아요. 천장을 올려다보고 있었는데 눈물이 나요. 이건 아니다 싶었어요. 쉰 살 먹은 형들에게 죄송스러운 거예요. 젊은 놈이……. '나 다시 해야겠다.' 생각했어요. 그래서 누가 권하지도 않았는데 일 정리하고 2010년 11월부터 선도투에 합류했어요.

사실 저는 의리 때문에 투쟁에 결합하고 있어요. 문기주 형님도 그렇고 김정우 형님도 그렇고, 노동조합 선배지만 인생 선배예요.

그 양반 둘은 절대 변함이 없어요. 인생에서 배울 점이 너무 많아요. 내가 후배들에게 하고 싶은 그 행동을 그 양반들이 다 하고 있는 거예요. 진실 되고, 힘들어도 타협 안 하고, 편하게 가지 않는 그 모습이 나는 너무 좋았어요. 내가 되고 싶은 모습이랑 너무 닮았어요. 그래서 가슴 아팠어요. 내가 닮고 싶다고 말하던 사람들은 그렇게 고생하는데 나는 돈 번다고 나와 있구나 싶었죠. 사실 정우 형이 술 먹고 전화해서 그런 말 했다고 자기 일 정리하는 사람이 몇 명이나 있겠어요? 그렇지만 저는 혼자 많이 울고 그렇게 했어요.

선도투에 합류하기로 하고 그는 어머니에게 이렇게 말했다.

"어머니, 이제 김치 한 가지만 놓고 밥 먹고 삽시다." 저는 이 일이 맞아요. 맘이 편해요. 집에서 쉬거나 돈 벌려고 일하면 마음이 불편해요. 어쩌면 맘이 불편해서 일을 스무 시간씩 했을지도 몰라요. 미안해서요. 나만 돈 버는 게……. 그런데 지금 정말 편해요. 너무 맘이 편해요. 길거리에서 자도 편해요. 그래도 편해요. 마음이 편한 게 제일이에요. 나이 들고 아픈 어머니 모시고 있지만 그것도 다 배려해 줘요. 저는 지금도 말해요. "일 벌려라. 뭐든지 벌려라. 몸 쓰는 건 내가 다 한다." 모터쇼 날은 옷을 입을 때 울컥했어요.

스즈키 작업복은 김성진이 입사한 1996년 5월 2일 처음 입던 옷이었다. 공장처럼 컨베이어 벨트가 없어서 작업 순서는 약간 달랐다. 그날 작업의 관건은 엔진이었다. 이갑호·문기주·윤충렬·이현준이 엔진을 조립했다. 이갑호는 언제나처럼 놀듯이 사뿐사뿐 경쾌하게 일했다.

그 몹쓸 책임감 때문에 남았어요. 창원에도 분명히 공장이 있는데 창원에도 누군가는 있어야 한다는 그 몹쓸 책임감 때문에. 누군가는 남아서 싸웠다는 증거가 되려고 남아 있어요. 선도투 사람들이 너무 좋아서 계속하는 것도 있고요. 마음은 아파요. 그래도 놀듯이 하려고 해요. 나름 즐기려고 해요. '이 사람들이 나와 함께 있다. 나와 함께하는 사람들이 있다. 주위에 늘 누군가가 있다. 따뜻하게 말 거는 사람이 있다.' 그래서 놀듯이 웃으면서 할 수 있어요. 저도 주저앉고 싶을 때가 있죠. 주위에서 자살할 때도 그랬고, 혼자 남았을 때 그랬고, 대한문에서 경찰과 싸워서 선도투 동지들이 잡혀갈 때 그랬고.

지금은 창원서 혼자 1인 시위 해요. 보는 사람 없어도 아침 6시에 일어나서 대충 씻고 6시 반에서 8시까지 회사 앞에서 출투(출근 투쟁) 해요. 지회 사무실에 돈이 없어서 제본하는 일 하고 있고. 전에는 노가다도 하고 에어컨 설치 기사 일을 주말이나 일요일마다 했었어요. 그걸로 생활했고요. 나는 회사 다닐 때 옆에 대림자동차 해고 투쟁 자살자가 있었는지 몰랐어요. 바로 옆에 있었는데도요. 두산중공업에 배달호 열사가 있었는데 저는 몰랐어요. 나는 그때만 해도 나만의 생활, 우리 가족만의 생활을 생각하면서 살았어요. 막상 내가 해고되고 보니까 자기 일이 아닌데도 내 걱정하고 챙겨 주고 신경 쓰고 그런 사람들에 대한 고마움은 어마어마하게 커요. 그게 빚이라고 생각해요. 내가 그 사람들에게 받은 만큼 나도 누군가에게 해주고 싶어요. 그렇게 살면서 일상을 찾고 싶어요.

그렇지만 아직 이갑호에게 일상은 먼 곳의 풍경처럼 보였다.

지금도 놀러 가긴 해요. 주말엔 가족이나 친척이나 친구들이랑 어울려요. 그래도 뭔가 기분이 달라요. 놀고 있는 사람들 보면 부러워요. '아, 저 사람들은 저게 일상이구나!' 똑같이 노는데도 나는 그것이 특별한 일이고 일상을 보내고 있다는 생각이 안 들어요. 나의 일상은 차라리 투쟁인 것 같아요. 고생한 사람들이 고생한 만큼 남은 인생 동안 잘 풀렸으면 좋겠어요.

H-20000 때 가장 많이 웃은 이는 고동민이었다. 사람들은 고동민을 보고 웃는 못난이 인형 같다고 장난스럽게 수군댔다.

저는 H-20000 때 '야, 땀 흘리면서 일하는 게 너무 좋구나.'라고 생각했어요. '내가 이런 일을 하려고 공장에 돌아가려고 하는구나!' 그런데 또 동시에 이런 생각이 들었어요. '그런데 이런 일을 하려고 공장에 들어가야 하나? 나는 새로워졌는데, 나는 공장에서 일할 때 느꼈던 그런 부품화된 사람이 아닌데, 훨씬 자유롭고 새로운 사람이 되었는데……. 그런데 전에 일했던 그 모습 그대로의 공장에 들어가야 하나?' 그러면서 재빨리 합리화시켰어요. '그래, 나처럼 꿈꿀 수 있는 사람도 있다는 걸 공장에 들어가서 보여 주자. 그래서 그런 사람들을 더 많이 만들어 내자.' 하고 말이에요. 그런데 사실 공장 별로 재미없을 것 같아요. 그렇지만 돌아가면 정말 좋을 것 같아요. 언젠가 한상균 지부장님이 그랬어요. "너희들부터 빨리 들어가라." "아뇨. 우리는 절대로 못 그러죠. 한 명이라도 빼고는 못 가죠." 그랬더니 정우 형이랑 자기, 이렇게 둘 빼고 다 들어가는 조건은 어떠냐고 또 그래요. "그래서 절대 안 된다. 절대로 안 된다. 함께 살자고 그동안 왜 이야기했느냐? 그건 절대 안 된다."고 했어요. 공장에 안 들어가도 된다는 말은 '그런' 공장에 들어가고 싶지 않다는 말이에요. 저런 공장, 영혼 없는 그런 공장이라면 안 들어가고 싶어요. 우리가 기계처럼 여겨지는 그런 삶을 더 살고 싶지 않아요. 만약 어느 날 정말로 들어가게 되면 그때는 다른 삶을 꿈꾸면서 살겠지만 '오늘만 버티면 장땡이다.' 그렇게 살고 싶지 않아요.

얼마 전에 제가 그랬어요. "우린 월요병이 없다. 우리는 매일 휴일이다. 그런데 월요일이 갖고 싶다." 너무나 원해요. 월요병 앓고 싶어요. 그런데도 그런 공장 가고 싶지 않아요. 5년이 지났는데도 한 치의 변화도 없는 '그런' 공장에 들어가고 싶지 않아요. 우리에게 가장 부족한 것은 상상력인 것 같아요. '쌍차 문제를 생각보다 많이 알아줘서 고맙다. 그것도 의미 있다. 그러나 헛짓이다.' 이런 생각들이 있어요. 이렇게 자동차 만드는 것도 의미 있는 헛짓이라고요. 대한문에 와서 서있는 것도 헛짓이라고요. 제선이, 한윤수가 와서 서있는 게 헛짓이라고요. 하지만 저는 그렇게 생각 안 해요. 그건 아직까지 비정규직 문제를, 정리 해고 문제를 이렇게 해결하려 하는 걸 본 적이 없을 뿐이에요. 본 적이 없기 때문에 헛짓이라고 하는 거예요. 그러나 저는 그것을 상상력이라고 불러요. 나는 정만이 형이, 상구 형이, 우리 형들이 공장에 들어갔으면 좋겠어요. 간절한 꿈이에요. 우리가 이명박 정권에 대항해서 혹은 어떤 정권에 대항해서 싸운 게 아니에요. 우리는 살려고 했어요. 살고 싶어요. 그리고 저는 새로운 사람이고 싶어요. 지난 5년 동안 있었던 일을 잊지 않는 새로운 사람이고 싶어요. 공장 복귀하면 5년간 내가 했던 이야기나 생각이나 행동이 그때는 그럴 수밖에 없었던 양 살고 싶지 않아요. 이 경험들이 내 남은 평생을 관통하면서 살아 있으면 좋겠어요. 77일 파업이 5년 투쟁을 이어가게 한 원동력이었다면, 지금 보낸 5년이 내 삶을 이끌어 갈 원동력이었으면 좋겠어요.

김대용은 자신이 웃고 있는 줄도 몰랐다.

저는 무쏘를 많이 만들었는데 무쏘랑 코란도랑 비슷해요. 이번에 우리가 만든 코란도, 이거 폐차할 때 저 주면 좋겠어요. 그럼 저는 이렇게 말할 거예요. 이거 내가 해고되었을 때 복직하기 전, 그 사이에 만든 차라고. 내 손으로 분해·조립했던 차라고. 하지만 너무 행복했어요. 웃고 있는 줄도 몰랐는데 사람들이 저보고 얼굴이 환해졌다고 하더라고요. 자동차 부품이 2만 개인데 이번엔 몇 개나 조립했을까? 한 3천 개 조립한 것 같은데……. 다 만들었을 때 기분은 말로 표현

못 해요. 나도 대한문에 합류하고 나서 생계 문제로 많이 힘들었는데 차마 여기 동지들, 형들 버리고는 못 가겠더라고요.

그리고 아직도 알고 싶은 마음이 있어요. '내가 왜 해고되었나?' 동민이는 우리가 해고된 데는 각자의 이유가 없다고 하는데 저는 그래도 알고 싶어요. '그해 우리에게 무슨 일이 일어나서 해고되었을까?' 제 삶은 엎질러진 물이에요. 물방울 하나하나를 주워 담고 있는 건지, 하나하나 담으면 담을 수 있는 건지 어떤 건지 모르겠어요. 하지만 차가 없었으면 제가 지금 이 자리에 없었을 거예요. 저는 만드는 것에 대한 자부심이 너무 컸어요. 그때 우리 77일 파업할 때도 회사에서 정전시켰을 때 도장 공장만은 정전되면 안 된다고 조합이랑 이야기해서 자가 발전기를 수리해 도장 2팀만은 살려 놨거든요. 나중에 파업 끝나고, 파업 때문에 설비에 문제 많단 뉴스 보면서 진짜 가슴 아팠어요. 저는 차를 사랑하니까 절대 그렇게 할 수가 없죠. 복직하면 전 공정을 처음부터 끝까지 거쳐 제 손으로 만든 차를 한 대 갖고 싶어요.

유제선은 형들이 웃는 것을 오랜만에 봤다.

나는 시트 외에 거의 해본 게 없고 공장에선 자기 일만 하고 다른 일은 안 하니까 좀 걱정되었죠. 차 뜯고 보니까, 몇 년 만에 공구들 잡아 보니 전혀 손의 감각이 사라지지 않았더라고요. '딱딱딱 조립하고 빼내는 감각이 사라지지 않았구나! 언제든지 일할 수 있는 손이

구나!' 좋았어요. 하지만 제 개인보다는 다른 형들이 분해·조립하면 서 좋아하는 것 보니까 되게 기분이 좋았어요. 형들이 진심으로 웃 는 것 오랜만에 봤어요. 또 한 번 했으면 좋겠다는 형들이 많아서, 그런 형들 보면서 기뻤어요. 관계 속에서 다른 형들이 좋아하는 걸 보는 게 얼마 만인지……. 그게 정말 제일 좋았어요.

사실 2년간 대한문에 와서, 그전까지 경험한 적 없는 것들을 경 험해 봤어요. 그전엔 6개월간 국회의원 사무실 앞에서 가로세로 2미 터짜리 텐트에서 농성하기도 했고, 대한문 와서는 많은 사람들 만나 서 관심도 받고 화재도 났고 실려 나가기도 했고. 심리적으로도 그 랬어요. '내가 이 짓을 언제까지 해야 하나?' 이랬다가 '정규직 돼서 돌아가야지.' 했다가, 모든 게 허무해졌다가 의욕에 넘쳤다가……. 주위에선 연연하지 말란 말도 많이 했고, 친구들은 자기 아는 회사 있으니 가보란 말도 하고. 조울증이 심했어요. 뜨거웠다가 우울했다 가……. 미치는 줄 알았어요. 그럴 때는 가족이 없으니 집에 가서 청 소하고 빨래하고 집안일 하고, 저녁 되면 혼자 앉아서 술 마시고, 그 다음 날 다시 올라오고……. 이게 일상이었어요. 허무감에 시달리면 서도 우리 동지들 때문에 버티는 것이고, 모든 연대하는 사람들 보 면서 힘을 내요. 우리 형들이 울고 웃고 괴로워하고 이런 것 보면서 '차라리 우리 형들을 몰랐으면 좋았을 텐데.'라고 생각했어요. 그런 데 우리와 연대하는 분들도 똑같은 말 해요. "쌍차를 알게 돼서 나의 삶이 많이 바뀌었다. 차라리 몰랐으면 좋았을 텐데." 그래요. 그런 거 보면서 '나만 괴로운 게 아니구나.' 생각도 들어요.

우리 영감, 김정우 지부장이 감방 가기 전에 그랬어요. "남는 것은 사람이다. 우리는 승리해서 돌아간다. 그러나 혹여 진다 하더라도 남는 건 사람이다." 그랬어요. 그러고 보면 우리는 열 명이면 열 명, 스무 명이면 스무 명, 뭔가 해본 거잖아요. 앞으로도 뭐가 됐든 같이해 봤으면 좋겠단 생각이 들어요. 형식은 어떻더라도 이런 생각이 막연하게 들어요. 우리가 함께할 형식들! 그게 뭔지 찾았으면 좋겠어요. 너무 허무하잖아요. 복직하고 나서 일상 속에서 뿔뿔이 흩어져 버리면.

김정운은 "오랜만에 손맛"을 느껴서 좋았고 윤충렬은 "몸이 차를 기억하는 것"도 좋았고 "오랜만에 혼연일체가 돼서 일한 것도" 좋았다. 평소에 별로 감정을 내색하지 않는 박주헌도 놀랐다.

저는 할 줄 아는 게 아무것도 없어서 옆에서 보기만 했어요. '일 진짜 잘한다.' 이런 생각 들었어요. 4년 지나도 조립할 줄 알고 엔진 뜯고 다시 조립하는 걸 갑호 형이 하는데 충렬이 형이랑 기주 형이랑 버벅대지도 않고 한 번에 뜯어서 한 번에 싹 맞추고 그게 신기했어요. 다들 쌍차에 들어갈 거라고 생각하는 것 같은데, 그게 언제일지 몰라서 힘들어할 뿐이지요. 돌아가면 예전처럼 똑같이 조용히 살고 싶어요. 퇴근 후에 친구 만나거나 일찍 자거나. 아침 6시에 깨서 출근 준비하고 트럭 지나가면 저거 내가 만든 거라고 자랑하고. 선도투 형들은 그냥 저를 술 좋아하고 조용한 애로 알겠죠. 형들은 고맙죠.

항상 챙겨 주니까. 밥은 먹었냐고 물어 보고, 아프다고 하면 약 사다 주고, 잠 못 자면 가서 자라 하고. 가족 같죠. 그리고 우리 가족도 고맙죠. 이거(선도투 활동) 하지 말란 말 안 하니까. 우리 가족들은 내 결정을 존중해 줘요. 지금은 누나가 보내 준 '오메가 3' 덕분인지 아픈 데 없이 잘 버티고 있어요. 그렇지만 눈뜨면 고민하죠. '생계 투쟁 해야 하나? 나가서 돈을 벌어야 하나, 이 짓을 계속해야 하나?' 그 고민은 항상 하고 있죠. 하지만 아직도 저는 쌍차는 좋은 회사라고 말하고 다녀요. 저를 그동안 생활하게 했으니까 좋은 회사죠. 저는 아직도 고마움이 있어요. 쌍용 다녀서 부모님 아플 때 병원도 갔고, 할 것 다 했죠. 고맙죠. 아직도 항상 고마워요. 저는 그동안 제가 살아온 길, 한 일에 대해서 후회가 없어요. 후회 없이 살려고 했어요.

김남오는 잠깐 동안이지만, 아주아주 짧은 순간이지만 시간을 되돌려서 5년 전으로 돌아간 것 같은 느낌을 받았다.

저는 버텨서 투쟁하는 게 아니라 투쟁해서 버티는 거예요. 여길 관두면 저는 외로와서 못 견뎠을 거예요. 여기서는 나를 놔주지 않아요. 나를 놔주지 못하죠. 제가 죽을까 봐. 제가 죽을까 봐 여기 사람들이 저를 꼭 잡고 있죠. 지금도 가끔은 혼자 있으면 생각을 하죠. '죽을까?' 그게 머릿속에 있단 걸 아니까 제어를 하죠. 그리고 투쟁을 못 접는 게 뭐냐면 우리 동민이가 많이 싸운단 말이야. 동민이가 싸우고 있고 창근이가 싸우고 있고 우리 수석(김득중 수석부위원장)이,

상균이 형이, 기주 형이 싸우고 있고 기성이가 싸우고 있고 우리 동지들 다 싸우고 있고. 우리는 놀 수가 없어. 왜? 나보다 더 확실하게 싸우는 사람에게 미안해. 나도 싸워. 그래도 미안해. 미안하고 미안해서 그래서 결국 같이 가는 거야. '씨발, 나는 그렇게 못해. 난 관둘래.' 이게 안 돼. 뭔가 연결되고 연결돼 있어. 미안하고 미안하고 미안해서 연결돼 있어. 내가 제일 미안한 게 동민이야. 나는 그렇게 못해, 우리 동민이처럼. 나는 항상 미안해. 우리 투쟁하는 사람들에 대한 미안한 감정 때문에 차마 못 버리는 거야. 이건 정신적인 거야. 이제는 자신도 없고. 자동차 조립하던 내가 다른 데 가서 뭘 할까 자신도 없고. 그리고 해고자니까. 해고자라는 정체성이 있으니까. 내 머릿속에는 그게 찍혀 있어. '나는 해고자다. 나는 버림받았다.' 그렇지만 앞에서 투쟁하는 사람 있으니까 이런 생각도 미안해. 이건 기본적인 생활이 가능하냐 아니냐의 물질적인 문제도 있지만 너무나 정신적인 문제인 거야.

내 진짜 꿈은 5년을 그대로 되돌려서 5년 전으로 돌아가는 거예요. 이 5년이 없었던 것처럼 돌아가고 싶어요. 스물네 명 죽은 사람 없이, 아무도 죽은 사람 없이, 아무도 우는 사람 없이, 라인에서 일하다 소주 한잔하고 퇴근하고……. 그렇지만 되돌아갈 수 없다는 걸 아니까. 해고 무효 소송 재판이 진행되는데 이겨야 하고 회계 조작한 사람은 벌을 받아야 하고. 그게 꿈이에요.


친구들의 세상 경험을 부러워했던 최기민은 무엇을 보았을까? 최기민은 정말 공장에 돌아가면 어떨까 상상해 보았다.

파업 당시 산 자들의 모습, 그리고 자본이 사람을 다루는 것을 보면서 세상이 무섭고 싫었는데, 복직 투쟁 하는 과정에서 '신이 세상에 악만 주지는 않는구나. 선이 분명히 있구나!' 하고 느끼게 되었어요. 공장 생활 할 때는 어떤 게 선이고 악인지, 옳고 그름인지 생각하지 않았을 수도 있어요. 그냥 저 사람은 '좋다 싫다', '나한테 잘한다, 아니다'만 있었던 것도 같고, 저 사람은 '착하다, 나쁘다'도 막연했어요. 파업 과정에서는 정말 세상이 싫고 억울했는데, 파업 이후에 연대하러 찾아오는 사람들을 보면서 그 생각이 바뀌었어요. 어떤 사람은 우리가 집 밥을 못 먹으니 일주일에 한 번은 집 밥을 먹여야겠다고 밥을 해서 보내고, 어떤 사람은 잠자리가 진짜 열악한데도 웅크리고 옆에서 같이 자요. 자기 일 다 팽개치고 오는 사람도 있고. 그것도 보통 사람들이 그렇게 하는 거예요. 이 세상의 구성원으로 같이 살려고 하는 다양한 방식과 재능 들이 보였던 것 같고. 진짜 좋은 사람들이 겨우겨우 세상을 다르게 보게 했습니다. 처음에는 동정받는 것 같아서 싫어하기도 했는데, 동정 때문이 아니라 공감 때문에 함께하고자 한다는 걸 알고서 큰 힘을 얻었어요.

연대해 주는 분들이 없었으면 무너졌을 것 같아요. 잠깐 쉬려고 하면 또 다른 희생자가 나오고 또 나오고, 스물두 번째 죽음까지는 거의 한 달 반 만에 희생자가 한 명씩 나와서 쉬려야 쉴 수가 없을 정도였으니까. 힘들어서 몇 번이고 포기하고 싶기도 했어요. 큰애가

4학년 남자, 작은애가 2학년 여자인데 집에 전화하면 둘 다 똑같이 말해요. "아빠 어디야?" "언제 와?" 이 두 질문을 똑같이 물어요. 우리 집사람에게 우울증 증세가 있어서 감정 기복이 심해졌어요. "잘 자." 라고 말하고 전화 끊어도 다음 날 아침 기분이 나쁠 때가 많습니다. 점심때 밝았다가도 저녁에는 또 아닙니다. 남편은 없고 본인은 힘드니까. 통화하면 "지금 나에게 당신이 필요한 게 아니라, 애들에게 아빠가 필요하다."라고 합니다. 그게 가장 안타깝습니다. 물론 경제적으로도 어렵지만 더 가슴 아픈 것은 필요한 시기에 아빠가 곁에 없었다고 애들이 느낄 것이라는 점입니다. 아내는 "애들이 좀 더 크면 당신이 애들 찾아도 자기 갈 길 간다. 지금 있어야 한다."고 하죠. 그런 이야기 들을 때 가슴이 아픈데, 그러나 또 버팁니다.

저는 공장으로 돌아갈 자신이 있습니다. 자영업을 하지 않는 이상 날 받아 줄 곳은 없습니다. 해고자이자 전과범으로, 사회적으로 낙인도 찍혔습니다. 상상도 해봤어요. '지금 공장으로 돌아가면 일을 잘할 수 있을까? 공장 바깥에서 투쟁 과정에서 힘들지만 사람과의 정 나눔도 많았고 많이 배웠는데, 공장으로 돌아가면 또 노동에만 매몰돼서 매일 아침에 눈 뜨고 아침 7시에 출근해 저녁 9시에 돌아와 밥 먹고 자는 것을 반복하게 되지 않을까? 삶을 한번 바꿔 볼까?' 이런 생각도 많이 하지만, 그렇지만 다시 생각해도 돌아가야만 합니다. 제가 이렇게 맘먹은 것의 중심에는 당연히 가족들의 삶이 있습니다. 다시 안정적인 예전의 가정으로 돌아가고 싶습니다. 간절합니다. 이렇게 현실적인 문제도 있지만 반드시 공장으로 돌아가는 과정 속에서 우리 주장과 선택이 올발랐다는 것도 증명해 보이고 싶습니다. 2009년도에 우리에게 일어났던 일, 저는 노동자들이 억울하게 해고당한 것이라고 생각합니다. 그래서 저는 스물네 명 죽어 버린 사람들을 포함해서 우리들 해고자의 명예를 회복해야 한다고 생각하고, 또 할 수 있다고 믿습니다. '이렇게 한 기업에서 사람들이 계속 죽어 갔는데 이 땅에 살면서 방치되는 것이 맞느냐?' 이 질문에 대한 답도 찾고 싶습니다.

H -20000 때 박호민은 뭘 해야 할지 망설였다.

H-20000 때 저는 한 게 없어요. 도장반이었으니까. 사실 저는 도장반에서 칠도 안 했어요. 도장하고 나면 이물질 나와요. 그게 차 위에 있으면 이물질 폴리싱을 했어요. 도장반에서 3년 조금 넘게 일했지만 해고 이후 3년 동안 공구를 만지지 않아서……. 그래도 조립 때는 눈대중으로라도 하는데, 그나마 내가 제일 할 만한 문짝 떼는 일은 이미 잘하는 사람들이 있고, 운전대를 만지려니 위험 부담이 크고, 의자 떼려니 해본 놈 다 있고. 그래서 우리 형들을 봤어요. 긴 세월 동안 지내면서 보니까 짜증나는 순간이 너무 많았어요. 그런데 저 사람들 보면 나보다 더 짜증날 건데 힘든데도 웃음을 잃지 않고 서로 다독거리고 그래요. 외부적으로는 쌍차 문제 알리고 내부적으로는 우리 다독거리고. 한 번씩 보면 배우고 싶어요. 상균이 형, 득중이 형, 기민이 형이 서로 부대끼면서도 저렇게 풀어 가는 것을 배

우고 싶어요.

　저는 대법까지 내 모든 것을 쏟아부었어도 패소했어요. 물론 나 혼자만의 생각일 수 있겠지만 우리 형들은 나와 달리 바늘구멍만 한 희망이 있잖아요. 나는 그걸 보고 싶은 거예요. 3~4년 싸우면서 가정도 때로는 제쳐 놓고 동료들 챙기는 것도 내 눈으로 봤고, 정도 많이 들었고. 그런 사람들이 들어갔으면 좋겠다는 생각을 해요. 내가 안 들어가도 그런 사람들이 들어갔으면 좋겠어요. 정리 해고자만 들어가도 나는 만족해요. 왜 이런 말 하냐면 맘 편히 먹고 있는 거예요. 괜히 우리 징계해고자까지 들고 협상하려고 하면 과연 회사가 협상하려 하겠느냐는 거죠. 지금은 우리 징계해고자 때문에 정리 해고자까지 들어가지 못하는 것은 아니에요. 하지만 어느 한순간 정리 해고자들에게 기회가 주어졌을 때 우리를 생각하지 말고 들어갔으면, 그래서 우리 형들이 들어가는 모습 봤으면 좋겠다는 게 내 마지막 남은 꿈이에요.

형들을 지켜보던 박호민은 자신이 제일 잘하는 일을 하기 시작했다.
"아휴, 잘한다, 잘한다. 브라보. 우리 형들 잘한다."

한 달 전에 철탑에서 내려온 한상균은 H-20000 때는 함께 차를 만들지 못했다.

우리 상황은 2008년 말부터 신차가 없었어요. 중국(상하이차)에서 자기들 차는 꾸준히 개발하는데 우리 시장에 나올 차는 없었어요. 우리보고 다 죽으란 이야기예요. 우리 규모에는 1년 반에 한 대꼴로 신차가 나와야 합니다. 그렇지 않으면 라인이 돌아가지 못해요. 그런데 4년 동안 신차가 안 나왔어요. 망하지 않은 것이 기적이라고 생각합니다. 충성하는 고객이 그렇게 많았던 거죠. 우리는 그때 소수파(한상균 집행부)가 노조를 맡게 된 거죠. 나 개인으로 보자면, 저는 사실 해고자 명단에 없던 사람입니다. 한 인간으로서 상황은 참 고독합니다. 앞으로 어떻게 진행될지 한 치 앞을 내다보기도 어려운데, 이런 불확실성에 맞붙어 싸우면서 '물밀듯이 밀려오는 회사의 압력, 외부 여론, 시선들을 뒤로하고 과연 옥쇄 파업을 해야 하는가? 우리가 살기 위해서 무엇을 해야 하는가? 무엇이 최선인가?' 스스로 자문자답을 수도 없이 했습니다. '이 길밖에 없느냐? 다른 선택의 여지는 없느냐?' 수없이 물어봤습니다. 어떤 선택의 여지도 없었습니다. 그전에 노동자들은 설움을 표출도 못 하고 당했는데 우리는 다 부지게 싸워야겠다고 생각했습니다. 인간이고 싶었고 인간으로 싸웠습니다.

그러나 인간으로 산다는 것은 너무나 큰 대가를 요구했다.

우리 5천 명 중에 1천 명이 공장에 남아 싸웠습니다. 1천 명 중 20퍼센트는 비해고자였고 80퍼센트는 해고자였어요. 그전까지 노조 간부를 했던 사람들은 오히려 많지 않았어요. 정말 묵묵히 일만 하고 가정만 지키려고 왔다 갔다 했던, 그야말로 회사의 방침에 열심히 따랐던 친구들이 남았어요. 저는 그런 친구들이 아니었으면 77일 싸움은 못 했을 거라고 생각해요. 1천 명 중에 이탈하는 사람들에도 순서가 있는데, 일반 조합원이 아니라 방귀 깨나 뀌었다던 활동가들이 더 빨리 빠져나가요. 해고의 충격이 큰 사람이 가장 늦게까지 남아요. 가장 억울했던 사람이 가장 늦게까지 남아요. '귀족 노조' 행세를 했던 사람들은 스스로 덜 억울했을 겁니다. 소위 배웠다는 사람들은 싸워서 될 게 아니라는 정세 판단을 하고 먼저 백기를 드는 거죠. 그런 싸움의 현장에선 인간의 본성이 나타나요. 저는 그걸 보면서 '노동 인문학'이 적극적으로 필요하다는 교훈을 얻었어요. 먼저 사람이 되지 않으면, 양심이 없으면 운동이 안 되더라고요. 뼈저리게 느꼈어요. 파업 다 끝나고 마지막으로 헤어지는데 어떤 동지가 배낭에서 아껴 뒀던 소주를 꺼내서 나눠 주었어요. 그러더니 "나는 아무것도 얻지 못했지만 싸워 보지도 못하고 이 공장 나갔으면 미치광이로 살았을 것이다. 우리 분노를 모아서 끝까지 싸워 줘서 고맙다." 이렇게 말했어요. 이런 조합원들 많았어요.

사실 평상시에는 도덕·염치·양심 이런 것들이 다 있어요. 그런 것들은 어려운 상황이 닥치면 많이 무너져 버려요. 그런데 양심·염치·도덕이 있는 사람이 마지막까지 노동자다웠어요. 그런 게 없는 사람은 의리, 동료 이런 것들을 먼저 팽개쳐 버리더라고요. 나한테는 바코드가 남아 있어요. 사람 하나하나마다 도덕·양심·의리·염치의 바코드가 남아 있어요. 누가 배신하고 도망갔는지가 또렷이 다 기억 속에 남아 있어요. 양심과 염치와 도덕 등이 바탕이 돼서 행동하는 사람은 최소한 사람 노릇은 하기 위해서 자기희생도 감수할 줄 알고 계산에 따르지 않더라고요. 그리고 그런 동지가 노동자답게 싸울 수 있는 힘들을 갖고 있어요. 저는 그걸 뼈저리게 느낀 사람입니다. 선명하게 찍힌 바코드들, 그것이 나의 개인적 괴로움 중 가장 큰 문제입니다. 그런데 이걸 해결하는 것도 사람입니다. 우리들이 하나로 모이려면 그걸 잊어야 합니다. 그런데 저도 나약한 인간이니까, 그걸 희석시킬 수 있어야 하는데, 그게 잘 안 돼요. 노력하고 있어요. 감옥에서도 명상을 자주 했어요. 저 혼자 주문도 외워요. 비밀 같은 주문이 있지요. 여러 가지 책을 보고 만들었어요.

저는 희망을 봅니다. 철탑에 있을 때도 공장 안에 있는 사람들로부터 전화가 와요. 눈보라가 칠 때도 연락이 옵니다. 저 멀리 내가 보이지 않는 거리에서 창문을 열어 놓고 송전탑 위의 우리, 눈보라 속의 우리를 한참 보고 갔다고 문자를 남깁니다. 어느 날엔가는 두건을 쓰고 신분을 밝히지 않은 누군가가 따뜻한 음식을 놓고 갑니다. 그러고는 얼마 뒤에 누구였다고 문자로 이야기합니다. 처음에는 지나갈 때 차 유리창도 못 내리던 사람들이, 어느 순간 유리창 내리고 손을 흔들기 시작하고, 맘을 보태기 시작하고……. 이게 사람이더라고요. 이게 사람이더라고요. 그런 것을 철탑에서 내려가서 공장 앞에서도 봤어요. 처음에는 만나서 이야기하는 것도 혹시 누가 볼까 두려워하는 눈빛이었어요. 그러다가 어느 날 덥석 손을 잡습니다. 그러다가 어느 날은 말을 해요. "이 문제 빨리 해결하고 공장에서 같이 일하자."는 말을 스스로 해요. 요즘은 관리자들까지도 인사하고 손잡아요. 자기들이 같이할 수 있는 일을 할 테니 함께 싸우자고 해요. 그런 일들이 이루 말할 수 없이 많아요. 살인적인 진압이 막바지에 이를 때 나보다 더 늙은 노동자가 살이 찢어져서 피가 흐르는데도 "물러서지 마라. 우리가 여기서 싸우지 않으면 억울함을 밝힐 길이 없다." 하면서 후배들을 독려하는 것을 봤어요. 무급자였던 그 선배가 엊그저께 복직해 정문에서 봤어요. 4년 반 만에 봤어요. 아무 말도 안 하고 한 번 확 안아 주더라고요. 갈비뼈가 부서지는 줄 알았어요.

내가 늘 하는 말이 있어요. 사람 마음은요, 『주역』에서는 '단금지교'라고 해요. 마음이 모아지면 무쇠도 자릅니다. 하나씩 하나씩 모인 그런 소중한 마음들이 이 엄청나게 얽히고설킨 난제의 돌파구를 찾으려고 합니다. 저는 그렇게 느껴요. 이것이 인간에 대한 기본 예의 아닌가 싶어요. 사람은 누구나 측은지심이 있잖아요. 시간이 지나가니까 그런 측은지심이 나오면서 본인들 스스로도 '우리가 왜 싸웠지?' 하고 자기들에게 묻는 것이 느껴져요. 자기들끼리 이야기하는 소리가 내 귀에 막 들리는 것 같아요. '우리 미쳤어. 미쳤었나 봐. 우린 그런 사이가 아냐. 우린 형제야.' 이렇게 서로 답변하고, 그 이야기가 멀리서 들려오다가 지금은 가까이서 들려요. 그리고 형제는 어떻게 하지? 그렇지, 싸웠더라도 금방 밥상머리에서 이야기하며 놀고, 부모 돌아가시면 함께 울고 하는 게 형제잖아요. 우리는 인간의 본성으로 돌아가요. 우린 이렇게 회복되는 거예요. 인간성이 회복되는 거예요. 5년 만에요. 자본이 어떤 시혜를 베풀어서 노사 문제를 푸는 게 아니라, 이런 큰마음들이 발효돼서 풀어 가는 것 아닌가 싶어요. 그 소리들이 지금 들려오고 있어요.

저는 희망을 확인하면서 끝내야겠다는 분명한 목표가 있기 때문에 견딜 수 있는 것 같아요. 우리 희망은 소박합니다. 일상을 찾는 겁니다. 길바닥에서 농성하는 것이 아니라 청춘을 다 바친 공장에서 다시 공구 들고 땀 흘리며 차를 만들어야 합니다. 퇴근길이 있고, 동료가 있고, 이웃을 맘 편히 확인하고, 자식의 아빠이자 노모의 아들로 최소한의 역할을 하면서 그동안 못했던 시간들을 보충해 가는지를 확인하는 것, 그것이 제 희망입니다. 그런 상상을 합니다. 그런 상상도 없이 하루하루를 어떻게 견디겠습니까? 동지들 볼 때 눈에 그려져요. 이 투쟁을 운동과 계급에 의해서 했던 사람은 그 생각 안 할 겁니다. 일하고 싶은 욕구가 강했던 동지들, 썩어 빠지게 일만 했던 동지들, 운동이 뭔지도 팔뚝질이 뭔지도 모르는 동지들이 남았어요. 그런데 그 친구들이 어느새 "쌍차 투쟁이 이 나라 정리 해고의 문제, 노동자들의 문제다." 하고 이야기할 정도가 되었어요. 그럼에도 "또 만들고 싶다. 또 하고 싶다."고 해요. 그것은 가슴에서 나오는 말입니다.


해고 이후 오랫동안 몸이 아팠던 정형구도 그날 같이 있지 못했다. 그러나 어떻게 일이 진행될지 눈으로 그려볼 수 있었다. 그것은, 자신이 복직해서 일을 하면 뛸 듯이 좋아할 아내 모습만큼이나 선명했다.

아내를 위해서 돈벌이를 해야 한다는 생각을 가지고 있는데 말만 나오고 움직여지지는 않더라고요. 일을 하려도 마땅히 할 데도 없고요. 인터넷 구인 사이트 보면 쭉 나오잖아요. 들어갈 만한 데가 없어요. 퇴직금 3천3백만 원 받았나? 그건 다 썼고. 해고되고 나서 2년은 거의 집에만 있었어요. 본가가 걸어서 3분 거리인데 거기만 다니고. 해고되고 나서 친구들이 멀어진다는 것을 느껴요. 전화 한 통 딱 하면 만사 제치고 오는 애들이 이 핑계 저 핑계 대고 자주 만나 주질 않아요. 사실은, 마음 아픈 생각들밖에 없어요. 구조 조정이 없었으면 살았을 사람들, 이혼하지 않았을 사람들 생각나죠. 아내는 결혼 전에는 한 번도 안 해본 식당일을 해요. 그리고 직업이 없다는 것 자체가 힘들잖아요. 집에 있다가 낮에 밖으로 나갈 때도 누가 날 보나 쳐다보고 골목을 빠져나가고……. 아직까지도 사람들이 괜히 나를 쳐다보는 것 같아서 떳떳하지 못해요. "젊은 사람이 집에 있네." 그렇게 수군댈 것 같아요. 1층 주인집에서는 사정을 알지만, 동네 딴 사람들은 모르거든요.

해고자 생활이 권투보다 더 힘들어요. 어쩔 때는 비참하다는 생각도 들 때가 있죠. 경찰이 우리 때리는 것은 전혀 하자가 없고 우리가 팔이라도 대면 무조건 체포되고……. 그런 게 아주 죽겠어요. 마음 같았으면 코뼈라도 한 대 때리고 싶은데 동영상 다 찍히고. 그래도 힘은 내야죠. 오전에는 산에 다녀요. 정신이 많이 맑아졌어요. 오전에 관악산 갔다 오면 시간이 빠듯해요. 월·수·금 아침 출투 마치고 산에 다녀오는데 몸이 많이 좋아졌어요. 집에서 점심 먹고 대한문 오는데, 두어 달 정도만 이렇게 하고 완전히 합류해야죠. 아내는 '보너스 8백 프로'라는 말을 그렇게 많이 해요. 복직하면 보너스 8백에 4대 보험 된다고, 그런 회사가 어디 있냐면서 꼭 복직하라고 이야기해요. 그전에는 대기업에서 파업하는 거 보면 4대 보험 딱딱 나오는데 왜 파업을 하느냐, 배부른 소리 한다고 하더니 지금은 날 보고 좀 이해해요. 이제는 장인·장모에게 사실을 말하자고 올 초에 말했더니 안 된다고 그래요. 좋아하시겠냐면서, 꼭 복직해야 한다고 그래요.

2013년 11월 16일 시민들은 초고층 아파트인 삼성동 아이파크에 헬기가 충돌했다는 속보에 깜짝 놀랐다. 헬기는 아파트 화단으로 추락했고 조종사가 사망했다. 서맹섭은 '어, 내가 아는 아파트인데?' 하고 생각했다.

원래 우리가 굴뚝에서 내려온 이유도, 우리는 2009년 10월 1일자로 열아홉 명에 대해 고용을 보장받았던 거예요. 그래서 나는 그거 믿고 내려왔던 거죠. 실질적으로 8·6 합의에는 사내 하청 사람들 공장 안에 취업 알선하겠다고 나와 있어요. 그런데 구두상으로는 고용 보장하겠다고 했는데 회사는 발뺌하는 거예요. 우리가 10월에 면접을 봤어요. 근데 그것은 형식적이었더라고요. 공장에 넣으려고 면접을 본 게 아니더라고요. 굴뚝 내려오고 병원에 있으면서 9월에 지부를 통해서 공문 보냈어요. 원청에 (고용 보장) 약속 이행하라고요. 그러다가 병원에서 나오자마자 다시 비정규직 동지들 모이라 해서 공장 앞에 비닐 하나 쳐놓고 노숙 들어가고, 11월에 기자회견 하고 다시 싸움을 시작한 거예요. 그때는 내가 왜 내려왔을까 싶었어요. 정말 믿고 합의 보고 땅을 밟았는데, 회사가 이걸 다시 엎어 버리니까 얼마나 화가 나요? 노무 담당 상무 만나서 그랬죠. "순수한 조합원들은 빨리 받아라. 핵심들 안 받으려면 순수한 조합원이라도 받아라." 그리고 여성도 세 분 있었는데, 그분들도 넣으라고 그랬죠. 고민하겠다며 다시 명단 달라고 하기에 우리가 명단 열아홉 다 줘버렸지요.

그래도 해결이 안 되니까 2010년 1월 되면서 사장의 서울 집 앞에서 1인 시위도 했는데, 강남 삼성동 헬기 박았던 그 아파트에 사장이 살았어요. 주소에 '아이파크'라고 그렇게 나와 있었어요. 거기에 스타렉스 방송차 가지고 가서 시위하려고 하는데, 양아치처럼 생긴 경비 애들이 우르르 나와서 뭐냐고 그래요. "집회하러 왔다고? 어쩌라고?" 하면서 젊은 떡대 애들이 막고 그랬죠. 또 인도 대사관 앞에서 눈 엄청 오는 날 피케팅하고 그랬어요. 굴뚝에서 내려와서도 쉴 수 있는 기간들이 없었어요. 병원에 있을 때만 잠깐 쉬었고. 이 와중에 지칠 때도 있었죠. 내가 계속해야 하는 건지 말아야 하는 건지 때로 고민했어요. 원래는 내가 부지회장으로 굴뚝에 올라갔던 거고, 지회장은 노조 만들자마자 두 달 만에 병가로 떠났어요. 내가 직무 대행으로 일했고 사무장으로 있던 복기성과 함께 둘이 모든 역할을 책임져 하고 그랬어요. 병원 나와서 선거해야 하는데 나는 임원 안 하려고 했어요. 내가 그 정도 했는데 성과도 하나도 없는 거잖아요. 고생은 했는데 아무런 성과도 못 내고 조합원들이 실지로 못 들어갔으니까. 근데 우리 비정규직지회 조합원들이, 열아홉 명이 다 또 이야기하는 거예요. "다시 싸우자. 믿고 가겠다." 그때부터 지회장 달기 시작해서 쭉 흘러왔고, 중간중간 인자 힘든 부분도 좀 있었죠. 집안 문제도 아이들의 상처들이 있는 거고. 집안 어르신들은 또 많이 이야기하잖아요. 시골집은 몰랐어요. 처가 쪽은 알고. 양쪽 다 나를 쪼지요. 아이들이 있으니까. 어떻게 살려고 하냐고. '믿어 달라, 믿어 달라' 하면서 왔어요. 들어갈 수 있다고 하면서.

저는 공장에 들어갈 수 있다고 해요. 이미 2006년에 파견법 위반으로 걸렸잖아요. 지금 막 회사가 인원 충원 계획을 이야기하잖아요. 그런데도 우리 비정규직을 정규직 시키겠다는 말은 없어요. 우리는 정규직 돼보겠다고 몇 년 동안 쉬지도 않고 일만 했는데, 잔업·특근 안 빠지고 월차도 안 쓰고……. 하루아침에 나가라고 하는데 내 자리에 정규직들이 들어오는 거예요. 즈그들이 용접 못 하겠다고 몇 년 동안 피하다가, 회사에서 여기 들어가 일할 거 아니면 나가야 된다고까지 하니 어쩔 수 없이 우리 자리 들어온 거래요. 그러니 '내 살길도 막막한데 이유 없이 나갈 순 없다.'는 생각이 좀 강했죠. 지금은 평택역에 있는데 1년 7개월, 550일 넘었으니까. 버티고 있어요. 왜? 한 가지 희망이 있기 때문에. 내일 비정규직 지위에 대한 재판이 있어요. 이길 거라고 생각하지만 지면 쓸쓸할 거 같아요.

서맹섭은 과연 재판에서 이길 수 있을까? 그리고 해고자들은 해고 무효 소송에서 이길 수 있을까?

이제 우리가 말하지 않은 한 가지를 말할 때가 되었다. 그것은 '죽음'
에 관한 것이 아니라 '진실'에 관한 것이다. 양형근은 1989년 입사했다.

내가 입사했을 때는 자동화율도 높지 않고, 그전엔 차를 망치로 두
들겨 만들기도 했다는데, 나 때는 그 정도까지는 아니더라도 입사했
을 땐 열악했어요. 1963년 일산에서 태어났고 중학교까지 일산에서
나오고 고등학교는 부천공고로 갔어요. 기술 좀 배워 보려고 공고에
진학한 거죠. 부모님은 식품 장사 하다가 일산서 소를 키웠어요. 고
등학교 때는 학교 총학생회장이라서 베레모 쓰고 워커 신고 다니고,
그룹사운드 활동도 했어요. 학교 축제 때 맹활약을 했죠. 총학생회
장이라고 사열 보던 놈이 좀 있으니 그룹사운드 하니까 선생한테 야
단도 맞고. 음악은 그전에 기타랑 신시사이저 학원 좀 다니면서 배
운 거고, 고등학교 마치고는 그룹사운드 생활 계속하려고 산속에도
들어가고 그랬어요. 악기 사가지고 하우스 지어 놓고 공연도 다니고
막 같이 먹고살고. 그룹 이름은 '스파크'였어요. 여섯 명이 멤버였는
데 들국화 노래를 잘했어요. 그러다가 군대 가면서 깨졌어요. 군대
는 전주 탄약 사령부에서 보냈고.

쌍차에는 스물일곱에 입사 시험 보고 들어왔는데, 우리 때만 해
도 입사 시험이 있었고 코란도 만들 때라 입사 동기가 많았어요. 도
장반에 있었는데, 출고 직전에 넘버(차량 번호판)만 달면 되는 차들에

252

결함이 있는지를 체크하는 완성반에서 일했어요. 기계적인 결함을 본 게 아니라 부분적으로 도색하는 일이었어요. 고객에게 표시 안 나게 도장 기술을 발휘하는 건데, 나중에 이 기술 덕에 야미(뒷거래)로 일 좀 봐주기도 했어요. 차에 슬쩍 기스(흠) 난 사람들이 정비소 가면 비싸니까 나한테 부탁도 하고. 내가 쌍용 들어왔을 때가 한국노총이었다가 민주노총으로 가는 파업을 할 때였는데, 하루는 창고에 갔더니 구닥다리 신시사이저가 있어서 생음악으로 파업 때 신나게 연주해 줬어요. 그때는 '딴따라 형'이라고 불렸어요.

공장이 변하는 거랑 이 사회가 변하는 거랑 똑같은 것 같아요. 우린 페인트 만지는 일 하니까 기관지에 안 좋다고 처음에는 어울려 돼지기름을 먹으러 많이 다녔어요. 나는 술을 굉장히 좋아하는데, 쌍차에서 나 이길 사람 없다고 소문나서 술자리에 가면 내 옆에 아무도 안 앉으려고 했어요. 자동화는 사실상 일자리가 없어지는 것이니까 꼭 좋은 일만은 아니고, 사람이 할 일을 기계가 하니까 사람 사이도 그만큼은 멀어지고. 차 도장도 지금은 로봇이 색 뿌리니까 그 정도 인원이 필요 없어지고.

하지만 나는 그것과 관계없이 내가 반드시 해고될 거라고 알았어요. 우리가 상하이차에 매각될 때 이렇게들 이야기했어요. "중국은 관용차만 1년에 8만 대다. 쌍차가 12만 대 만드는데 관용차만 8만 대면 얼마나 많이 팔 수 있겠느냐. 우리도 이제 넓은 시장에 차를 팔아야 한다." 거기에 넘어간 거죠. 그런데 조금 있다가 보니까 '먹튀'(먹고 튀기) 조짐이 보이더라고요. 오리온전기가 이미 겪은 일이에요.

우리 과정이랑 똑같아요. 그래서 상하이차가 기술 유출한다고 고발을 제가 했어요. 그뿐만 아니에요. 상하이차는 우리를 인수하면서 독립 경영, 고용 보장 등 몇 가지를 약속했어요. 1년에 3천억 원씩 4년간 1조2천억 원을 투자하겠다고 특별 협약까지 했어요. 그런데 하나도 안 지키고……. 인수 자금에 대해서도 의심스러웠어요. 상하이차는 우리를 5천9백억 원에 샀어요. 그것도 우리 은행들이 신디케이트론(둘 이상의 은행이 해외 기업체에 공동으로 자금을 대출하는 일) 4천2백억 원을 대출해 줬어요. 그 대출금도 아마 쌍용차 돈으로 갚았을 것이라고 저는 생각해요.

저는 명예훼손으로 고발당했어요. 경영은 자본가들의 성역이라는 거죠. 제가 매각 과정부터 헐값 매각이라고 주장하고, 먹튀나 기술 유출 등을 고발하니까, 외국 사장이 이번엔 명예훼손으로 고발한 거죠. 하지만 사측에서 결국 취하했어요. 저희는 생존권 사수대를 결성했어요. 이런 분위기 속에서 저는 당연히 해고를 각오했고, 진실은 있다고 변함없이 믿었어요. 파업 때는 우리 마누라가 공장에서 안 나올 거면 이혼하재요. 그래서 "에잇, 좋아." 이러고는 이혼 서류를 작성해 공장 밖으로 줘버렸지요. 근데 파업이 안 끝나서 공장 밖에 못 나가니까 결국 법정에 출두 못 했어요. 파업이 도와준 거죠. 사실 나도 가족 때문에 옥쇄 파업 한 거예요. 내 가족은 책임지면서 살고 싶었어요. 그런데 파업 끝나고 나니 평조합원이었음에도 징역 7개월 살았어요. 가족들을 책임지기는커녕 파산 신청했고 퇴직금도 가압류 때문에 1원 한 푼 못 받고, 지금은 카드도 없고 아무것도 없어요.

그럼에도 파업 끝나고 나와서 생계 투쟁은 한 적이 없고 진실을 밝혀야겠다고 생각했어요. 나와서 그때부터 회계 조작, 기획 부도 증거들을 모았어요. 쪼가리 쪼가리 모았어요. 이렇게 하기까지 참 힘들었어요. 내가 아무리 옳다고 해도 내 말을 믿지 않고, 우린 현장 출신이라 거칠어서 전문가들 손을 거쳐야 하니까. 저는 사무직인 사람 하나랑 계속 이 문제를 파왔어요. 내가 생각하는 결정적인 증거는 쌍차 자산이에요. 정리 해고 당시 안진 회계 법인이 쌍차 자산을 어떻게 평가했나? 왜 갑자기 1년 사이에 5,177억 원이나 줄었나? 왜 부채비율이 160퍼센트대에서 560퍼센트대로 크게 증가했나? 정리 해고 숫자가 2,646명이란 근거는 어디서 나왔나? 저는 이 과정에서 회계 조작이 있다고 생각해요. 진실은 법정에서 가려질 거예요.

저는 해고자 복직 이야기를 하지 말라고 해요. 우리만 해고당했나요? 다른 사업장에도 수많은 해고자가 있어요. 다른 사업장에서도 얼마든지 그렇게 이야기할 수 있어요. "너네만 해고되었냐? 왜 너네만 난리야?" 하지만 쌍차 문제의 두 핵심은 진실과 죽음이에요. 우리가 정리 해고의 문제의 중심에 선 것은 우리가 많이 해고돼서가 아니라 진실이 있기 때문에, 죽음이 있기 때문이에요. 제 말은 쌍차에 복직하지 말자는 이야기가 아니라 진실을 가려내는 것, 그것이 복직이라는 거예요. 진실만 밝히면 우리는 원상회복되는 거예요. 진실이 곧 복직이에요. 우리가 인간적으로 안돼서, 불쌍해서 복직하는 게 아니에요. 그리고 이것은 우리만을 위한 것이 아니에요. 진실을 밝히는 게 중요한 건 잘못된 것을 바로잡기 때문이에요. '뭐가 경영상의 긴박한 이유지? 왜 경영상의 문제가 생겼지? 경영상 문제가 생겼을 때 어떻게 해결해야 하지? 경영상 문제가 생겼을 때 서로 책임 전가 안 하려면, 특히 노동자만 책임지고 경영자는 아무것도 책임지지 않는 것을 어떻게 해야 하지?' 그게 앞으로도 수많은 사람들이 희생당하는 것, 그냥 일만 하면 되는 줄 알았던 어리석은 사람들이 속수무책으로 희생당하는 걸 막을 수 있어요. 이것이 스물넷이 왜 죽어가야 했는지를 밝히는 거예요.

만약 누군가 어느 날 문득 '그런데 왜 쌍차에서는 그렇게 스물네 명씩이나 죽었지?'라고 질문을 던진다면 어떤 대답들이 나올 수 있을까? 그들은 의지박약이었을까? 그들은 운이 없었을 뿐인가? 우울증 기질이 있었을까? 혹시 지금부터 우리에게 중요한 것은 대답이 아니라, 질문을 집요하게 기억하는 것일 수도 있을까?

'우리는 왜 낙인찍히고 왜 이런 대우를 받느냐?' 사회에서 받아 주지 않고 억울하니까 죽는 거예요. 긴박한 경영상의 이유로 정리 해고가 되었다 치더라도 죽지 않고 살 수는 있어야 하잖아요. 그렇다면 '왜 살 수 있는 방법이 없게 되었는가?'라는 질문에 대한 답이 있어야 하잖아요.

희망퇴직 한 사람이 진짜 희망을 가져야 해요. 지금은 '절망 퇴직'이잖아요. 정우 형이 그랬어요. 우리는 골방에서 문만 빼꼼히 열고 본다고요. 골방에 갇혀 있어요. 희망퇴직 할 때 받았던 돈 다 쓰고 가지고 있던 차 팔고는 그다음 골방에서 병들고 감히 문밖으로 못 나오는 거예요. 한때 국정조사·청문회 할 때는 조금씩 희망을 갖기도 했어요. '우리는 억울하게 쫓겨난 거고 곧 진실이 밝혀지겠구나. 그전에 흑자 기업이었는데 기획 부도로 법정 관리된 거구나. 긴박한 경영상의 이유가 아니라 회계 조작 때문이었구나. 우리는 청춘을 바쳐 일한 곳에서 억울하게 쫓겨났구나.' 청문회 때 이미 상하이차의 먹튀가 밝혀진 거잖아요. 청문회 때 신디케이트론 이야기했잖아요. 산업은행 같은 국책 은행이 개입된 것이니, 산업은행은 과연 회계 조작을 몰랐는지를 따져 봐야죠. 국가 기관들이 다 개입된 것이잖아요. 그 책임을 노동자들에게 씌운 것이잖아요. 생산성 지수 가지고요. '현대차는 서른 대 만드는데 쌍용차는 열 대만 만드느냐?'는 식으로요.

해고자 숫자는 어떻게 나온 건가요? 노조가 48 대 52, 그러니까 농성자 가운데 48퍼센트는 1년 무급 휴직 후 순환 근무가 가능해도 나머지 52퍼센트는 결국 정리 해고(희망퇴직 및 분사)를 한다는 8·6 합의서에 이미 합의했으니 그것에 대해서는 할 소리 없는 거잖아요. 그렇지만 합의가 끝났다고 해서 가만히 있을 상황은 아니었어요. 그래도 살아야 하잖아요. 그래서 멈추지 않고 진실을 캐는 거예요. 사측에서는 무급자를 집어넣었으니 약속을 지켰다면서, 2014년에는 희망퇴직자를 집어넣는다고 하지만, 끝끝내 해고자들의 복직에 대해서는 이야기하지 않잖아요. 그렇지만 이 구조 조정 자체가 잘못되었고, 법정관리도 허구라면? 저도 정리 해고자이지만, 정리 해고자만 살자는 게 아니에요. 복직도 돼야 하지만, 이런 진실이 밝혀져야 들어가서도 부당한 대우를 안 받아요. "회사가 받아 준 거야. 너네 잘해." 그런 말 안 들어요.

저는 미치겠어요. 밖과 안, 죽은 자와 산 자의 갈등은 아직도 깊어요. 서로 그런 이야기를 잘 안 할 정도로 깊어요. 진실이 밝혀져야 달라져요. 그래서 이 문제에 파고들고 또 파고드는 거예요. 오랜 시간이 걸렸어요. 이야기하는 데만 3년 넘게 걸렸어요. 어쨌든 쌍차 문제의 본질은 진실과 죽음입니다. 들어간 사람들이 협상해서 문제를 푼다고 쳐봐요. 만약에 협상이 되면 내가 사장이라도 투쟁한 놈들은 안 넣어 줄 것 같아요. 집어넣어 준다 하더라도 "너네 4년 동안 그랬지?" 하며 다시 징계 위원회를 열어 또 죽일 수도 있어요. 우리가 얼마나 밉겠어요. 진실을 밝히는 일은 우리가 완전히 살기 위해서 필요한 거예요. 아니면 또 죽어요. 그래서 국정조사 하자는 거예요. 우리가 불리하더라도 받아들이겠다는 거죠. 나는 진실을 봤고 진실은 밝혀져야 하는데, 세상은 그렇지 않고 누군가는 진실을 원하지 않을 수도 있고. 제가 이렇게 매달리는 것은 꼭 누가 맡겨서가 아니에요. 그래도 내 일인데 책임 있게 할 수 있다는 판단이 들고 자료도 있고.

그리고 진짜 희망은요, 자본주의사회에 살지만 자본주의를 경멸할 줄 아는 거예요. 돈이면 다 되는 세상이고 돈이 주인인 세상인데 저는 그러기 싫어요. 저도 회사 잘리기 전에 부서에서 회식하러 노래방에 가곤 했어요. 그럼 거기 도우미가 있잖아요. 도우미들이 어떻게 평택의 노래방까지 왔는지 모르지만 남자들이 술 먹으면 함부로 하잖아요. 한번은 술 먹으러 열 명쯤 갔는데 도우미를 세 명 불러요. 오래전 일인데 나이도 어린 놈이, 여자가 나이도 많은데 막 욕을 하고 그래요. 그래서 제가 "이놈의 새끼!"라고 하고는 막 뭐라고 했죠. 그랬더니 자기는 2만 원을 주고 산 거라나 뭐래나. 그래서 "야, 이놈아. 너는 돈 2만 원, 3만 원으로 인격이고 뭐고 다 무시하냐?"고 했죠. "이런 싸가지 없는 새끼, 너는 재산이 얼마나 있냐? 네가 그렇게 사람을 무시하냐? 세상을 그렇게 사냐?"고 그랬더니 "그게 자본주의잖아요." 그러는 거죠. 결혼하고 애 낳고 평생 회사 왔다 갔다 하는 게 삶인데, 일 좀 한다고, 일하다 돈 벌다 보니 스트레스 받는다고 그렇게 풀어 버리면 그걸 어떻게 삶이라고 할 수 있겠어요. 일이 전부인 것 같지만 일이 내 전체, 내 전부를 쥐고 흔드는 것은 아니잖아요. 나는 돈이 있건 없건 같이 어우러져 살 수 있고, 노동도 존중받는 세상에 살고 싶어요.

이제 5년의 시간이 흘렀다. 진실이 밝혀질 듯 밝혀지지 않는 동안 한 사람도 빠짐없이 몸에 병이 생겼다. 천하장사 양형근은 자타가 공인하는 '종합병원'이 되었다. 이창근은 어지럼증을 앓았다. 병명은 전정 신경염이었다. 8주간 입원했다. 염진영은 오른발 통풍을 앓고 있고, 오석천과 이갑호는 허리 디스크로 입원했다. 김성진은 퇴행성 고관절염을, 복기성은 역류성 식도염과 허리 디스크를, 윤충렬은 고지혈증과 고혈압을……

이현준은 피와 땀으로 만든 것 같다던 집을 2012년에 처분했다. 작은 집으로 이사했다. 아이들은 아직 작은 집으로 이사한 이유를 모른다.

5년의 시간이 흐르는 동안 그들은 비닐 깔린 길바닥 위에서 자는 것, 모기에 물리는 것, 눈비 속에서 자는 것, 회의를 하는 것, 낯선 사람과 이야기를 하는 것에 익숙해져 갔다.

그리고 에어컨을 켜는 것, 술을 마시는 것, 전기를 끄는 것, 시간 약속을 지키는 것, 이런 것들로도 말다툼을 했다. 말다툼 끝에는 쉽게 또는 어렵게 화해를 했다.

큰 고민이 있으면 사소한 아름다움에 마음을 뺏기는 것일까? 산을 좋아하던 김상구는 마치 대한문이 산인 것처럼 거리를 걸으면서도 화단의 작은 꽃잎들에 자꾸 눈길을 주었다. 어제 못 보던 꽃, 그러나 오늘은 모습을 나타낸 꽃, 변화하는 것들이 특히 눈에 많이 들어왔다.

가장 슬픈 것은 우리 주변에 있던 사람들이 떠나는 것. 가장 기쁜 것은 같이 싸워 줄 사람이 있다는 것. 그거 하나로 행복했어요. 내 옆에 누가 누워 있다는 것으로요.

박정만의 어머니는 전화를 걸면 눈물을 흘렸다.

국가유공자 수당이나마 조금이라도 받고 있는 놈이 떠날 수 있냐?

난 그럴 수 없다. 지금 보면 각시들이 고생해요. 하지만 지금 그만두면 내가 잘못해서 떠나는 것밖에 안 되잖아요. 도덕적으로 안 되는 거요. 나 자신이 해고된 것이 억울하지 않다는 거잖아요. 그럴 것 같으면 진작 떠났어요. 우리 엄니는 지금도 전화하면 울어요. "야야, 너는 언제 내려오냐?" 그래도 다행히 건강해요. 여든인데 자전거 타고 다니니까. 우리 애들 있는데 나 혼자 빠질 수도 없고 같이 가자고 한 게 햇수로 5년이에요. 정은 들고 떠날 수는 없고, 나 혼자 괜찮다고 떠날 수도 없고.

오석천의 딸은 부쩍부쩍 자라고 있다.
그사이에 서맹섭은 아이를 둘이나 더 낳았다.

남녀가 오랜만에 만난 거잖아요. 셋째는 119 구급차에서 낳았어요. 집에서 오라고 해서 갔는데, 난 투쟁하다가 연락을 받고 간 거예요. 2011년 5월이었어요. 집에 갔는데 만만치 않아 119를 불렀어요. 이미 자궁문이 열렸다며 병원에 가다가 놓을 수 있는 상황이라고 하더라고요. 저는 따로 운전해 구급차를 따라가는데 집에서 출발한 지 5분 만에 동네 언덕배기에 119가 서요. 차 세워 놓고 거기서 탯줄 잘랐어요. 여성 소방대원이 나이가 나보다 어린데 아주 잘해 주시더라고요. 나중에 소방서 가서 고맙다고 인사했어요.

넷째는 뜻밖에 생긴 건데, 임신 사실을 알게 된 게 8주인가 10주인가 된 것 같아요. 우리는 아무래도 부담이 있어서 힘드니까 떼려고 병원 갔었어요. 의사가 초음파검사를 하더니 뭐가 달랑달랑한대요. 그러면서 낳으면 국가에서 2백만 원을 주고, 떼면 150만 원이 들어간대요. 보험 처리가 안 되니까. 나는 애엄마한테 직접 판단하라고 그랬어요. 떼어야 할 상황이지만 집사람 의견을 존중하겠다고 그런 건데 낳자는 거예요. 떼려면 며칠 뒤에 오라 했는데, 결국 그 며칠이 있어서 낳게 된 거죠. 그런데 막내가 심장에 구멍이 나있어서 아직 다 안 닫혀 있어요. 원래는 1년 되면 구멍 난 게 덮여야 하는데 안 덮인다며 의사도 의아해 하더라고요. 이만큼 키도 크고 성장했으면 덮여야 하는데……. 내가 애를 떼려고 했던 마음이 처음에 있었기 때문에 애한테 미안한데 지금은 잘 낳았다는 생각이 들어요. 다만 심장만 문제인데 상황을 보면 진짜 문제가 있으면 애가 이렇게 크지는 못했겠죠. 우리 애는 잘 먹어요.

셋째가 너무 밝아요. 뭘 해도 웃음을 줘요. 연년생인 지 동생이 올해 돌인데, 서로 완전히 잘 맞아 챙겨 줘요. 셋째는 기저귀 안 차고 넷째만 차는데, 냄새나면 자기가 기저귀랑 물티슈 가지고 와서 직접 갈려고 그러면서 잘 놀아요. 죽으란 법은 없더라고요. 내가 희망을 갖고 열심히 살면 죽으란 법은 없더라고요. 막내는 주위에서 많이 도와줘요. 사람들이 옷도 주고, 국가에서 돈도 나와요. 1년까지 20만 원, 그다음에 15만 원. 그 돈으로 둘 문제는 해결돼요. 큰애들은 보습 학원, 피아노 학원에 보낼 수 있는 여건이 아니니까 공부방에서 공부해요. 대견하고, 또 미안하죠. 큰애들에게 다른 사람같이 사주고 싶은 부분도 있는데 아빠로서 잘 안 되니까. 오히려 아이들도 그렇게 조르지 않아요. 아빠가 뭘 하는지를 큰애와 작은애가 알고 있고, 집에 안 들어오는 것도 알죠. 아예 '아빠는 오늘 안 들어오는 날'이라고 알아요.

큰애와 작은애는 내가 굴뚝 올라갔을 때 왔었어요. 나는 "오지 마라. 애들한테 안 좋다." 그랬는데. 근데 그게 맞아떨어졌어요. 큰애는 와락에서 심리 치료 받았어요. 1년 반쯤 받은 것 같아요. 성격이 변해 버린 거야, 애가. 아빠와 유대 관계를 맺을 시간들이 많이 없었던 거지. 그래서 아이들 학교에서 해야 할 일은 일정 빼더라도 해요. 예전엔 몰랐는데 아이들 상처들이 이런 데서 나오더라고요. 유치원 행사도 많고 아빠가 가야 할 상황들이 있더라고요. '아무리 내가 소홀해도 애들 문제에 이 정도는 해야겠다.' 하고 생각하죠. 제가 평택역에서 천막 쳐놓고 농성하는데 평택역에 극장이 있어요. 큰애가 영화 보러 가끔 오는데 그럴 때마다 친구들 데리고 당당히 와요. 아빠라며 인사시켜 주면 피자 사서 먹으라고 돈도 주고 그러는데, 얘가 또 달라진 게 뭐냐면 학교 담임선생님이 큰애를 불러서 얘기했다는 거예요. 내가 하고 있는 일을 아느냐고 묻기에, 노동조합에 있다고 하니까, 선생님이 "아빠가 정말 훌륭한 일 하고 있다."고 좋은 쪽으로 얘기해 버린 거야. "아빠가 우리를 위해서 그러시는 거야."라고. 몰랐는데, 애가 돌아와서는 애엄마에게 그런 일이 있었다고 말하더래요. 선생님이 내 이야기를 했다면서. 나는 그 선생님을 몰라요. 그분도 언론 통해서 저를 봤겠죠. 지역 신문에도 나오고 그러니까. 작은애도 기억은 해요. 한번은 공장 쪽 지나가다가 굴뚝 보더니, "아빠

예전에 저 위에 올라가 있었었다." 하며 기억하더라고요. 그때 당시 두 살인가 세 살인가 그랬는데…….

　나는 그냥 아이들이 건강하게만 크면 내가 해줄 수 있는 것 다 해주고 싶지만, 사실 원래 임금도 적었어요. 150만 원 정도였고 몇 년 동안 풍족하지는 않지만 그 수준으로 살았어요. 내가 2백만 원, 3백만 원 벌었으면 틀렸을 거라고 봐요. 나는 어쨌든 쪼들리지만 씀씀이를 좀 줄이면 되는 거니까. 다들 물어요. 애가 많은데 어떻게 생활하느냐고. 나는 근데 가능하던데요. 집사람은 "아이들 금방 커서 새 옷 살 필요 없더라." 이렇게 말하고. 집사람을 잘 만났죠. 주변에서 나는 행복한 남자래요. 갈라서는 사람도 많고 떨어져 사는 사람도 많은데, 그런데 나는 그 기간에 애 둘을 더 낳았으니까. 나는 집사람에게 말해요. "행복하다. 그래도 미안하다. 너무 길게 이 싸움을 하고 있어서." 실제로 아이들을 보는 것만도 힘들잖아요. 주말에는 아이들과 보내고 싶은데 그게 안 되니까. 주말마다 일정들 있고.

5년간 많은 것이 변하기도 했고 변하지 않기도 했다. 김정운은 5년간 다른 세상을 봤다고 생각한다.

　회사 들어가고 싶죠. 회사 들어가면 사표 쓰고 나오고 싶어요. 마음은 그래요. "해고가 아니라 내가 사표 쓰고 나오겠다. 사표 써도 내 손으로 쓰겠다." 그랬더니 우리 마누라가 뭐라고 한 줄 알아요? "들어가면 쥐 죽은 듯 열심히 일해야지."

여길 못 떠나는 이유는 여러 가지가 있겠죠. 미안해서 못 떠나기도 하고, 나 혼자 떠나면 배신자가 될 것 같아서 못 떠나기도 하고, 아니면 공장에서만 20년 가까이 일하다가 허허벌판에 내동댕이쳐진 그런 외로움 때문에 못 떠나기도 하고, 동지들 버리면 어디 가서 다른 거 못 한다는 생각도 있을 테고. 하지만 저는 이렇게 생각해요. 저는 선도투 하기 힘들면 나가야 한다고 생각해요. 힘들면 나갔다가, 대신에 여유 있으면 다시 돌아와서 함께할 수 있는 여유로움이, 그런 포용력이 우리에게 있어야 한다고 생각해요.

저는 여기 있는 사람들에게도 말해요. "떠날 때 정말로 잘 떠나라. 헤어질 때 정말 잘 헤어져라. 다시 만나기 힘들게 헤어지지 말자." 우리는 다시 만나기 힘든 사람들이 너무 많아져 버렸어요. 나는 2008년에 빚 없었고 지금도 빚이 없어요. 하지만 나도 언제 어려울지 몰라요. 그러나 어떤 상황이 있더라도 우리 다시 만날 때 힘들게 만나지 않게 헤어지자고 해요.

나는 다른 세상을 봤어요. 틀에 박혀 공장에서 왔다 갔다 산 것이 우물 안 삶이었다면, 우물 밖 세상을 봤어요. 자기 일처럼 우리 일 해주는 사람들을 보면 나보다 더 못사는 사람들도 있어요. 난 집도 있는데 집 없는 사람도 있어요. 그 마음들, 함께 연대해 주는 수많은 사람들을 보면서 '세상이 결코 우리가 봤던 나쁜 세상만은 아니구나.' 하고 생각해요. 다른 세상이 있더라고요. 저는 내일 당장 이 일을 그만둘 것처럼 오늘 일해요. 오늘을 후회 없이. 하지만 내일 당장 어떤 일을 하더라도 당당할 수 있게. 어디서든 당당하게.

복기성은 변함없이 북을 친다. 그리고 변함없이 같은 꿈을 꾸고 있다.

'노동자 대통령' 꿈은 지금도 가지고 있어요. 대통령이라고 하니까 오해할 수 있겠지만, 무슨 기술로 최고의 경지에 오르는 것 말고, 최고의 권력을 가지는 것도 아니고. 오히려 저는 무슨 직책을 갖는 것에는 거부감이 있어요. 그러니 이런 것과는 다른데, 제가 말로 간단히 정의 내릴 수가 없어요. 그냥 흔하디흔한 들풀인데 온전한 풀로 살고 싶어요. 한 인간으로서 우뚝 서고 싶어요. 풍물은 지금도 하고 있어요. 북을 많이 쳤죠. 처음에는 북을 잡았는데 장구도 치고 꽹과리나 징도 가끔 잡습니다. 그중에선 북을 제일 잘 칩니다. 풍물을 스물한 살부터 지금까지 17년 친 건데 제 나이에 비해 경력이 깁니다. 방산(방위산업체) 전에 취업 나갔을 때 풍물을 시작했는데 고향에서 시민 단체, 문화단체 사람들이랑 같이 문화 활동 했어요. 풍물 할 때는 신나고 흥이 나죠. 같이 어울려서 즐겁게 노는 것도 좋았어요.

풍물 하면서 사람 관계에 대해 배웠어요. 풍물은 자세·호흡·타법 등이 기본으로 되어 있어야 해요. 그리고 '가랑비에 옷 젖는다'는 말이 있잖아요? 풍물도 오래될수록 점점 좋아져요. 그런데 풍물은 혼자 기량이 뛰어나다고 좋은 게 아니거든요. 북·장구·징·꽹과리 중 하나만 특출 나서는 좋지가 않아요. 풍물은 어울림이에요. 같이 호흡하지 않으면 어긋나거든요. 그걸 맞추기 위해서 항상 귀는 열려 있어야 하고, 다른 악기 소리를 들을 수 있어야 하고, 다른 악기도 알아야 해요. 내 소리만 듣고, 내 가락만 쳐버리면 같이 안 돼요. 풍물은 같이 호흡하는 과정이 필요하죠. 전문 풍물패로 오라는 사람도 있어요. 당연히 전문 풍물패 정도의 실력이 되도록 계속 기량을 길러야 하지만, 김덕수처럼 유명한 사람이 되는 게 꿈이 아니라 노동자 속에서도 풍물을 잘하는 사람이 있다는 걸 보여 주는 게 꿈입니다. 그렇게 기량을 늘리고 있습니다. 나는 노동자니까 현장에서 일을 하고 기량은 내가 노력하는 만큼 다 내 몸에 녹아들길 바랍니다. 정말 맘먹고 실력을 늘리려면 5년간 아무것도 안 하고 풍물만 치면 엄청나게 늘겠죠. 그렇지만 저는 풍물조차도, 일하는 제 노동자의 삶 속으로 녹아들면 좋겠어요.

이현준에게는 평생 변함없이 믿고 있는 것이 한 가지 있다. 인생의 경험이 알려 준 믿음이었다.

집사람은 노동조합의 '노' 자도 꺼내지 말라고 저에게 말했지만 가대위 활동하는 걸 보고 정말 감동했어요. 정말 잘해 줘야겠다고 결심했어요. 집사람은 저의 선택에 대해 절대 이야기하지 않아요. 지금 집사람이 아이 돌보미로 일하면서 생계를 꾸려 나가요. 어쩌다 옷 갈아입으러 집에 가보면, 거실에서 텔레비전 켜놓고 지쳐서 자고 있어요. 얼굴을 보고 이야기를 나눌 수가 없어요. 그래서 슬프죠. 하지만 저는 '고진감래'라는 한자 성어를 제일 좋아합니다. 저는 그런 인생을 살았어요. 저는 공부도 중학교부터 했어요. 중학교 때 선생님이 정말 좋은 말씀을 해주셔서 그때부터 공부했어요. 쌍차도 스물일곱에 늦게 늦게, 그것도 바로 들어간 게 아니고 한참 기다리다가 들어갔어요. 엔진반에서 다들 힘들다며 그만두고 나가도 견뎌 냈어요. 자칫 실수해서 엔진이 터지면 온갖 징계를 받기도 했지만 저는 참아 내면 된다고 생각했어요. 그래서 서울에 둥지를 마련하고 집도 사고 결혼도 하고 두 아이들도 잘 키웠어요. 그래도 쌍차는 나에게 행운을 가져다주는 직장이었어요. 제 삶을 돌이켜보면 좋은 길을 걸어왔다고 생각합니다. 지금도 고진감래를 믿습니다. 정말로 믿습니다.

한 사람, 또 한 사람, 또 한 사람 안에서 변한 것과 변하지 않은 것들이 충돌하기도 했고 화해하기도 했다. 어느 날 한윤수는 유제선과 이런 이야기를 했다. 그도 뭔가가 변했다고 느꼈다.

엊그제도 우리 제선이랑 잠깐 이야기했어요. "야, 공기 좋은 계곡 가서 한 달만 있었으면 좋겠다. 책도 좀 보고." 책을 좋아하는데, 2013년 6월 10일 분향소가 털리면서 잡혀가 파출소 안에서 조사받던 그날은 시간이 나더라고요. 거기서 파출소 안에 있는 책 한 권을 읽어 봤어요. 몇 년 만에 책을 처음 읽었어요. 뭔가에 쫓기는 삶을 살아가는 것 같아요. 우리도 힐링이 필요해요. 정신적·육체적으로 너무 지쳤어요. 우리는 비정규직 노조를 만들기 시작해서 5년 정도 쉼 없이 달려왔어요. 딸이 대학에 들어가게 돼서 등록금을 마련하려고, 아빠로서 그건 해주고 싶어서 일한 적이 있어요. 그때 힐링에 대해서 알게 됐어요. 진짜 힐링은요, 일을 하고 정기적으로 돈을 벌면서 자기가 좋아하는 세계랑 계속 연결돼 있는 게 힐링이더라고요.

파업 때는 미안해서 있었는데 지금은 내 의지예요. 제선이 말대로 새로운 인간이 탄생한 거예요. 예전엔 그냥 눈감고 살았던 게 많았죠. 5년간 제일 크게 바뀐 건 내가 사람답게 사는 것에 대한 인식이에요. 예전엔 즐기고 돈에 여유 있고 한 게 사람답다고 생각했는데, 지금은 사람답게 사는 것은 나라는 인간의 존엄과 권리를 찾아가는 부분이라고 생각해요. 예전엔 '좋은 게 좋은 거지. 내가 참고 지나가면 되는 거지.' 하고 생각했어요. '그런갑다.' 이러고 살았죠. 배워서 뭐가 제일 달라졌냐면, 배워서 분노하게 되었어요. 저는 배워서 분노하게 되었어요. "분노해서 뭐할 건데?" 이럴 수도 있겠죠. 앞으로도 싸우고 살 건지 말 건지의 문제가 아니라 '어떤 가치관이 내 삶의 한 방식, 한 부분을 크게 차지할 수 있겠구나.' 하는 생각이 들어요. 저는 이거 하면서 환경이나 생태 문제에 관심이 생겼는데 아마 계속 연결되겠죠.

염진영에게도 변한 것과 변하지 않은 것이 있다.

저는 항상 나무 같은 사람이 되고 싶다고 말하곤 했었어요. 사회적으로 높은 지위를 얻고 싶다거나 돈을 엄청나게 벌고 싶다거나 그런 생각은 안 해봤던 거 같아요. 서있는 그 자리에서 만족하면서 살고 싶었어요. 한결같은 모습으로 항상 그 자리에 있는 사람이고 싶었는데 삶이 그렇게 흘러가지를 못했어요. 최근엔 오히려 내가 보살핌을 받고 있죠. 이런 처지가 되고 나서야 제 자신에 대해서 알 수 있는 것들이 있어요. 얼마 전에 '강정 생명 평화 대행진' 때 같이 걸었어요. 무릎이 좋지 않은 상태에서 아침부터 저녁까지 걷다 보니 30분 지나면 등판이 땀으로 젖고, 한 시간이면 옷이 다 젖은 채 묵묵히 앞 사람 등만 보고 걷게 돼요. 그러다 보면 '나는 왜 지금 여기서 이렇게 걷고 있나?' 하는 생각이 들어요. 또 '내 옆 사람은 왜 걷고 있나?' 하는 생각도 들고. 도대체 저 사람들은 왜 황금 같은 일주일 휴가를 여기에 다 바치는지 궁금했어요. 오후가 되면 걷는 것도 정말 힘들어요. 제 옆에서 수녀님 한 분이 걷고 있었는데 둘째 날 보니 다리를 절뚝거리는 것이 영 불편해 보이고, 셋째 날 보니 수녀복 밑으로 살짝 보이는 발목 피부가 약한지 모기 물린 데가 부풀어 오른 게 보이더라고요. 피부가 울긋불긋한데도 절뚝거리고 비지땀 흘리면서 계속 걷는 거예요. 새파란 남자가 처지면 안 되지 싶어서 앞으로 나가면 강정 이장님이 계셔요. 그분은 처음부터 끝까지 깃발을 들고 걸으셨어요. 저도 두 시간 정도 깃발 든 적이 있는데 바람 불면 몸이 휘청거리면서 엄청 힘들었어요. 그런데 그분은 첫날부터 마지막까지 나보다 연세도 많은데 깃발을 놓지 않는 거예요. 힘들 때 그분들 뒤를 쫓아갔어요.

그전에 저는 연대 오는 분들과 좀 거리를 뒀어요. 나중에 원 상태로 복직돼도 연대해 주신 수많은 분들에게 갚을 자신도 없었고, 그분들만큼 열심히 살 자신도 없었어요. 그런데 강정에서 같이 걷다 보니, 앞사람의 등판을 보고 걷다 보니, 등판이 되는 것만으로도 또

270

옆에 있는 것만으로도 누군가에게 엄청난 도움이 된다는 걸 깨달았어요. 제가 이렇게 견디는 것은 옆에 같이 있는 선도투 서른 명가량 때문이고, 먼저 회사에 들어가서 눈 밖에 날 것을 뻔히 알면서도 자기 목소리 내려고 열심히 움직이는 선후배들 때문입니다. 해고되고 나서 내 앞에 두 갈래 길이 있었어요. 일이 잘 풀려서 해고 무효 소송에서 승소하면 제일 먼저 들어갈 것이고, 만약 패소하면 제일 마지막에 들어가게 되리란 걸 알고 있었어요. 제일 늦게 들어가는 것이 징계해고 소송 패소자니까요. 그때도 생각했어요. '내가 패소해서 제일 늦게 회사로 들어간다 하더라도 이 사람들 믿고 가면 된다.' 저에게는 함께하는 이 사람들에 대한 믿음이 있어요. '이 사람들이 나를 버린다', '버리지 않는다.' 그런 생각은 해본 적도 없어요.

김득중에게는 변함없이 지키고 싶은 게 있다.

저는 여러 가지 일을 극복해 왔고 저 자신에 관해서는 문제 될 게 별로 없어요. 물론 아이들이 걸립니다. 아내는 "당신은 할 만큼 했다. 1년 구속되기까지 했으니, 이제 당신 인생을 갖고 아이들과 못 했던 걸 해가면서 살 수 있는 것 아니냐."고 합니다. 그런데 그게 안 됩니다. 마음으로는 아이들에게 미안합니다. 한창 사춘기인데 상당히 미안합니다. 작은애가 초등학교 1학년인데 저한테 잘 안 옵니다. 아빠가 제일 싫다고 하죠. 4년 정도 떨어진 셈이니……

그것 빼고는 괜찮습니다. 공장에 다닐 때부터 저는 오랫동안 잔업·특근을 거의 하지 않았어요. 하루 여덟 시간만 충실히 일했어요. 나머지 시간은 제가 쓰고 싶은 대로 썼어요. 일 끝나고 나서는 내 시간이었어요. 연봉에 신경 쓰느라 잔업·특근으로 이어지는 삶을 살고 싶지 않았어요. 그래서 동기들과 연봉 차이가 1천만 원 이상씩 났어요. 그것 가지고도 충분히 생활이 가능했어요. 처음부터 그 돈에 맞춰 살았으니까. 지금은 아내에게 말합니다. "당신이 돈 좀 벌어라." 아내는 병원에서 소독하는 일 하는데 조금씩 쓰면서 맞춰서 살아갑니다. 저는 정규직이 해고되면 3년은 버틴다고 농담하고 다닙니다.

저는 제가 한 말에 책임지고 싶습니다. 제가 한 이야기의 끝을 보고 싶습니다. 저는 항상 제 자신에게 긍정적이었어요. 어떤 일을 해도 잘할 것이란 자신은 있습니다. 나는 앞으로 어떤 일을 해도 잘할 건데, 그런데 이 일을 해결하지 않고선 그 어떤 일도 못하겠어요. 양심상 계속 걸리는 것이 있어요. 여기 이렇게 동지들이 남아서 애쓰는 것을 보면 잘해 나가고 싶습니다. 생계 나가 있는 동지들 중에도 투잡 뛰는 친구들 있습니다. 대충 사는 사람들한테는 그런 맘이 적은데, 정말로 열심히 살아보려는 친구들을 보면 미안합니다. 2009년 파업 당시 조직실장이었던 제 말을 믿고 희망퇴직을 거부한 친구들도 있습니다. 제가 한 말에 책임지고 싶습니다. 죽은 친구들에 대한 기억은 지워질 수가 없어요. 며칠 전에 누가 물어봐요. 해고된 지 5년 됐는데 시간을 되돌려 누가 제일 생각나느냐고, 누가 지금 함께 있으면 좋겠느냐고. 저는 두 친구들(황대원·이윤형) 얼굴이 제일 먼저 떠올랐어요. 저는 더 이상 우리 쌍차의 문제를 죽음의 문제로 놔두고 싶지 않습니다. 함께 웃는 문제였으면 좋겠습니다. 영정 속에 있는 사람들도 이제는 동료들이 웃는 것을 보고 싶어 하지 않을까 생각합니다.

그리고 이 일은 우리 아이들의 문제이기도 합니다. 나는 정규직이니까 일정 수입이 되고 그걸로 먹고살았는데, 우리 아이들이 나처럼 정규직이 될 가능성이 지금대로 간다면 높지는 않습니다. 아이들이 일하는 나이가 되었을 때 어떤 조건에서 일하게 될까요? 저는 그런 미래를 생각 안 할 수가 없어요.

이 세상에 사는 의미를 잃을수록, 다른 인간과 관계를 맺는 방식을 모를수록, 자신의 삶도 의미를 찾기 힘들다는 것을 알고 있던 김정욱에게는 변함없이 포기할 수 없는 꿈이 있다. 어쩌면 우리 생애 안에는 이뤄질 수 없는 꿈일지라도.

처음에 노동자로서 일 시작할 때 나는 '공돌이, 공순이'로 살기 싫으니 1년만 일하고 그만두려고 했어요. 그런데 막상 살아보니 어떤 역할이 만들어졌던 것 같아요. 제가 투사는 아니거든요. 그냥 조금이나마 가치 있게 살아 보고 싶은 사람 중 하나일 뿐이에요. 그것만도 쉽지가 않아요. 버티고 있죠. 일상이란 게 자본주의 문화에 휩쓸려 있잖아요. 일상의 모든 것에 맞서서 저항하는 게 쉽지 않습니다. 하루하루 노동자답게 산다는 것은 고단한 일입니다. 제일 힘든 것은 사람들입니다. 사람들이 힘들어하고 아파하는 걸 보면 저도 힘듭니다. 노동자로서의 삶을 살 수 있다면 그렇게 살고 싶고, 또 한편으론 고향으로 돌아가고 싶기도 해요. 다시 고향으로 돌아가서 마을 이장을 한번 해보고 싶어요. 제 생각에 저는 참 잘할 것 같아요. 왜냐면 우리는 그 옥쇄 파업 과정에서 스스로를 통제하고 다독거리고 위로해 주는 법을 배웠던 것 같아요. 지금도 우리 선도투 동지들이 공장으로 출근하는 사람들에게 함부로 하는 것 못 봤어요. 우리는 서로가 서로에게 어떻게 대해야 하는지, 어떻게 관계를 맺어야 하는지를 배웠던 것 같습니다. 인간이 다른 인간을 대하는 방식을 배웠던 것 같습니다. 내 신념으로 혼자 깨우친 게 아니라 사람들을 통해서 배웠어요. 가끔 이런 생각을 합니다. '아, 주위에 사람들이 이렇게 많구나. 마음을 모으면 가고자 하는 길이 바로 이 안에 있다.' 최근에 독일에 다녀왔는데 어떤 노부인이, 자기 남편이 벤츠 자동차 회사에서 일하다가 정년퇴직했는데 아들이 그곳에 다시 들어가 일하게 되었다며 굉장히 자랑스러워하는 걸 봤습니다. 그걸 보면서 '나도 정년퇴직할 때까지 일하고 싶다. 그 속에서 노동자라는 이름을 자랑스럽게 자식에게 남겨 줄 수 있도록 해보겠다.'는 생각을 다시 굳혔어요. 묵묵히 자기 일, 자기 역할을 하고 자기 삶을 살고 사랑한 사람으로 기억에 남고 싶습니다.

한상균에게도 변함없이 이루고 싶은 꿈이 있다. 이 모든 일이 끝났을 때의 꿈. 그러나 이 모든 일이 끝나기 전에는 이루어질 수 없는 꿈.

저는 1985년 주식회사 거화에 입사하는 것으로 일을 시작했어요. 우리나라 최초로 지프차를 만들었던 곳이죠. 3남 3녀 중 둘째이고 고향은 나주인데 공장도 없고 조그마한 과수원만 있어서 먹고살려고 고향을 떠났어요. 거화에서 용접도 하고 도장도 하다가, 1985년 동아자동차라는 회사가 거화를 인수했고, 그 이듬해 동아자동차를 쌍용그룹에서 인수했어요. 그래서 쌍용자동차 직원이 되었어요. 쌍차에서는 조립라인에서 일했고 지프차를 만들었어요. 거화는 직원이 1천 명 정도 되는 회사였는데 노사협의회는 있었고 노조는 없었어요. 동아는 거화보다 더 열악했어요. 임금도 노동조건도 작업환경도 너무 안 좋고 관리자들도 억압적이었어요. 인간 이하의 취급을 많이 받아서 부산에서 올라온 동지들이 노조 만들자고 마음을 모았어요. 그래서 1987년에 노조를 만들었어요. 그러는 동안에도 심야근로를 엄청 많이 해서 살인적인 잔업이라고들 했죠. 보통 한 달에 1백 시간, 120시간씩 일했어요. 회사에서 오밤중까지 매일 살았어요. 밥 먹고 잠깐 가서 쪽잠 자고 또 일하고…… 출근해서 밤새 일하느라 삶 자체가 없었어요. 그때가 20대인데도 사랑 같은 사랑 한번 못해 보고 20대를 흘려보냈네요. 쌍용그룹은 노조가 있는 상태에서 인수했어요. 쌍용그룹이 인수한다니까 기대가 있었어요. 당시 김석원 회장이 이끌 때인데 쌍용그룹도 잘나갔죠. 그런데 쌍용그룹이 워크아웃 돼서 다시 대우차가 인수하고, 다시 대우가 워크아웃 되고 이번에는 상하이차로 들어가고 다시 마힌드라가 인수하고…… 그 과정을 하나도 피할 수 없는 인생이었어요.

그동안 공장 작업환경도 변해 갔어요. 거화 때는 수동 컨베이어였는데 점점 자동화되면서 지금은 모듈화가 진행되죠. 현대자동차보면 현대모비스 있잖아요. 그런 게 모듈화예요. 용접은 로봇이 들어와서 하고. 컨베이어 타는 것 자체는 작업을 굉장히 개별화시키는거예요. 그전에는 소집단 작업으로 열 명 정도가 호흡을 맞춰 만들다 보니, 그래도 인간적인 정들을 쌓아 가면서 일했죠. 그런데 이제그렇게 작업하던 시기는 지났고, 선후배도 없고 자기 할 일만 다 하고 쉬면 장땡이 되었어요. 손동작 하나하나 시간이 얼마 걸리는지다 잽니다. 그러다 보니 사람이 각박해져요. 그전엔 노동운동도 인간의 본성, 인간성을 회복하는 것을 중시했는데, 어느 날부터인가갑자기 그게 없어지고 자기주장만 강해지고 이기주의가 팽배해졌고, 또 자기 정파들이 생겨나면서 운동 전체를 보지 않는 소모적인대립 관계들이 생겨났어요. 저는 일하면서 운동하다 보니 처자식을돌아볼 시간이 없었어요. 살면서 가족들에게 너무 못했어요. 동료들과 관련된 일에 모든 걸 걸고 있다가 또 어느 순간에는 물밀듯 밀려오는 가족들에 대한 미안함에 떨면서 그렇게 살았죠. '여느 평범한노동자들처럼 월급 가져다주는 일상으로 돌아가고 싶다.' 그런 생각을 많이 했습니다.

지금까지 살아오면서 내내 못했어요. 내가 어려서 젊은 나이부터운동을 하느라 가족들을 너무 소홀히 했어요. 내게 주어진 시간이얼마나 있겠어요? 이 모든 일이 지나가면, 그러고 나서 남는 시간은여느 이웃집 아저씨로, 평범한 아빠로서 역할 좀 하고 싶어요.

이창근에게도 변한 것이 있다. 그는 사람이 죽어서 하늘의 별이 된다는 것을 믿게 되었다. 별이 되지 않았다면 그 사람들은 다 어디로 갔단 말일까? 인섭이 형 별, 무창이 형 별이 밤하늘에 떠있다.

그러자 믿고 싶은 것이 한 가지 더 생겼다. 그는 밤하늘의 별빛을 믿듯이, 길 잃은 양이 따뜻한 우리로 돌아가 환영받는 이야기도 믿고 싶어졌다.

내 동기 중 한 명이 죽었어요. 택진이라고, 한 살 후배인데 가족들끼리도 잘 어울리는 멤버였어요. 산 자였어요. 정리 해고를 당하지 않았는데, 안면암으로 아픈 지 얼마 되지 않아서 죽었어요. 그때 내가 못 갔어요. '가야지, 가야지' 하면서 못 갔어요. 하루는 대한문 분향소에 있는데, 새벽 3시쯤인데 내 앞에 앉아 있는 거예요. 가수면 상태였는데 너무 놀라고 겁도 났어요. 그럴 때가 있어요. 그럴 때가 힘들어요. 마주보기 힘든 사람들이 있어요. 최성국 조합원이라고, 막 두드려 맞은 형 있어요. 그 형도 우리 부서였어요. 성격이 잘 안 맞았는데 2009년 파업 당시 실제 싸움에선 혼신의 힘을 다해 싸웠어요. 퇴각하면서 성국이 형이 맞았거든요. 그래서 많이 피폐해졌죠. 몸도 힘드니까. 면전에 대고 보려니까 잘 안 되더라고요. 또 함께 일하다가 먼저 희망퇴직 한 사람들이 굉장히 많은데, 이 형들한테 가끔 연락 올 때도 고통스러워요.

제가 간부 하면서 뻥을 너무 많이 쳤어요. "노조 믿으면 해고 없다." 일관되게 주장했어요. 2009년 6월 이전에 1,666명이 희망퇴직하거나 퇴사해서 떨어져 나갔어요. 이 사람들을 못 지킨 것이라고 생각해요. 많이 미안해요. 못 지켜서 미안해요. 희망을 못 준 거죠. 지금 선도투가 서른 명이지만 투쟁하다가 떨어져 나간 사람이 어젯밤에도 전화했어요. 욕 반, 호소 반이었어요. "야, 잘하라고." 그분은 징계해고자인데 사실 우리가 징계해고자에 대해서 하는 게 너무 없어요. 그 형은 평택에서 일하다가 두 번 잘렸다고 하더라고요. 덤프트럭 몰고 목포까지 내려가 있더라고요. 헤어진 사람들을 찾는 걸 3년 전부터 했었어야 하는데, 사람이 죽어 나가도 죽고 나서야 아니까……. 지금 우리 잘린 사람 중에 6백 명 정도만 행방을 알아요. 희망퇴직자까지 포함하면 2천 명 넘게 알고 있어야 하는데, 우리가 놓치는 게 있어요.

그래도 저는 지금은요, 옛날에 일하던 사람들을 만나고 싶어요. 희망퇴직 한 사람들이 더 보고 싶어요. 잘 있는지, 잘 살아 있는지 확인하고도 싶고. 어쩌면 가장 우리를 위해서 선택한 사람들일 수도 있어요. '내가 나가면 너희들이 남을 수도 있지 않느냐.' 이런 생각들이 있었어요. 조합 지침으로 따지면 이탈한 건데, 다른 면으로 보면 우리를 위한 가장 큰 희생자가 아닌가 싶기도 해요. '내가 죽을 테니 니가 살아라.' 동료들을 위한 이런 마음이 있었는데 노조가 지켜 주지 못했어요. 만일 내가 지부장이라고 하면 나는 편지를 쓸 거예요. 희망퇴직자들에게 미안하다고, 죄송하다고. 나는 그래야 한다고 봐요. 2009년에 대한 평가는 다 다를 수 있겠지만 희망퇴직으로 미리 나간 사람들도 상처 받았어요. 그리고 파업 마지막 날, 그날 보고 다시 못 본 사람 많아요. 마지막 날 민주광장에 550명이 있었는데 그 인원 가운데 못 본 사람 굉장히 많아요. 한 번도 못 봤어요. 보고 싶어요. 이들을 과연 배신자라고 할 수 있을까요?

왜 이런 생각을 하냐면, 희망퇴직자들이 많이 죽었어요. 희망퇴직자 수가 많기는 많지만 대책이 없었던 것도 사실이에요. 우리, 싸운 사람들은 어떻게 보면 개인적으로만 싸우지 않잖아요. 희망퇴직자들은 혼자 맞서는 거예요. 각각 맞서다 보니까 바람에 넘어지고 있지 않나 싶고, 우린 같이 있다 보니까 바람에 덜 넘어지는 것 같고. 희망퇴직자들을 비난하기에는 우리 책임이 적지 않아요. 희망퇴직 한 사람 때문에 운 적도 있는데…… 제가 풍기 출신이라서 고향 친구가 회사에 없는데 유일하게 고향 형이 있었어요. 형의 동생도 다녔어요. 둘 다 희망퇴직 했죠. 파업 전에 형한테 전화가 왔어요. 그래서 내가 그랬죠. "형이 왜 그만둬? 둘 중 하나는 살아야지." 형이 알았다고 하고 파업 첫날 들어왔다가 바로 나갔어요. 무력하더라고요. 노조가 못 지켜 주는구나. 말로는 이길 수 있다고 했는데…….

제가 결혼할 때 우리 장인이 물었어요. "자네 꿈이 뭔가?" 그때는 인천제철 비정규직이라고 대답할 수가 없어서, 민주노총 위원장이 꿈이라고 해버렸죠. 암말도 안 하더라고요. 지금은 노조 위원장이 꿈이에요. 공장 들어가서 해보고 싶어요. 예수가 그랬던 것처럼 길 잃은 양을 품어 주는 게 노조라고 생각해요. 저는 노조는 길 잃은 한 마리 양을 보는 것이고, 봐야 되는 것이라고 생각해요. 나는 노조가 그런 역할을 해야 한다고 봐요. 이창근이, 김상구가, 오석천이, 박주헌이, 박정만이 다 길 잃은 양들이에요. 비조직적이고, 하나하나가 되게 소중한 사람들, 이 사람들을 지켜 가는 게 노조라고 생각해요.

그래서 요즘은 쪽팔리지만 회사 앞에서 김밥 팔고 있어요. 김밥 파는 것, 쪽팔리는 일이에요. 공도 많이 들고 창피하고 아주 무안할 때가 있어요. 그렇지만 지금 말 걸기를 하는 거예요. 말 걸기 해서 결국은 함께하려고. 오늘 김밥 8백 개 말았어요. 거기 들어가는 쌀만 80킬로예요. 이것을 한 번에 다 지을 수 없잖아요. 첫날은 전기밥솥에 밥하는 데만 네 시간 정도 걸렸어요. 설익기도 하고. 아무튼 그러고 싶어요. 일주일에 한 번, 수요일 날 김밥 팔아요. 그렇긴 한데 김밥 이후가 고민이에요. 김밥으로 말을 거는 작업들은 계속 할 건데, 나는 맘이 열린다고 하는 것은 자꾸자꾸 확인해야 한다고 봐요. 연인들도 그렇잖아요. "사랑한다. 사랑한다. 사랑해." 자꾸 그러잖아요.

그래도 다행인 것은, 옛날과 온도가 다른 거 같아요. 딴것은 몰라도 우리에게 악수를 건네고 눈빛을 건네는 사람이 그렇지 않은 사람보다 많다 보니까. 전에는 눈빛 주는 사람이 소수라서 위축되었는데 지금은 바뀌었어요. 홍보물 안 받는 사람이 더 이상한 거죠. 옛날엔 받는 사람이 이상했는데 역전된 거예요. 비율이 바뀐 거죠. 이제 공장 안에서도 해고자 문제를 해결해야 한다는 것을 내걸고 있어요. 무급자 460명이 2013년 3월에 들어갔는데 이 사람들이 자리 잡는 시간도 필요하고 2014년 3월에는 현장 서명을 받을 건데 해고자를 복직시키는 데 총역량을 투입하자는 계획들을 가지고 있어요.

내가 봤을 때 대한문에 있던 시간은 우리 동료들의 인간미가 유

감없이 발휘된 시간 같아요. 같이 싸우고 밤 지새우고 비 맞고 눈 맞고. 저는 사람들 등을 되게 오래 본 것 같아요. 생각하는 모습을 다 본 것 같아요. 그게 되게 좋았어요. 대한문에 있으면서 한참 동안, 10분 동안 밖만 보는 모습이라든지, 대화의 느낌보다는 그런 모습이 가장 많이 남고, 그런 모습이 많이 믿음직하다가도 서늘하다가도 미안하고. 저는 이상하게 나이 든 형들에게 미안하데요. 나도 어린 사람은 아닌데 형들에게 미안하더라고요. 과한 오지랖이라 지금도 그렇게 생각하진 않지만, 어떤 형들을 보면서는, 측은하고 미안한 생각인데, '빨리 정리하고 다른 삶을 살아도 살 텐데……' 그런 생각도 했어요.

저는 이렇게 하는 이유가, 조명이 꺼지지 않아서예요. 그 빛이 밖에서 오는지 안에서 오는지 모르겠어요. 빛이 안 꺼져서 해요. 빛이 꺼지면 저도 어딘가 도망가겠지만 빛이 안 꺼져서 도망 못 가요.

마치 창밖에 답이 있다는 듯이 한참 응시하던 사람들에게 그 바깥은 답을 줬을까? 선도투 사람들이 창밖을 보며 찾으려 했던 것이 무엇이었을까? 이창근도 어느 날은 창밖을 보며 서있었을 것이다. 또 누군가는 그의 등판을 봤을 것이다.

등판 너머 어딘가에 꺼지지 않는 빛이 있었을까? 아니면 그 빛은 자신들에게서 나오는 것이었을까? 그들은 서로가 서로의 등판이고 빛이었던 것일까?

여기까지가 그들의 긴 이야기다.

내게는 많은 질문이 남는다.

이것은 사내들의 이야기, 그것도 오랜 시간 인내할 줄 아는 사내들의 이야기인가?

아니면 이것은 길 잃은 양들의 이야기, 그것도 길 잃은 양이 길 잃은 양들끼리 서로서로 꼭 껴안고 있는 이야기인가?

아니면 길 잃은 양이 가끔은 기적적으로 별빛, 혹은 별빛 같은 사람들을 만나기도 하는 이야기인가?

그들은 왜 선택의 순간에 이해관계같이 확실한 것이 아니라 의리, 책임감, 동료애, 연민, 체면, 죄책감 같은 불확실한 것을 잡았는가?

그들은 왜 소득과 지출의 실[絲]뿐만 아니라 아주 막연한, 자신에게도 남들에게도 설명하기 어려운 막연한 또 하나의 실에 매달려 있는가?

그들은 왜 자신이 누구를 좋아하거나 존경한다는 이유로 그 사람과 같은 처지가 돼버리길 택했는가?

그들은 어떻게 몸에 병이 들어가도 진실에 대한 관심을 계속 가질 수 있었는가?

그들은 왜 자신이 인생에서 겪었던 수많은 일 중 가장 나쁜 것이 아니라 가장 좋은 것을 되돌려 주려 하는가?

그들은 왜 강자가 아니라 더 약한 자에게 책임감을 느끼는가?

세상에 악뿐만 아니라 선이 있다는 발견은 그들에게 왜 그렇게 중요했는가?

그들은 특이한 존재에 불과한가?

아니면 우리 안에도 그런 요소들이 있는가?


혹시 우리의 귀에 이 이야기가 들리지 않는다면,

그렇다면

오늘 아직 아무 일이 일어나지 않았기 때문일까?

내일 아무 일이 일어나지 않기를 바라기 때문일까?


많은 질문이 있지만 한 가지만은 확실했다.


그들 누구도 답을 알지 못했지만,

그러나 답을 모를 때 그들은 끝까지 함께 있는 것을 택했다.

그리고 자신이 받은 것 중

가장 가치 있는 것을 그대로 돌려주기를 택했을 때,

더 나은 세상을 꿈꾸며

그중 일부라도 현실로 만들어 보길 선택했을 때,

그들은 너무나 인간적이었고, 너무나 다정했다.

© 이명익

## 에필로그

*

이 글을 마친 뒤에도 많은 일이 진행되었다. 중요한 재판 및 결정이
몇 건 있었다.

2013년 11월 29일.
2011년 4월에 근로자 지위 확인소송을 제기했던 서맹섭은 2013년
11월 29일 승소했다. 서맹섭·한윤수·복기성·유제선 등 네 명에게는 정
규직 복직의 가능성이 열렸다. 그러나 이들 네 명은 마냥 기뻐할 수가
없었다. 같은 날 2009년 77일 파업에 참여한 쌍용차 노동자 등 110여
명에게, 46억 원을 배상하라는 판결이 나왔기 때문이다.

2014년 2월 7일.

쌍용차 해고 노동자 153명이 2010년 11월 회사를 상대로 낸 해고 무효 확인소송 항소심이 열렸다. 노동자들은 2년 전 1심에서 패소했었다. 재판장이 읽은 판결문의 내용은 이렇다.

"피고(쌍용자동차)가 2009년 6월 8일 원고들(쌍용차 해고 노동자)에게 한 해고는 모두 무효임을 확인한다."

정리 해고를 할 긴박한 경영상의 필요성이 없었다는 것이 원고 승소 판결의 근거였다. 노동자들은 귀를 의심했고 판결문이 낭독되는 동안 눈물을 흘렸다. 서울고등법원 민사 2부 서관 305호 법정은 순식간에 눈물바다가 되었다. 재판부는 "당시 쌍용차가 유동성 위기를 겪고 있었던 사실은 인정되나 구조적이고 계속적인 재무 건전성 등의 위기는 분명한 상황이 아니었고, 인원 감축 규모와 관련한 자료도 뚜렷하지 않다."며 "이 사건 정리 해고는 근로기준법상 유효하지 않다."고 설명했다.

이 판결이 확정되면 노동자들은 다시 회사로 돌아갈 수 있게 된다.


2014년 3월 18일.

서울중앙지검 형사 7부(부장검사 송규종)는 회계 자료를 조작하고 허위 재무제표를 작성·공시한 혐의로 금속노조로부터 고발당한 쌍용차 최형탁 전 대표와 이유일 현 대표, 외부감사를 맡은 안진회계법인을 모두 불기소 처분했다.

검찰은 "법원에서 감정이 진행 중"이라는 이유로 지난해 시한부 기소 중지를 결정했다가 2월 7일 서울고등법원이 "쌍용차 정리 해고는 무효"

라고 판결하자 수사를 재개했다. 수사 결과 검찰은 경영진과 안진회계법인에 혐의가 없다고 본 것이다.


노란 봉투 캠페인.

"해고 노동자에게 47억 원을 손해배상 하라는 이 나라에서 셋째를 낳을 생각을 하니 갑갑해서, 작지만 제가 할 수 있는 일을 시작하고 싶어서 보냅니다. 47억 원! 뭐 듣도 보도 못한 돈이라 여러 번 계산기를 두들겨 봤더니 4만7천 원씩 10만 명이면 되더라구요. 나머지 9만9,999명 분은 제가 또 틈틈이 보내 드리든가 다른 9만9,999명이 계시길 희망할 뿐입니다."

뱃속에 아이를 가진 한 여성이 4만7천 원과 함께 아름다운 재단에 보낸 편지 내용이 알려지면서 노란 봉투 캠페인이 시작되었다. 시민 10만 명이 1인당 4만7천 원을 모아 돕자는 취지로 진행되어 온 이 캠페인은 시작한 지 33일 만에 9억4천만 원의 모금을 달성했다.


아직도 많은 재판이 진행 중이다.



**


그리고 2014년 4월 1일, 대한문 분향소 철거를 막은 혐의로 지난해 6월 10일 연행되어 구속되었던 김정우 전 지부장이 만기를 8일 앞두고 보석으로 서울 구치소에서 출소했다. 그는 노래를, 특히 트로트를 무척 잘하는데, 구치소에선 어떻게 지냈을까 궁금했었다. 김정우 전 지부장과 관련해서는 기억에 남는 일이 한 가지 있다. 언젠가 심보선 시인이 대한문에서 토크쇼를 진행했던 적이 있었다. 행사가 다 끝나 갈 때 김정우 전 지부장이 손을 번쩍 들고는 질문을 했다. 질문 내용은 "시는 어떻게 쓰냐?"는 것이었다. 나는 그에게 시를 쓰냐고 물었다. 그는 일기를 쓴다고 대답했었다. 구치소에서도 일기를 썼을지 궁금하다.

2월 7일 고법 판결이 나온 뒤에 고동민이 전화해서 고맙다고 말했다. "사실은 아직 아무 일도 일어나지 않았는데, 아무것도 바뀌지 않았는데 왜 이렇게 고맙죠?" 이렇게 말하면서 울었다.

나는 그날 밤 그가 아주 많은 사람들에게 고맙다고 말했으리라 짐작한다. "고맙다."는 말, 지난 5년간 무척이나 해보고 싶었던 말일 것이다.

*\*\**

나는 스물여섯 명을 인터뷰했지만 이 글을 마친 지금 더 많은 사람이 궁금하다.

모터쇼 차량을 정비할 때 정비소를 빌려 준 사장님은 왜 그랬을까? 그날 다른 차는 정비를 하지 않았을까? 그는 영업 손실을 감수했을까? H-20000 모터쇼 프로젝트를 위해 후원금을 낸 사람들은 누구일까? 대한문 분향소에 있던 노동자들을 위해서 집 밥을 해서 나른 사람들은? 대한문 앞에서 같이 잠을 잔 사람들은? 미사에 참석한 사람들은? 비를 같이 맞은 사람들은? 대한문 분향소에 꽃을 꽂아 둔 사람들은?

설날 철탑 밑에 따뜻한 음식을 두고 간 사람은 그 음식을 쌀 때 무슨 생각을 했을까? 식지 않게 하려고 안고 왔을까? 송전탑에 가려고 일부러 코스를 바꿨을까?

복기성을 찾아온 예산 사람들은 미리 모여 장단 연습을 했을까? '평소에 복기성이 좋아하던 곡은 뭐였지?' 하며 기억을 떠올려 보려 했을까? 가는 버스 안에선 자꾸만 철탑 쪽을 뒤돌아보기도 했을까? 철탑 밑에서는 왜 울었을까?

오석천의 딸을 늦도록 봐주던 형수님은 왜 그랬을까?

서맹섭의 딸을 가르치던 선생님은 왜 그런 말을 했을까? 말을 꺼내기 전에 몇 번이고 망설였을까? 자꾸만 아이에게 눈길이 갔을까?

김밥을 사 먹는, 쌍용차 공장 안에 있는 노동자들은 김밥을 사려고 지갑을 열 때 무슨 생각을 할까? 반가웠을까? 어색했을까? 김밥을 먹을 때 목이 메기도 했을까? 김밥은 맛이 있었을까? 맛이 없어도 참고 먹었을까?

노란 봉투에 4만7천 원을 넣은 2만 명 넘는 사람들은? 그 돈을 어떻게 마련했을까? 여유 있는 돈이었을까? 아니면 따로 저금통에 한 푼 두

푼 모았을까? 무엇에 동참하고 싶었을까? 무엇이 마음을 움직였을까? 무엇을 믿었을까? 무엇이 필요하다고 생각했을까?

그리고 퇴근 무렵 길게 늘어선, 집으로 집으로 돌아가는 자동차 행렬의 불빛들. 그리고 그 뒤 어둠 속에 있는 피로한 얼굴들. 그 얼굴들의 복잡한 의미들. 아주 가끔씩만 불빛에 언뜻 드러났다가 사라지는 인간적인 호소들이 궁금하다.

## 희망지킴이와 함께,
## 쫓겨난 노동자들과 손을 잡읍시다.

2012년 4월 19일, 쌍용자동차 해고자와 그 가족의 스물두 번째 죽음을 목격한 이들이 모여서 죽음의 행렬을 막자는 취지로 **"함께 살자!" 희망지킴이**를 발족시켰습니다. 외롭게 버티다가 연락처를 하나하나 지우며 죽어 가는 이들이 없도록, 당신들이 정당했다고 손잡아 줄 시민들이 희망지킴이에 자발적으로 함께해 주었습니다.

대한문에서 북 콘서트와 바자회 등으로, 때로는 여론 사업을 통해서, 공지영 작가의 『의자놀이』를 판매하면서, 2013년에는 쌍용차 해고 노동자들이 직접 분해·조립한 자동차를 기증하는 **H-20000 프로젝트**를 통해서 쌍용자동차 해고자들을 응원해 왔습니다. 희망지킴이는 쌍용차 해고 노동자들뿐만 아니라 전국에서 같은 사정에 처해 있는 장기 투쟁 사업장의 노동자들도 함께 응원하고 지원해 왔습니다.

이 책의 인세 수익도 전국에서 복직을 위해, 노동의 가치 실현을 위해 투쟁하는 장기 투쟁 사업장의 노동자들을 응원하는 데 쓰입니다. 노동자들이 공장으로 돌아가는 날까지 희망을 지켜 가는 손을 놓지 않겠습니다. 이 책을 읽으신 분들의 자발적인 후원을 기다립니다.

**\* 희망지킴이 후원 계좌**

하나은행 159-910006-49705 (예금주 : 박래군)